Valores e atividade científica 2

Valores e atividade científica 2

Hugh Lacey

São Paulo, 2010

Copyright © Associação Filosófica Scientiæ Studia, 2010

Projeto editorial: ASSOCIAÇÃO FILOSÓFICA SCIENTIÆ STUDIA
Direção editorial: PABLO RUBÉN MARICONDA e SYLVIA GEMIGNANI GARCIA
Projeto gráfico e capa: CAMILA MESQUITA
Editoração: GUILHERME RODRIGUES NETO
Revisão: BEATRIZ DE FREITAS MOREIRA

SERVIÇO DE BIBLIOTECA E DOCUMENTAÇÃO DA FFLCH-USP

L131
Lacey, Hugh
   Valores e atividade científica 2 / Hugh Lacey ; [traduzidos por Marcos Barbosa de Oliveira, Gustavo Sigrist Betini, Marcos Rodrigues da Silva, Renato Rodrigues Kinouchi, Maria Inês Rocha e Silva Lacey, Laura Cardellini Barbosa de Oliveira, Regina André Rebollo, Pablo Rubén Mariconda]. — São Paulo : Associação Filosófica Scientiae Studia/Editora 34, 2010.
   352 p. (Filosofia da Ciência e da Tecnologia).

   ISBN 978-85-61260-04-0 (Associação Scientiæ Studia)
   ISBN 978-85-7326-443-2 (Editora 34)

   1. Filosofia da ciência. 2. Ciência cognitiva. 3. Valores (Filosofia). 4. Valores (Aspectos sociais). I. Oliveira, Marcos Barbosa de. II. Betini, Gustavo Sigrist . III. Silva, Marcos Rodrigues da. IV. Kinouchi, Renato Rodrigues. V. Lacey, Maria Inês Rocha e Silva. VI. Oliveira, Laura Cardellini Barbosa de. VII. Rebollo, Regina André VIII. Mariconda, Pablo Rubén. IX. Título. X. Série.

                                          CDD 501
                                            121.8

Associação Filosófica Scientiæ Studia
Rua Santa Rosa Júnior, 83/102
05579-010 • São Paulo • SP
Tel./Fax: (11) 3726-4435
www.scientiaestudia.org.br

editora■34
Rua Hungria, 592
01455-000 • São Paulo • SP
Tel./Fax: (11) 3816-6777
www.editora34.com.br

Sumário

Prefácio • 9

Introdução Dez teses acerca da interação
entre os valores sociais e a ciência • 15

Parte 1 Pluralismo metodológico

Capítulo 1 As maneiras como as ciências são e não são livres de valores • 35

    1 Valores • 35
      A valorização moderna do controle • 37
    2 Ciência livre de valores • 40
      Imparcialidade • 40
      Neutralidade • 42
      Autonomia • 43
    3 Avaliação da "ciência livre de valores" • 45
      Estratégias materialistas • 45
      Valores e a adoção de uma estratégia • 48
      Imparcialidade sem neutralidade • 50
      Ampliando os horizontes da investigação empírica • 52
      Endossando a neutralidade? • 54
    4 Conclusão • 56

Capítulo 2 A localização social das práticas científicas • 57

    1 Práticas científicas como destituídas de historicidade • 58
      Suposições que sustentam a negação da historicidade • 60
      Teorias corretamente aceitas
      representam o "mundo material"? • 62
    2 A concepção de Kuhn sobre a historicidade da ciência • 65
      Teorias corretamente aceitas são desenvolvidas
      e consolidadas sob uma "estratégia" ("paradigma") • 66
      A "fecundidade" como base para a adoção de uma estratégia • 69
    3 O papel das aplicações • 76
      As estratégias materialistas
      são suficientes para moldar a pesquisa? • 78
      Estratégias agroecológicas • 84
      Adoção de uma estratégia
      e a localização social da pesquisa científica • 91
    4 Conclusão • 97

Capítulo 3 A ciência e o bem-estar humano:
uma nova maneira de estruturar a atividade científica • 101

1 A ciência é livre de valores • 103
  1.1 Imparcialidade, autonomia, neutralidade • 103
  1.2 Três momentos da atividade científica • 105
2 Atividade científica • 107
  2.1 Entendimento científico • 107
  2.2 Estratégia: restrições impostas às teorias,
    critérios para a seleção dos dados,
    possibilidades a investigar • 109
  2.3 Relações mutuamente reforçadoras entre a adoção
    de uma estratégia e a sustentação de certos valores • 111
  2.4 Os três momentos da atividade científica,
    e os papéis que os valores podem desempenhar
    em cada um deles • 115
  2.5 Comentários sobre a controvérsia
    em torno de "Um discurso sobre as ciências" • 117
3 Uma nova maneira de estruturar a atividade científica • 120
  3.1 A reciprocidade entre a ciência natural e as ciências sociais • 121
  3.2 Teses adicionais • 124
  3.3 Conclusão • 126

Parte 2   Transgênicos e alternativas agrícolas

Capítulo 4 Culturas transgênicas: a estrutura da controvérsia • 131

1 Suposições-chave dos argumentos *pró* e *contra*
a implementação imediata dos transgênicos • 132
2 O papel dos valores sociais na controvérsia • 137
3 O papel da investigação empírica na controvérsia • 139
Não há riscos • 140
Não há alternativa • 142
Evidências a favor da promessa de alternativas agrícolas • 143
4 Ética e filosofia da ciência • 145
Variações sobre "Não há alternativa" • 146

Capítulo 5 Perspectivas éticas sobre o uso de transgênicos na agricultura • 153

Juízo de valor • 155
Três questões • 157

Capítulo 6 As sementes e o conhecimento que elas incorporam • 159

Capítulo 7 Alternativas para a tecnociência
e os valores do Fórum Social Mundial • 175

1 Como conduzir a ciência
em vista dos valores que motivam o FSM? • 175
2 A visão moral por trás da introdução de transgênicos • 177
3 Comentários sobre as Premissas 1-5 • 180
4 Premissa 6: existem alternativas
que não utilizam transgênicos? • 185
5 Relações mutuamente reforçadoras
entre estratégias de pesquisa e valores sociais • 190
6 Como conduzir a ciência? • 193
7 Questões para discussão • 199

Capítulo 8 Alternativas para a tecnociência: as ideias de Vandana Shiva • 203

1 A semente • 205
2 A ciência reducionista • 211
3 Formas alternativas de agricultura
e os tipos de conhecimento que as informam • 214

Capítulo 9 Estimando o valor das culturas transgênicas • 217

1 Introdução • 217
2 O suposto valor universal dos transgênicos • 218
Maneiras modernas de valorizar
o controle dos objetos naturais • 220
Estratégias materialistas • 220
Os riscos • 221
A neutralidade da ciência • 223
3 O arroz dourado • 225
4 Alternativas aos transgênicos • 229
Agroecologia • 230
A Premissa 6 e os dados empíricos • 233
5 O desafio da agroecologia • 235
6 Condições para uma discussão ética séria
sobre os transgênicos • 237

Capítulo 10 Investigando os riscos ambientais das culturas transgênicas • 241

1 Os transgênicos e os valores modernos de controle
dos objetos naturais • 243
2 "Os riscos podem ser administrados":
o que exatamente está em disputa? • 248

3 É legítimo presumir que os riscos serão administráveis? • 256
4 Valores e questões sociais
acerca de qual é a evidência adequada e suficiente • 261
5 A inter-relação entre evidência e juízos de valor • 262

Parte 3   Imparcialidade e autonomia

Capítulo 11 Existe uma distinção relevante
entre valores cognitivos e sociais? • 267

Introdução • 267
1 Valores, juízos de valor e enunciados estimativos de valor • 270
2 Ideais sociais e ideais cognitivos (o fim da ciência) • 274
2.1 O fim das práticas científicas • 276
2.2 Entendimento e utilidade • 280
3 Estratégias, regras metodológicas,
metafísica e valores sociais • 282
3.1 As estratégias materialistas e a regra metodológica
para conduzir a pesquisa segundo essas estratégias • 283
3.2 Os limites da pesquisa conduzida
segundo as estratégias materialistas • 286
3.3 A importância de considerar as aplicações • 288
3.4 As estratégias materialistas e seus vínculos
com os modos especificamente modernos
de valorizar o controle • 290
3.5 A necessidade de uma multiplicidade de estratégias • 292
3.6 Eficácia e legitimação • 293
3.7 Imparcialidade da aceitação de teorias,
mas não autonomia da metodologia • 297
4 Os momentos da atividade científica • 298
4.1 Os papéis dos valores em momentos diferentes • 300
5 Conclusão • 303

Capítulo 12 A águia e os estorninhos: Galileu e a autonomia da ciência • 305

1 A *imparcialidade* dos juízos científicos • 311
2 O *"ethos"* científico e o cultivo das "virtudes científicas" • 317
3 O argumento dos "dois livros" • 321

Referências bibliográficas • 331
Índice de termos • 343
Índice de autores • 347

Prefácio

Ao longo dos últimos dez anos escrevi inúmeros textos tratando da interação entre os valores e a atividade científica, especialmente *Is science value free? Values and scientific understanding* (London, Routledge, 1999) e *Values and objectivity in science: the current controversy about transgenic crops* (Lanham, MD, Lexington, 2005). Enquanto preparava esses livros, também publiquei vários artigos sobre o tema, muitos dos quais foram reproduzidos em *Valores e atividade científica* (São Paulo, Discurso Editorial, 1998), que recebeu em 2008 uma reedição, nesta coleção, com o título *Valores e atividade científica 1*. A presente coletânea contém uma seleção dos artigos mais recentes, escritos entre 1999 e 2005, e constitui uma sequência do primeiro volume.

Os capítulos foram organizados em três partes, precedidas por uma Introdução que apresenta, na forma de dez teses, um resumo das posições defendidas em meus escritos anteriores. A Parte 1 versa sobre o pluralismo metodológico, que a meu ver é um princípio necessário para que a suposta neutralidade das práticas científicas se torne um ideal viável, e fornece o contexto para a formulação de propostas para a reestruturação da atividade científica, tendo em vista a promoção do bem-estar humano. Os três artigos dessa seção recapitulam e desenvolvem extensamente meus argumentos anteriores a favor das dez teses. Escrevi recentemente uma série de artigos que desenvolvem esses temas: Lacey (2006a, 2007a, 2008b, 2008d).

A Parte 2 trata de questões que emergiram na controvérsia atual sobre as plantas transgênicas — se devem ser cultivadas em larga escala e, caso contrário, que formas de agricultura (por exemplo, a agroecologia) constituem alternativas adequadas. As análises e argumentos da Parte 1 estruturam a discussão da Parte 2, proporcionando uma rica perspectiva a respeito das dimensões científicas, éticas, econômicas e políticas da controvérsia, e suas interações. Ao mesmo tempo, a discussão sobre os transgênicos serve para ilustrar as conclusões da Parte 1, especialmente aquelas relativas à condução e institucionalização das práticas científicas. A Parte 2 constitui um teste do poder explicativo e da relevância para as questões éticas do modelo geral de interação entre valores e atividade científica desenvolvido na Parte 1. Para desenvolvimentos mais recentes, pode-se ver Lacey (2006a, 2007b).

Em todos os meus escritos, sustentei que a maneira mais adequada de entender a tese de que a ciência é livre de valores consiste em concebê-la como a conjunção de três ideias: imparcialidade, neutralidade e autonomia. A imparcialidade, a neutralidade e a autonomia dizem respeito respectivamente aos requisitos para a correta aceitação de teorias e a avaliação cognitiva de hipóteses científicas; às consequências, especialmente na forma de aplicações das teorias aceitas; e às questões da metodologia e da institucionalização da ciência. Argumentei que a imparcialidade é imprescindível para as práticas científicas e que a autonomia é insustentável. A Parte 3 apresenta novas maneiras de defender essas alegações, detendo-se mais longamente na imparcialidade e nas manifestações dos valores cognitivos e sociais e suas inter-relações. Ver também Lacey (2006c, 2008a, 2008c, 2009).

Além do Prefácio, traduzido por Marcos Barbosa de Oliveira, foram escritos especialmente para este volume a Introdução, traduzida por Gustavo Sigrist Betini, e o Capítulo 4, escrito originalmente em português. Indico a seguir as publicações originais dos demais capítulos.

O Capítulo 1 – As maneiras como as ciências são e não são livres de valores – foi originalmente publicado com o título "As formas nas quais as ciências são e não são livre de valores", *Crítica*, 6, 21, p. 89-111, 2000. "The ways in which the sciences are and are not value free". In: GARDENFORS, P.; KIJANIA-PLACEK, K. & WOLENSKI, J. (Ed.). *In the scope of logic, methodology and philosophy of science,*

PREFÁCIO

Dordrecht: Kluwer, 2002. v. 2, p. 513-26. Tradução de Marcos Rodrigues da Silva. Esse capítulo é publicado aqui graças à generosa permissão de *Springer Science and Business Media*.

O Capítulo 2 – A localização social das práticas científicas – "The social location of scientific practices". In: ROCKMORE, T. & MARGOLIS, J. (Ed.). *History, historicity and science*. Aldershot: Ashgate, 2006, p. 137-66. Tradução de Renato Rodrigues Kinouchi. Republicação autorizada pelo organizador Tom Rockmore.

O Capítulo 3 – A ciência e o bem-estar humano: uma nova maneira de estruturar a atividade científica – foi publicado com o mesmo título em SANTOS, B. DE S. (Org.). *Conhecimento prudente para uma vida decente: "Um discurso sobre as ciências" revisitado*. Edição portuguesa: Porto: Edições Afrontamento, 2003, p. 449-69; edição brasileira: São Paulo: Cortez, 2004, p. 471-93. Tradução de Maria Inês Rocha e Silva Lacey. Republicação autorizada pelo organizador.

O Capítulo 5 – Perspectivas éticas sobre o uso de transgênicos na agricultura – foi originalmente publicado com o título "Perspectivas éticas: o uso de OGMs na agricultura". *Ciência hoje*, 34, 203, 2004, p. 50-2. Republicação autorizada por Alicia Ivanissevich, Editora Executiva, *Revista Ciência Hoje*.

O Capítulo 6 – As sementes e o conhecimento que elas incorporam – *São Paulo em perspectiva*, 14, 3, 2000, p. 53-9. Tradução de Marcos Barbosa de Oliveira. Republicação autorizada pelas normas da revista.

O Capítulo 7 – A tecnociência e os valores do Fórum Social Mundial – In: LOUREIRO, I.; LEITE, J. C. & CEVASCO, M. E. (Org.). *Espírito de Porto Alegre*. Petrópolis: Paz e Terra, 2002, p. 123-47. Tradução de Laura Cardellini Barbosa de Oliveira. Republicação autorizada pelos organizadores.

O Capítulo 8 – Alternativas para a tecnociência: as ideias de Vandana Shiva – tem coautoria de Marcos Barbosa de Oliveira. Foi extraído do Prefácio a *Biopirataria: a pilhagem da natureza e do*

11

conhecimento, de Vandana Shiva. Petrópolis: Vozes, 2001, p. 7-22. Republicação autorizada pela editora.

O Capítulo 9 – Estimando o valor das culturas transgênicas – "Assessing the value of transgenic crops". *Science and Engineering Ethics*, 8, 2002, p. 497-511. Tradução de Regina André Rebollo. Republicação autorizada por Opragen Publications.

O Capítulo 10 – Investigando os riscos ambientais das culturas transgênicas – "Investigating the environmental risks of transgenic crops". *Trans/form/ação*, 27, 1, 2004, p. 111-31. Tradução de Renato Rodrigues Kinouchi. Republicação autorizada pela revista.

O Capítulo 11 – Existe uma distinção relevante entre valores cognitivos e valores sociais? – *Scientiae Studia*, 1, 2, 2003, p. 121-49. "Is there a significant distinction between cognitive and social values". In: MACHAMER, P. & WOLTERS, G. (Ed.). *Science, values and objectivity*. Pittsburgh: Pittsburgh University Press, 2004. Tradução de Pablo Rubén Mariconda. Republicação autorizada pela University of Pittsburgh Press.

O Capítulo 12 – A águia e os estorninhos: Galileu e a autonomia da ciência – tem coautoria de Pablo Rubén Mariconda. Foi originalmente publicado em *Tempo social*, 13, 1, 2001, p. 49-65. Republicação autorizada pelos editores.

Agradeço o apoio financeiro concedido para a preparação deste livro pela FAPESP; pelo *Faculty Research Fund and Scheuer Family Professorship of the Humanities* do *Swarthmore College*; e pela NSF (*National Science Foundation*, SES 0322805). (As opiniões expressas neste livro são de responsabilidade do autor, e não representam necessariamente as da NSF.)

Agradeço também o apoio de vários amigos e colegas. Marcos Barbosa de Oliveira leu e comentou quase todos os capítulos, traduziu alguns deles, e revisou a tradução dos demais. Sua contribuição na preparação dos textos foi indispensável e apreciável.

PREFÁCIO

Miguel Guerra e Rubens Nodari, professores de agronomia da Universidade Federal de Santa Catarina, em diversas conversas e *e-mails*, muito me ensinaram a respeito das alternativas para a agricultura baseada em transgênicos que estão sendo desenvolvidas no Brasil, sobre as pesquisas que as informam, e sobre novas dimensões da crítica à tecnologia transgênica, além de terem comentado de forma crítica e proveitosa alguns dos artigos. Pablo Rubén Mariconda e Maurício de Carvalho Ramos colaboraram no desenvolvimento das ideias da Parte 2 especialmente organizando e participando de vários fóruns em que tive a oportunidade de testá-las, e Marcelo Leite forneceu-me regularmente informações relevantes. Guilherme Rodrigues Neto diagramou o texto para publicação com suas costumeiras competência e boa vontade; e Pablo Rubén Mariconda, na edição final do livro, fez inúmeras sugestões que melhoraram a apresentação do material. Por fim, Maria Inês Rocha e Silva Lacey acompanhou a escrita destes ensaios ajudando-me de diversas maneiras: discutindo, traduzindo, corrigindo o português de minhas aulas e palestras, e simplesmente por sua presença.

Introdução

Dez teses acerca da interação entre os valores sociais e a ciência

A presente coletânea contém uma amostra representativa dos artigos que escrevi a respeito da interação entre a ciência e os valores desde a publicação do volume 1 de *Valores e atividade científica* (Lacey, 1998, 2008). Como é de conhecimento geral, entretanto, o que denominei "senso comum" da tradição científica moderna nega haver qualquer lugar apropriado para valores morais e sociais em conexão com juízos feitos nos momentos cruciais das práticas científicas: os momentos em que decisões metodológicas são tomadas e em que teorias são aceitas ou rejeitadas. Considero tal negativa a ideia fundamental subjacente à alegação de que as ciências são, ou devem ser, livres de valores. Em meus escritos, especialmente em Lacey (1999a), propus análises detalhadas desta alegação e critiquei algumas de suas principais justificativas, procurando reconciliar a objetividade do conhecimento científico com o reconhecimento da existência de papéis fundamentais para os valores sociais, no momento da tomada de decisões metodológicas.

Nesta introdução ofereço uma visão geral das minhas conclusões e uma indicação a respeito das conexões lógicas entre elas, resumindo-as em dez teses. A argumentação a favor delas está distribuída ao longo dos capítulos deste livro.

Tese 1: A ideia de que a ciência é livre de valores é mais bem entendida como uma combinação de três componentes: a *imparcialidade*, a *neutralidade* e a *autonomia*, e é bem representada pela tese de que os três são valores constitutivos das práticas e instituições científicas. A *imparcialidade* pressupõe uma distinção entre valores cognitivos e valores sociais, ou seja, valores morais e valores não cognitivos de outros tipos; a *neutralidade* corresponde à não existência de juízos de valor no conjunto de implicações lógicas das teorias científicas.

A *imparcialidade* diz respeito à correta (*sound*) aceitação das teorias e dos conhecimentos nelas representados, a *neutralidade*, às consequências das teorias e de suas aplicações, a *autonomia*, às características da metodologia científica e do direcionamento da pesquisa. A posição que adoto é, em resumo, a seguinte:

> *Tese 2*: Apenas a imparcialidade pode ser sustentada sem restrições. Simplificando, ela expressa o valor de aceitar uma teoria (a respeito de um domínio de fenômenos) se e somente se ela manifestar os valores cognitivos em grau elevado à luz dos dados empíricos relevantes, e de rejeitar uma teoria se e somente se ela for inconsistente com outra teoria corretamente aceita. Assim, não há um papel apropriado para os valores sociais, ao lado dos valores cognitivos, quando está em jogo a aceitação de uma teoria. A *autonomia* não é um valor realizável; e a *neutralidade*, embora comprometida nas práticas científicas usuais, poderia manifestar-se mais completamente se as pesquisas científicas fossem conduzidas de acordo com um adequado pluralismo de abordagens metodológicas.

Tais afirmações precisam naturalmente ser mais amplamente elaboradas, mas para tanto é necessário recorrer a alguma caracterização do objetivo da atividade científica. Embora haja grande desacordo sobre qual seja este objetivo, vou simplesmente afirmar que ele envolve os quatro componentes seguintes:

(i) Obter teorias que expressem *entendimento* empiricamente fundamentado e bem confirmado a respeito dos fenômenos,
(ii) tendo em vista suas aplicações práticas (quando apropriado),
(iii) de modo que as teorias obtidas sejam aceitas para domínios de fenômenos cada vez maiores,
(iv) e que nenhum fenômeno significativo na experiência humana ou na prática da vida social fique, em princípio, fora do alcance das investigações científicas.

A meu ver, o entendimento envolve descrições que caracterizam *o que* os fenômenos (ou as coisas) são, propostas acerca de *por que* eles são como são, inventários das possibilidades, incluindo as ainda não realizadas, a que eles estão abertos em virtude de seus próprios poderes subjacentes e das interações de que podem participar, e antecipações sobre *como* tentar realizar tais possibilidades. Enunciei o objetivo da atividade científica de forma a englobar todas as investigações que são chamadas "ciência" (inclusive as ciências sociais), bem como outras investigações afins, ou seja, todas as formas de *investigação empírica sistemática*, porque não desejo nem denegar por definição, nem assumir *a priori*, que formas de conhecimento em continuidade com conhecimentos tradicionais possam ter um *status* epistêmico comparável ao da ciência moderna. Assim, não restrinjo o que deve ser considerado uma teoria a construções dotadas de estrutura matemático-dedutiva, ou que envolvam representações de leis matematicamente formuláveis, mas também incluo qualquer estrutura razoavelmente sistemática que expresse entendimento empiricamente fundamentado a respeito de um domínio de fenômenos.

Uma teoria é empiricamente fundamentada em relação a um domínio de fenômenos se ela manifesta os valores cognitivos – adequação empírica, poder explicativo, consistência com outras teorias aceitas, entre outros – num grau não trivial, à luz dos dados empíricos disponíveis obtidos a partir de observações de fenômenos pertencentes ao domínio. Várias posturas podem ser adotadas diante de uma teoria: ela pode ser aceita ou rejeitada; provisoriamente acolhida; considerada como candidata a futuras investigações; ou como suficientemente bem confirmada a ponto de poder gerar aplicações. Quando digo que uma teoria é *aceita* (com relação a um domínio de fenômenos) quero dizer que são consideradas desnecessárias futuras evidências favoráveis, bem como mais investigações, sendo ela incluída no conjunto de "resultados estabelecidos" da ciência. Rejeitar uma teoria é considerá-la como não merecedora de mais investigações. A *imparcialidade* expressa o valor das práticas científicas associado a aceitar uma teoria se e somente se ela manifesta os valores cognitivos em grau suficientemente alto à luz de dados empíricos disponíveis. O objetivo da ciência justifica que a *imparcialidade* seja sustentada pelos cientistas. (Esta é a primeira parte da Tese 2).

Note-se que uma teoria pode ser avaliada por seu valor social, tanto quanto por seu valor cognitivo. De acordo com a *imparcialidade*, o fato de uma teoria ter ou não valor social – e se tiver, para quais perspectivas de valor – não faz parte das razões para sua inclusão, ou não inclusão, nos resultados estabelecidos; e se os valores sociais se encontram de forma não eliminável entre as razões que levam à aceitação de uma teoria, então ela não é aceita de acordo com a imparcialidade. O impacto da *imparcialidade* não é manter os valores sociais fora da atividade científica, mas apenas negar que eles tenham um lugar próprio, *ao lado dos valores cognitivos*, no processo que leva à aceitação ou rejeição de teorias. Valores sociais estão por toda parte, e nada há de errado nisso: a própria *imparcialidade* é um valor (de práticas científicas e de comunidades e instituições nas quais elas são conduzidas), embora em muitos casos não seja de fato mantida. Além disso, especialmente à luz do item (iv) do objetivo da ciência, objetos de valor social podem ser objetos de investigação científica, e teorias contendo hipóteses acerca do grau de manifestação de valores sociais específicos em uma instituição, sociedade ou época podem ter sua aceitabilidade avaliada de acordo com a imparcialidade.

Acredito que a *imparcialidade* expressa o componente mais fundamental do "senso comum" da ciência moderna, e eu a sustento. Até aqui, entretanto, ela não esclarece muito, pois lança pouca luz sobre o caráter das práticas científicas – em grande parte porque as abstrai de sua localização histórica e social. Com as necessárias qualificações, pode-se dizer, na minha opinião, que o objetivo das práticas científicas é produzir teorias que se tornem aceitas de acordo com a *imparcialidade*. Ao mesmo tempo, elas são práticas a que se dedicam pesquisadores, os quais podem sustentar uma variedade de valores sociais, e estão envolvidos com uma série de problemas no interior de instituições sociais interessadas na promoção de valores sociais específicos, práticas que exibem historicidade.

Obviamente, as práticas científicas, tendo o objetivo que estipulei, são histórica e socialmente localizadas. Este objetivo, entretanto, por si só, não define uma *direção* para as investigações científicas, uma vez que, para qualquer domínio, ele não indica os tipos relevantes de dados empíricos a serem encontrados, e as categorias descritivas apropriadas para a formulação dos relatos observacionais, bem como os tipos de teorias a serem concebidas, e as categorias que elas devem empregar para que possam ser colocadas em contato com os dados. Embora, para atingir tal objetivo, os tipos "certos" de dados e teorias devam ser colocados em contato, não somos informados como abordar coerente e sistematicamente problemas tais como: que questões colocar, que enigmas procurar resolver, quais classes de possibilidades

Hugh Lacey

tentar identificar, quais categorias empregar tanto em teorias, quanto na formulação de dados empíricos, quais tipos de explicações explorar, quais fenômenos observar, medir e tomar como objeto de experimentos, quais procedimentos usar – e também: quem deve participar das atividades de pesquisa, quais devem ser as suas qualificações, suas experiências passadas e talentos? Entender as práticas científicas exige tratar de questões como essas; o que nos leva à próxima tese:

> *Tese 3*: (a) A pesquisa científica é sempre empreendida segundo uma *estratégia* cujo papel principal é, *em primeiro lugar*, prescrever restrições aos tipos de teorias a serem consideradas e investigadas, e aos tipos de categorias que elas podem empregar e, assim, especificar os tipos de possibilidades que podem ser identificadas no curso da pesquisa e, *em segundo lugar*, selecionar os tipos relevantes de dados empíricos a serem obtidos e registrados, e os fenômenos e aspectos dos fenômenos a serem observados e tomados como objeto de experimentos. (b) O objetivo da ciência permite que pesquisas bem-sucedidas sejam conduzidas segundo uma variedade de estratégias.

Minha noção de estratégia é descendente da noção kuhniana de paradigma, tem afinidades com noções correlatas nos trabalhos de Laudan (1977), Kitcher (1993) e Hacking (1999), e constitui, a meu ver, um elemento essencial na metodologia científica, junto com "teoria" e "dados empíricos". As estratégias são anteriores – do ponto de vista lógico, não necessariamente do temporal – ao engajamento na pesquisa científica.

Mais adiante, vou argumentar que o objetivo da ciência não pode ser buscado satisfatoriamente segundo uma única estratégia, não importa qual, pois diversas classes de possibilidades po-

INTRODUÇÃO

dem requerer diferentes estratégias para serem investigadas. Assim, embora o objetivo não possa ser buscado sem a adoção de uma estratégia, a adoção de uma só permite apenas uma busca parcial – e, se a comunidade científica der prioridade a apenas um tipo de estratégia, a busca, além de parcial, será também distorcida. Se essas considerações são válidas, apelar para o objetivo da ciência não pode estabelecer que seja mais apropriado adotar uma determinada estratégia ao invés de outra; a adoção de uma estratégia deve ser consistente com o objetivo da ciência, mas outros fatores também estão envolvidos. Voltaremos a essa questão mais tarde.

Quais fatores são considerados na tomada de decisões sobre qual estratégia adotar? Note-se que esta questão não é levantada com frequência nos dias de hoje, ao contrário do que acontecia nos primórdios da ciência moderna no século XVII. Acredito que isto ocorra porque não é comum o reconhecimento de que há decisões a serem tomadas em relação a qual estratégia adotar – pois estratégias de apenas um tipo têm sido consideradas exemplares nas práticas científicas modernas, tanto assim que em geral apenas teorias do tipo correspondente têm sido consideradas e exploradas.

Tese 4: A pesquisa na ciência moderna tem sido conduzida quase exclusivamente segundo um tipo particular de estratégia – na terminologia que adoto, as *estratégias materialistas*, das quais existe uma variedade de formas. As estratégias materialistas *restringem* as teorias àquelas que representam fenômenos e arrolam possibilidades conforme possam ser geradas a partir de *estruturas, processos, e interações subjacentes, e das leis que os governam (em geral expressas matematicamente)*; e estipulam que os dados empíricos sejam expressos em termos de categorias descritivas tipicamente quantitativas, aplicáveis em virtude de operações de medida, instrumentais e experimentais.

A representação dos fenômenos dessa maneira produz uma *descontextualização*, ao dissociá-los de qualquer lugar que possam ocupar em relação a arranjos sociais, a vidas e experiências humanas, de qualquer ligação com valores, e de quaisquer possibilidades sociais, humanas e ecológicas que estejam também abertas para eles. Denomino os tipos de possibilidades que podem ser arroladas segundo uma estratégia materialista de *possibilidades descontextualizadas*. Porém,

Tese 5: A pesquisa científica – investigação empírica sistemática produzindo resultados de acordo com a *imparcialidade* – pode ser conduzida segundo estratégias que, embora possam utilizar livremente resultados estabelecidos segundo estratégias materialistas, não são redutíveis a estas.

A Tese 5 deixa claro que o item (b) da Tese 3 ("O objetivo da ciência permite que pesquisas bem-sucedidas sejam conduzidas segundo uma variedade de estratégias") não corresponde a uma mera questão lógica abstrata, e também que possibilidades não redutíveis a possibilidades descontextualizadas podem ser investigadas na pesquisa científica. Isso é importante, pois teorias, que possam fornecer explicações para as ações humanas (inclusive as ações envolvidas na própria pesquisa científica e suas aplicações práticas) e explorar as possibilidades da ação humana, requerem para o seu desenvolvimento estratégias não redutíveis a estratégias materialistas. As ações humanas não podem ser entendidas quando dissociadas de seu contexto social e da experiência, e suas explicações devem empregar categorias (por exemplo, referentes a intenções e valores) que são inadmissíveis nas estratégias materialistas. A norma de *imparcialidade* é aplicável a teorias que empregam tais categorias, o que é importante para a condução da pesquisa segundo "estratégias feministas" (cf. *SVF*, cap. 9). As ações humanas constituem apenas o caso mais claro da possibilidade de conduzir a pesquisa segundo estratégias não--redutíveis a estratégias materialistas. A ecologia é outro caso; e ainda outro é o das pesquisas conduzidas segundo "estratégias agroecológicas", às quais tenho dedicado bastante atenção.

As Teses 4 e 5 dão assim origem às seguintes questões: como explicar que a pesquisa na ciência moderna tenha sido conduzida quase exclusivamente segundo as estratégias materialistas? Como explicar a extensão em que isso se observa – uma extensão tal que programas de pesquisa que tratam das ações e experiências humanas segundo estratégias materialistas são bastante apreciadas, a ponto de sua adoção ser considerada essencial para a pesquisa científica, não sendo tidas como propriamente "científicas" as pesquisas em que isso não acontece, como é o caso em algumas ciências sociais? E também: há boas razões para conduzir a ciência dessa maneira? (Convém notar que, se a Tese 5 não fosse verdadeira, tais questões não se colocariam. Simplesmente não haveria alternativas.)

Ao levantar essas questões, assumo não haver dúvidas a respeito do fato de que pesquisas conduzidas segundo estratégias materialistas foram frutíferas, e de que elas têm, em grande medida, alcançado o objetivo da ciência. Há inúmeras teorias desse tipo, expressando entendimento de número e variedade sempre crescentes de fenômenos, e que manifestam valores cognitivos em alto grau. Além disso, as estratégias materialistas têm provado ser altamente adaptáveis, e novas variedades se desenvolveram no decorrer da história: variedades mecanicistas, variedades em que a regularidade (*lawfulness*) dos fenômenos é expressa por meio de várias formas de leis matemáticas (determinísticas e probabilísticas; com ou sem reducionismo fisicalista; funcionais ou composicionais), de modelos computacionais, de estruturas moleculares e atômicas etc. Assim, não resta dúvida de que as pesquisas conduzidas segundo estratégias materialistas são indefinidamente ampliáveis, e podemos esperar que o objetivo da ciência continuará a ser alcançado pela continuidade desse processo. Isso talvez seja o que explica o estereótipo amplamente difundido que identifica a ciência com o que se rege por leis e com o quantitativo ou, em outras palavras, com as pesquisas conduzidas segundo estratégias materialistas. A realização dos objetivos da ciência por meio da adoção dessas estratégias, entretanto, não pode ser completa, porque nem todas as possibilidades são redutíveis a possibilidades descontextualizadas, de modo que a restrição da pesquisa àquelas conduzidas segundo estratégias materialistas está em conflito com o item (iv) do objetivo da ciência (a exigência de que "nenhum fenômeno significativo na experiência humana ou na prática da vida social fique, em princípio, fora do alcance das investigações científicas").

Retornemos à questão: por que a ciência moderna tem sido conduzida quase exclusivamente segundo as estratégias materialistas? Historicamente, considerações metafísicas foram importantes, mas não penso que tenham sido decisivas, e as deixarei de lado neste momento. *A meu ver podemos captar uma parte importante desta explicação quando consideramos o papel das aplicações nas práticas científicas, o que envolve certas relações entre a adoção de estratégias e a sustentação de valores sociais.*

Mencionei anteriormente que teorias podem ser avaliadas não apenas por seus valores cognitivos, mas também pelo valor social que podem ter para aqueles que mantêm uma perspectiva de valor social particular. A teoria, por exemplo, dá apoio para as pressuposições da perspectiva de valor? É aplicável de forma a promover os interesses da perspectiva e de sua incorporação em instituições? Recordando a Tese 1, o segundo pilar da concepção da ciência como livre de valores é a *neutralidade*. Em resumo, a *neutralidade* é o valor de que os resultados estabelecidos da pesquisa científica, tomados como um todo, não favorecem perspectiva de valor particular alguma. A *neutralidade* não decorre da *imparcialidade*. Para ser um valor cuja manifestação mais completa as práticas científicas podem almejar, é necessário que tenha um suporte amplamente empírico. São os resultados obtidos segundo estratégias materialistas *neutros*? Descrevem uma trajetória de manifestação crescente de *neutralidade*? Claramente, estes resultados não favorecem perspectivas de valor em virtude de suas implicações: uma vez que as estratégias materialistas excluem deliberadamente o uso de categorias intencionais e valorativas na formulação de teorias, hipóteses e dados, não pode haver qualquer juízo de valor entre as implicações formais de teorias e hipóteses. Mas isso não é suficiente, pois a *neutralidade* também requer que as pesquisas científicas, por assim dizer, forneçam um *menu* de teorias corretamente aceitas entre cujos itens cada perspectiva de valor possa (em princípio) ter suas necessidades de aplicação (boas ou más) atendidas de maneira equitativa. A tese lógica da não existência de juízos de valor derivados de teorias aceitas não estabelece esta alegação fatual. Além disso, argumentei que os resultados obtidos segundo estratégias materialistas não são *neutros*, além de que as pesquisas conduzidas segundo essas estratégias não descrevem uma trajetória em direção a uma maior manifestação da *neutralidade*, pois não acontece em geral que as aplicações de teorias científicas corretamente aceitas possam ser feitas de maneira equitativa, de modo que elas tenham valor social comparável para todas as perspectivas de valor viáveis.

Para ilustrar, as sementes transgênicas são corporificações de conhecimento teórico corretamente aceito, desenvolvido segundo versões (biotecnológicas) da estratégia materialista. Como objetos tecnológicos, entretanto, elas não têm papel significativo nos projetos voltados para o cultivo de agroecossistemas produtivos sustentáveis, em que ao mesmo tempo a biodiversidade é protegida e o empoderamento (*empowerment*) da comunidade local é promovido. Portanto, elas têm pouco valor social para muitos movimentos rurais de base que mantêm esses valores na América Latina e em outros continentes. Suas aplicações não são equitativas. Não alego que não haja resultado algum das pesquisas biotecnológicas que seja relevante para as práticas agrícolas favorecidas por esses movimentos, apenas que o aspecto central dessas práticas não pode ser informado por tais resultados, pois eles não lançam luz sobre as possibilidades de desenvolver seus agroecossistemas – em contraste, por exemplo, com o conhecimento que produz a respeito das relações entre o rendimento das colheitas e os insumos químicos utilizados, e sobre as possibilidades de produção com sementes transgênicas.

Gostaria de sugerir neste ponto que há uma profunda conexão entre os privilégios concedidos às estratégias materialistas na ciência moderna e as perspectivas de valor que são favorecidas pelas aplicações de seus produtos cognitivos.

> *Tese 6*: (a) A adoção quase totalmente exclusiva de estratégias materialistas pela ciência moderna explica-se por: (i) sua fecundidade e potencial de desenvolvimento praticamente ilimitado, (ii) pela existência de relações mutuamente reforçadoras entre elas e um conjunto de valores sociais que denomino de *valorização moderna do controle*, e (iii) pelo fato de que essa valorização é amplamente adotada nos países industriais avançados e altamente incorporada em suas instituições mais importantes. (b) Existem boas razões para manter o privilégio conquistado pelas estratégias materialistas apenas na medida em que haja boas razões para sustentar-se a valorização moderna do controle.

INTRODUÇÃO

De acordo com a *valorização moderna do controle*, em primeiro lugar, a expansão do poder humano de exercer controle sobre os objetos naturais e sua crescente incorporação institucional são fortemente valorizadas. Isso se reflete especialmente na valorização de inovações tecnocientíficas, isto é, de novas tecnologias informadas pelo conhecimento científico obtido segundo estratégias materialistas. Em segundo lugar, o exercício do controle não é subordinado, em geral e sistematicamente, a outros valores sociais. Ao contrário, os valores que podem manifestar-se nos arranjos sociais são, em grau considerável, subordinados ao valor da implementação de novos desenvolvimentos tecnocientíficos. Tais desenvolvimentos tendem a gozar de legitimidade em princípio, de modo que um tanto de ruptura do tecido social e ambiental pode ser tolerado para possibilitar sua implementação. Em terceiro lugar, são altamente valorizados tanto um ambiente que permite a muitas e variadas possibilidades tecnocientíficas serem rotineiramente realizadas, quanto a difusão de tecnologias para um número cada vez maior de aspectos da vida, um processo alimentado pela tendência a conceber todos os problemas como tecnológicos, isto é, como problemas para os quais se espera que a tecnologia forneça a solução.

Não se segue da Tese 6 que as estratégias materialistas sejam sempre adotadas por causa de um interesse em promover a valorização moderna do controle, ou que a mudança de um tipo de estratégia materialista para outra possa ser explicada por referência a esses valores sociais. *A Tese 6 diz respeito à adoção quase totalmente exclusiva de estratégias materialistas na ciência moderna*, e relaciona isso com a ampla sustentação de valores sociais particulares. O item (b) é crucial. Sendo contestado, não se pode objetar, em princípio, contra a adoção de estratégias de pesquisa em virtude das suas relações mutuamente reforçadoras com outros valores – com a condição, é claro, de que haja boas razões para sustentar tais valores. Podemos então ver a Tese 6 como um caso particular de uma tese mais geral:

Tese 7: Valores sociais podem constituir uma razão suficientemente forte para a adoção de um tipo particular de estratégia tendo em vista relações mutuamente reforçadoras que elas possam ter com valores sociais. Na prática, isso pode significar que se deve adotar estratégias segundo as quais as possibilidades valorizadas podem ser identificadas sistematicamente e os meios de realizá-las podem ser descobertos, ou que têm o potencial de produzir resultados cujas aplicações podem promover os interesses definidos por esses valores. Tudo isso sujeito sempre à condição de que as estratégias sejam frutíferas e de que os resultados tenham sido obtidos de acordo com a imparcialidade, junto com o reconhecimento de que uma possibilidade não deixa de ser genuína por não poder ser estabelecida por uma estratégia particular.

Valores feministas fornecem boas razões para adotar "estratégias feministas", e o mesmo vale para os valores amplamente apoiados por movimentos de pequenos agricultores e trabalhadores rurais em muitas regiões pobres do mundo, em relação às "estratégias agroecológicas". A Tese 7 é associada com a seguinte:

Tese 8: O momento em que uma estratégia é adotáda pode ser separado logicamente do momento em que se toma a decisão de aceitar ou rejeitar uma teoria (relativa a um domínio específico de fenômenos) construída segundo a estratégia, de forma que o compromisso com a *imparcialidade* pode ser mantido no momento posterior, mesmo que valores sociais tenham papel legítimo no primeiro momento. Além disso, os valores sociais em jogo no primeiro momento podem ser os mesmos cuja promoção é servida em um terceiro momento, o da aplicação do conhecimento científico.

As Teses 7 e 8 resumem conjuntamente o modelo geral da interação entre a ciência e os valores que proponho na tentativa de reconciliar a objetividade do conhecimento científico com a existência de papéis essenciais para os valores sociais no momento da tomada de decisões metodológicas.

A pesquisa conduzida segundo um tipo de estratégia pode às vezes complementar a conduzida segundo uma outra estratégia, por exemplo, explorando as possibilidades excluídas de consideração por causa das restrições desta. Mas, em outras situações, estratégias também podem competir, por exemplo, por recursos – e isso pode tornar socialmente impossível a realização de pesquisas conduzidas simultaneamente, e de modo aprofundado, segundo estratégias conflitantes. Se um tipo de estratégia é privilegiado por causa de suas ligações com valores sociais dominantes, isso pode ocasionar uma incapacidade de reconhecer que há uma escolha de estratégia a ser feita. Especificamente:

Tese 9: Tão forte é a preponderância das estratégias materialistas na ciência moderna que frequentemente não se percebe que pode haver possibilidades em certos domínios de fenômenos (por exemplo, na agricultura) que têm interesse quando a valorização moderna do controle é contestada, mas que não podem ser reveladas por estratégias materialistas, mas sim por outros tipos de estratégia (por exemplo, estratégias agroecológicas).

Com isto em mente, chegamos à:

Tese 10: O objetivo da ciência é bem servido pela institucionalização das práticas científicas sempre que uma pluralidade de estratégias, associadas respectivamente a diferentes valores sociais, possa ser ativamente adotada. Isso também tornaria possível uma maior manifestação da *neutralidade*, faria com que mais atenção fosse dada a questões de valor suscitadas por aplicações, e – acima de tudo – promoveria o fortalecimento de instituições de participação democrática.

Um comentário final. Quando escrevi *Is science value free?* estava satisfeito em argumentar a favor (1) da existência de relações dialéticas entre adotar uma estratégia e manter uma perspectiva particular de valor social, e (2) da importância de permitir que a pesquisa seja conduzida segundo uma pluralidade de estratégias. Sendo aceitas essas conclusões, novas maneiras de pensar a ciência emergem, pois então percebemos que há ricas interações dialéticas entre as questões:

Como (segundo qual estratégia) se engajar na pesquisa científica?
Como promover o bem-estar humano?
Como estruturar a sociedade?
Quais aplicações do conhecimento científico têm valor social?

Isto nos permite tratar seriamente outras tantas questões: Como deve ser o engajamento na pesquisa científica, se o propósito é promover o desenvolvimento do bem-estar humano?

INTRODUÇÃO

Têm os valores um papel na tomada de decisões sobre a metodologia científica (quais estratégias adotar)? Temos agora a liberdade de explorar como nossos principais valores podem desempenhar um papel, e fazer com que isso realmente aconteça, o que favorece a participação democrática – não ameaçando a *imparcialidade*, e podendo ser uma fonte para mais fortes manifestações da *neutralidade*.

Parte 1
Pluralismo metodológico

CAPÍTULO 1

As maneiras como as ciências
são e não são livres de valores

O espectro de objetivos comumente associados à ciência pode ser identificado por seus extremos: entendimento e utilidade. Entendimento envolve descrição, classificação, explicação e encapsulação de possibilidades: respostas a "o quê?", "por quê?", "o que é possível?" e com frequência também a "como?" (*SVF*, cap. 5; *VAC*, cap. 5). O entendimento científico é expresso em teorias e fundamentado empiricamente. Os critérios utilizados para a avaliação do entendimento científico serão denominados, a partir de Kuhn e outros, *valores cognitivos* (*SVF*, cap. 3; *VAC*, cap. 3). Eles compreendem, por exemplo, a adequação empírica, o poder explicativo e a consistência intertéorica, atributos cuja presença nas teorias é, em grande medida, uma questão de grau, e cuja intensa manifestação é necessária em teorias aceitáveis, teorias que expressam entendimento sólido. A ciência moderna tem sido uma fonte inesgotável de entendimento sólido que, por sua vez, tem sido aplicado de forma ampla, efetiva e útil. Parte da explicação normalmente oferecida para esse duplo sucesso decorre da concepção de que a ciência é livre de valores, uma concepção que é mais bem analisada (*SVF*, cap. 1, 4, 10) como a conjunção de três ideias distintas: *imparcialidade*, *neutralidade* e *autonomia*.

1 VALORES

Antes de expor e avaliar essas três ideias, farei uma digressão na forma de algumas notas breves acerca dos *valores*, pois a discussão da "ciência livre de valores" tem sido frequentemente acompanhada do aval acrítico a concepções não cognitivas dos valores. Em outros escritos (*SVF*, cap. 2; *VAC*, cap. 2, 8; Lacey & Schwartz, 1996), propus uma análise na qual valores de vários tipos (pessoais, morais, sociais etc.) estão organizados em conjuntos complexos ou *perspectivas de valor*, que os tornam coerentes, ordenados e racionalmente dignos de serem sustentados a partir de certas pressuposições acerca da natureza humana (e da natureza), e acerca do que é possível – pressuposições que estão, em alguma medida, abertas à investigação empírica. Daí decorre que os resultados da investigação científica podem contribuir para sustentar ou desestabilizar o caráter racional de uma perspectiva de valor. Direi que uma perspectiva de valor é *viável* se suas pressuposições são consistentes com o conhecimento científico corretamente aceito. A viabilidade é uma condição necessária para a adoção racional de uma perspectiva de valor. Nem todas as perspectivas de valor que têm sido adotadas são viáveis, mas o avanço da ciência deixa em aberto uma série de perspectivas de valor que o são. Esta é a razão pela qual não há incoerência em reconhecer que os desenvolvimentos científicos desempenharam um papel racional no abandono da perspectiva de valor medieval cristã e, ao mesmo tempo, sustentar que a ciência é impotente para decidir as grandes controvérsias atuais relativas a valores (*SVF*, p. 74-9).

Assume-se, com frequência, que qualquer perspectiva de valor racionalmente sustentada hoje em dia deve incluir certos valores ligados ao controle dos objetos naturais e ao avanço tecnológico, valores que conjuntamente formam o que denomino *a valorização moderna do controle*. Assim, por exemplo, aqueles que mencionam o valor da agricultura orgânica como superior às práticas agrícolas geradas pelas recentes inovações da biotecnologia tendem a ser desconsiderados por estarem na contramão da trajetória estabelecida pela valorização moderna do controle (*SVF*, cap. 8). Mas esta desconsideração não se segue do conhecimento científico corretamente aceito atualmente. Se uma perspectiva de valor não se harmoniza com os atuais centros de poder, isso não implica que sua adoção viole os cânones da racionalidade.

A VALORIZAÇÃO MODERNA DO CONTROLE

Considerações pertinentes à valorização moderna do controle ocuparão um papel central nas críticas à *neutralidade* e à *autonomia* que farei a seguir; por isso, discorrerei brevemente sobre ela, ilustrando ao mesmo tempo minha alegação de que as perspectivas de valor se tornam racionalmente aceitáveis à luz dos pressupostos que servem para torná-las coerentes. Com o objetivo de compreender que o caráter distintivo do controle na modernidade (e das atitudes em relação a ele) reside na extensão de seu alcance e em seu modo de relacionar-se com outros valores (cf. *SVF*, p. 111-5; Lacey, 1999d), identifico os componentes da valorização moderna do controle assim:

- O valor instrumental dos objetos naturais está dissociado de outras formas de valor; com isso, o exercício de controle sobre os objetos naturais torna-se *per se* um valor social que não está subordinado de forma sistemática e geral a outros valores sociais.
- A expansão das capacidades humanas para controlar objetos naturais, a difundida incorporação institucional dessas capacidades e, especialmente, a criação de novas tecnologias ocupam altas posições como valores.
- O controle é uma postura caracteristicamente humana em relação aos objetos naturais. O exercício de controle e, acima de tudo, o engajamento na pesquisa e desenvolvimento de projetos, nos quais nosso poder de controle é ampliado, são formas essenciais e primárias pelas quais nos expressamos como seres humanos modernos, formas

nas quais são cultivadas "virtudes" pessoais como criatividade, inventividade, iniciativa, ousadia diante de riscos, autonomia, racionalidade e praticidade. Assim, um meio que é moldado de forma a que muitas e variadas possibilidades de controle possam ser rotineiramente realizadas no curso da vida ordinária, um meio dominado por objetos tecnológicos, é extremamente apreciado, assim como o é a extensão da tecnologia a cada vez mais domínios da vida e a definição de problemas em termos de soluções tecnológicas.

• Os valores que podem ser manifestados em arranjos sociais estão, em grau significativo, subordinados ao valor da implantação de novas tecnologias, que têm legitimidade *prima facie*, podendo certa medida de perturbação social ser tolerada em seu benefício, e cujos efeitos colaterais podem em geral ser tratados como aspectos de segunda ordem.

Atualmente, a valorização moderna do controle se manifesta em alto grau em todas as partes do mundo e é subscrita pelas instituições econômicas e políticas predominantes. Ela é capaz de manifestações ainda mais intensas – em mais sociedades, em mais domínios da vida – e podemos esperar que essa tendência venha a continuar por algum tempo. Assim, sua expressão no comportamento de um número crescente de pessoas é facilmente explicado. Mas as justificativas racionais para adotar a valorização moderna do controle, enquanto distintas dos fatores que explicam sua ampla adoção, residem, a meu ver, em grande parte no seguinte conjunto de pressupostos:

AS MANEIRAS COMO AS CIÊNCIAS SÃO E NÃO SÃO LIVRES DE VALORES

(a) O avanço tecnológico serve ao bem-estar dos seres humanos em geral, pois é indispensável para o "desenvolvimento"; é, assim, um pré-requisito de uma sociedade justa.[1]

(b) Soluções tecnológicas podem ser encontradas para virtualmente todos os problemas, inclusive aqueles ocasionados pelos efeitos colaterais das próprias implementações tecnológicas.

(c) A valorização moderna do controle representa um conjunto de valores universais, parte de qualquer perspectiva de valor racionalmente legitimada nos dias de hoje, cuja mais intensa manifestação é de fato desejada por virtualmente todos os que tomam contato com seus produtos.

(d) Não existem possibilidades significativas de realização no futuro previsível para perspectivas de valor que não incluam a valorização moderna do controle.

(e) Objetos naturais não são em si mesmos objetos de valor, e só se tornam tais em virtude de seu emprego nas práticas humanas; em si mesmos, eles podem ser completamente entendidos em termos das categorias de estrutura, processo, interação e lei subjacentes, abstraídos de qualquer valor que possam derivar de seu emprego nas práticas humanas. Quando, informados por entendimento correto articulado com essas categorias, exer-

---

[1] No mundo orientado pelo capitalismo, esse pressuposto é tipicamente sustentado por visões individualistas da natureza humana, que enfatizam o indivíduo (sua capacidade de agir (*agency*) e seu corpo) em detrimento do caráter social dos seres humanos e suas relações com outras culturas e grupos — visões dos seres humanos como aqueles que escolhem, como centros de expressão criativa, como consumidores, como "maximizadores de preferência ou utilidade" etc. Consequentemente, o bem-estar dos seres humanos tende a ser primordialmente entendido em termos de saúde corporal e psicológica, e de capacidade realizada para expressar uma variedade de valores egoístas ("autênticos" ou escolhidos por conta própria) (cf. Lacey & Schwarz, 1996).

39

cemos o controle sobre objetos, estamos tratando com objetos como eles são em si mesmos enquanto parte do "mundo material" – e é por isso que projetos concebidos por meio da valorização moderna do controle têm sido tão espetacularmente bem-sucedidos.

Não posso expor aqui o argumento, mas penso ser bastante claro que se algum desses pressupostos não puder ser sustentado, então as justificativas racionais para endossar a valorização moderna do controle dissolvem-se – não obstante sua difundida incorporação nas estruturas sociais contemporâneas e o suporte que ela recebe da atual hegemonia da "globalização".

2 Ciência livre de valores

A concepção de que a ciência é livre de valores é, no meu modo de ver, bem apreendida pela seguinte tese: a *imparcialidade*, a *neutralidade* e a *autonomia* são valores constitutivos das práticas e instituições científicas. Explicarei agora esses três componentes e seus respectivos pressupostos.[2]

Imparcialidade

A *imparcialidade* pressupõe uma distinção entre valores cognitivos e valores de outros tipos (cf. *SVF*, p. 216-23; Lacey, 1999b). Ela representa o valor que deve estar presente e incorporado numa prática científica de forma que:

---

2 As explicações sucintas apresentadas aqui devem ser tratadas como aproximações. Detalhes, nuanças, qualificações, variações e propostas alternativas são discutidas em *SVF*, cap. 4, 10).

Uma teoria é aceita com relação a um domínio de fenômenos se e apenas se ela manifesta os valores cognitivos
em alto grau, de acordo com os padrões mais elevados, à
luz dos dados empíricos disponíveis; e uma teoria é rejeitada se e apenas se uma teoria inconsistente com ela foi
corretamente aceita. Assim, não existe um papel para valores morais e sociais (e para as maneiras com as teorias
são usadas, e por quem) nos juízos envolvidos na escolha
de teorias.

Uma teoria pode ser corretamente aceita[3] e *ao mesmo tempo*
manifestar certos valores sociais (por exemplo, ser útil em aplicações para projetos concebidos pela valorização moderna do controle). A *imparcialidade* exclui um papel para valores sociais apenas nos juízos envolvidos na escolha de teorias, e não nos juízos a
respeito de sua *significância* (cf. Anderson, 1995; *SVF*, p. 15-6).
De acordo com essa concepção, uma teoria é *significante para uma
perspectiva de valor*, se pode ser aplicada para aumentar a manifestação de (alguns) valores constituintes da perspectiva, sem
subverter a perspectiva como um todo. Apresentei a *imparcialidade* como um valor de práticas e instituições científicas. Sabe-
-se, entretanto, que numerosas teorias foram e são aceitas sem
que a imparcialidade seja respeitada. Não obstante, isso é consistente com a adoção da *imparcialidade* como um valor nas práticas científicas, *desde que* existam casos exemplares que a
manifestem em grau elevado; que esforços sejam despendidos (cf.
Longino, 1990, p. 76) para identificar os mecanismos que po-

---

3 Uma teoria é *corretamente aceita* se é aceita de acordo com a *imparcialidade*. Ver *SVF*,
p. 13-4, onde a "aceitação" é distinguida de outras atitudes que podem ser adotadas com
respeito a teorias. Sobre "padrões", ver *SVF*, p. 62-6. Uma teoria é sempre aceita *com relação
a um domínio ou domínios de fenômenos e possibilidades*. Assumirei isso como um pressuposto ao longo do texto.

dem causar violações da imparcialidade, e evitar seu funcionamento efetivo (cf. *VAC*, cap. 5); e que a trajetória das práticas científicas aponte para um número e uma variedade maiores de teorias sendo aceitas de acordo com a imparcialidade.

NEUTRALIDADE

A *neutralidade* pressupõe, primeiro, que as teorias científicas não implicam logicamente que quaisquer valores particulares devam ser adotados; segundo, que o conjunto de teorias corretamente aceitas deixa em aberto um domínio de perspectivas de valor viáveis.[4] Portanto, a *neutralidade* representa o valor associado ao conteúdo da seguinte afirmação:

> Cada perspectiva de valor viável é tal que existem teorias corretamente aceitas que podem ser significantes em alguma medida para ela; e as aplicações de teorias corretamente aceitas podem ser feitas *equitativamente,* de modo que não existe, em um sentido amplo, perspectiva de valor viável para a qual a estrutura das teorias tenha significado especial.

A *neutralidade* expressa o valor de que a ciência não incorre em favorecimento de posições morais, ou seja, de que a pesquisa científica fornece, por assim dizer, um *menu* de teorias correta-

---

4 O primeiro pressuposto não implica que aceitar teorias não tenha consequências (lógicas) no que diz respeito a quais são (*ceteris paribus*) *os* valores racionalmente aceitáveis (cf. *SVF*, p. 74-82; *VAC*, cap. 8, seções 1, 2, 3) pois, como sustentei acima, uma perspectiva de valor é considerada racionalmente admissível em virtude de vários pressupostos acerca do que é possível e acerca da natureza humana, pressupostos que deveriam ser rejeitados se fossem inconsistentes com teorias científicas corretamente aceitas (cf. *VAC*, cap. 2). Dessa forma, as consequências no domínio dos valores não são implicações, mas são mediadas pelo papel dos pressupostos.

mente aceitas, entre cujos itens, em princípio, cada perspectiva de valor possa ter atendidas suas preferências (boas ou más) no que se refere à aplicação. A *imparcialidade* é claramente necessária para a *neutralidade*, porém não é suficiente. A significância não se segue da aceitação legítima. Como a *imparcialidade*, a *neutralidade* pode ser mantida como um valor de práticas científicas, embora, na verdade, nem sempre se manifeste em grau elevado, desde que condições semelhantes às mencionadas no caso da *imparcialidade* sejam obedecidas. Dentro de um amplo domínio de práticas científicas típicas, a tendência é, de fato, para manifestações da *imparcialidade* em grau cada vez mais alto – e é fácil apontar casos exemplares de teorias que são corretamente aceitas em relação a certos domínios. Mas, no caso das mesmas práticas, não se vislumbra uma tendência análoga a manifestações mais intensas da *neutralidade*; e, *no interior* delas, não creio que isso possa ser revertido. Em vez de serem aplicadas de forma equitativa, as teorias corretamente aceitas da ciência moderna tendem predominantemente (e, com frequência, de forma ostensiva) a ser significativas para perspectivas de valor que contenham a valorização moderna do controle, de forma que as práticas efetivas de aplicação fornecem pouca evidência de que as teorias da ciência moderna possam ser significantes em um grau comparável para muitas outras perspectivas de valor viáveis (Lacey, 1999d).

Autonomia

Em primeiro lugar, a *autonomia* pressupõe que exista uma distinção razoavelmente clara entre a pesquisa científica *básica* e a *aplicada* e, em segundo lugar, que as práticas de pesquisa básica tenham por objetivo realizar manifestações mais elevadas e mais amplas da *imparcialidade* e da *neutralidade*.

Hugh Lacey

Eu represento isso como o valor associado ao conteúdo da seguinte afirmação:

As práticas de pesquisa básica são realizadas em comunidades autônomas, patrocinadas por instituições autônomas – isto é, comunidades e instituições cujas prioridades são fixadas sem *interferência* de interesses, poderes e valores "externos" – de forma que suas prioridades de pesquisa são determinadas pelo interesse em aumentar a manifestação dos valores cognitivos nas teorias referentes aos domínios investigados, e expandir a pesquisa para novos domínios.

Minha sugestão foi a de que se pode considerar a tese "A ciência é livre de valores" como composta por essas três ideias. Assim entendida, ela deixa em aberto a existência de muitas interações legítimas entre a ciência e os valores morais e sociais, por exemplo, no que diz respeito ao direcionamento e legitimação da pesquisa aplicada e das aplicações, e à constituição de motivações para o empreendimento de pesquisas (cf. *SVF*, p. 12-9). Ela é também consistente com o desempenho, por parte dos valores *cognitivos*, de um papel essencial na avaliação de teorias, e com as próprias ideias constituintes da "ciência como livre de valores" representarem valores *das práticas científicas*. Os defensores de "a ciência é livre de valores" reconhecem isso sem dificuldade. Eles sustentam apenas que, no seu núcleo – onde teorias são aceitas e direcionamentos para a pesquisa básica são determinados – não há papéis que os valores sociais e morais possam desempenhar. Com frequência, a tese de que a ciência é livre de valores tem sido rejeitada com base na atuação dos valores na periferia, em vez de no núcleo das práticas científicas.

3 Avaliação da "ciência livre de valores"

Pode o ideal de *autonomia* – de acordo com o qual a pesquisa científica básica é efetivamente "conduzida" apenas pelos valores cognitivos – ocupar um papel regulador na prática científica? Aparentemente, isso decorreria da aceitação de que *o objetivo da ciência* é obter entendimento do mundo, e operacionalmente isso talvez seja equivalente ao objetivo de "gerar e consolidar teorias que manifestam em grau cada vez mais elevado os valores cognitivos, e referentes a um conjunto cada vez maior de domínios de fenômenos e possibilidades".

Contudo, quando o objetivo da ciência é enunciado desta forma, ele não pode direcionar a investigação científica, pois não aponta – para qualquer domínio – os tipos relevantes de dados empíricos a serem estabelecidos, as categorias descritivas apropriadas para fazer relatos observacionais, e os tipos de teorias a serem formuladas para estarem em contato com os dados. Para tal objetivo, os tipos "certos" de dados e teorias devem ser postos em contato, de forma que antes (do ponto de vista lógico) do engajamento na investigação, deve-se adotar o que denomino uma *estratégia* (cf. *SVF*, cap.5). Os papéis fundamentais de uma estratégia[5] são o de *restringir* os tipos de teorias que podem ser consideradas e *selecionar* os tipos de dados empíricos aos quais se devem adequar as teorias aceitáveis.

Estratégias materialistas

A maior parte da ciência moderna tende a adotar, quase exclusivamente, várias formas do que denomino *estratégias materialistas* (cf. *SVF*, p. 68-9; *VAC*, cap. 3, 5; Lacey, 1999b): as teorias

---

5 O conceito de "estratégia" deriva do conceito kuhniano de "paradigma" (cf. *SVF*, p. 261).

são restritas àquelas que representam fenômenos e arrolam possibilidades (*as possibilidades materiais das coisas*) em termos de serem geradas a partir de *estruturas, processos, interações e leis subjacentes*, abstraídos de qualquer relação que possam ter com arranjos sociais, vidas e experiências humanas, de qualquer vínculo com valores (não empregando assim categorias teleológicas, intencionais ou sensoriais), e de quaisquer possibilidades sociais, humanas e ecológicas que possam estar abertas a elas.[6] Reciprocamente, os dados empíricos são selecionados não apenas por satisfazerem à condição de intersubjetividade, mas também porque suas categorias descritivas são em geral quantitativas, aplicáveis em virtude de operações de medida, instrumentais e experimentais (cf. Lacey, 1999c).

Por que a comunidade científica moderna adotou, quase exclusivamente, estratégias materialistas? Ao colocar esta questão, pressuponho que as possibilidades das coisas não são esgotadas por suas possibilidades materiais, e que existem formas de investigação empírica sistemática nas quais possibilidades não materiais podem ser investigadas.[7] Chamarei qualquer forma

---

6 A *regularidade* (*lawfulness*) – ou seja, o caráter dos fenômenos de se darem de acordo com leis – está no núcleo das estratégias materialistas, cujas variações resultam de restrições adicionais impostas sobre o que deve ser considerado uma lei, ou sobre as variáveis admissíveis nas leis. Minha explicação das estratégias materialistas poderia com facilidade ser alternativamente expressa nos termos da visão de Giere (1999) sobre as teorias como modelos abstratos (ou conjuntos de modelos) que representam aspectos do mundo (fenômenos e as possibilidades que eles admitem) cujos componentes possuem propriedades quantitativas e são estruturados de forma tal que seus processos e interações exemplificam "princípios matemáticos". Assim, o princípio matemático torna-se a noção central, em vez da lei (cf. Giere, 1999, cap. 5).

7 Muitos objetos – inclusive fenômenos experimentais e tecnológicos – cujas possibilidades materiais são bem captadas por estratégias materialistas também são objetos sociais, objetos de valor social. Para que se possa entendê-los *completamente* (*SVF*, p. 99-100), é necessário fazer referência às descrições humanas/sociais que podem ser especificadas por suas condições de contorno e condições iniciais, bem como por seus efeitos – captando assim as possibilidades que essas coisas têm em virtude de suas relações com seres humanos, condições sociais e (de forma mais ampla) com os sistemas de coisas. Identifiquei alhu-

de investigação empírica sistemática uma forma de "ciência". Tratarei as questões postas como equivalentes a: quais poderiam ser os fundamentos racionais da adoção virtualmente incontestável de estratégias materialistas na ciência moderna?

Uma resposta comum (cf. *SVF*, p. 104-9; *VAC*, cap. 5) baseia-se na metafísica materialista: a ciência tem por objetivo entender o mundo da forma como ele é – o mundo material – independentemente de suas relações com os seres humanos; as estratégias materialistas (e somente elas) forneceriam categorias apropriadas para esse objetivo. Uma segunda resposta pode ser extraída de Kuhn: não é a natureza do "mundo material", mas o momento historicamente contingente de nossas práticas de pesquisa que demanda a adoção de estratégias materialistas. Adotadas inicialmente (de forma racional) porque ajudavam a resolver quebra-cabeças que tinham permanecido como anomalias no contexto de antigas estratégias, as estratégias materialistas continuaram a predominar em virtude de sua *fecundidade:* a partir delas, o domínio de teorias que se tornaram corretamente aceitas é amplo e variado, e continua a desenvolver-se nessa direção. Isso é suficiente para justificar o privilégio atualmente concedido às estratégias materialistas, pois, de acordo com Kuhn, a prática histórica da ciência é mais bem conduzida quando a comunidade científica adota uma única estratégia até que seu potencial se esgote.

Tendo criticado alhures essas duas respostas (cf. *SVF*, cap. 6, 7; Lacey, 1999d), passo diretamente à terceira resposta, que julgo ser a mais convincente (cf. *SVF*, cap. 6). Considere-se a questão: que estratégias deveriam ser adotadas por alguém que deseja obter teorias corretamente aceitas que aprofundariam a implemen-

---

res algumas estratégias promissoras segundo as quais possibilidades não materiais poderiam ser investigadas: para pesquisa na agricultura, estratégias agroecológicas (Lacey, 1999d); para pesquisa na biologia psicossocial, estratégias feministas. Antes da hegemonia das estratégias materialistas, as estratégias aristotélicas foram dominantes (cf. *SVF*, cap. 8, 9, 7, respectivamente).

tação da valorização moderna do controle? A meu ver a resposta, em geral, é a seguinte: as estratégias materialistas, pois as possibilidades do controle humano dos objetos são um subconjunto de suas possibilidades materiais. Por que então as estratégias materialistas são privilegiadas? A resposta (elaborada em *SVF*, p. 115--26) reside na seguinte sugestão: existe uma interação de reforço mútuo entre a pesquisa conduzida segundo estratégias materialistas e o compromisso com a valorização moderna do controle.

VALORES E A ADOÇÃO DE UMA ESTRATÉGIA

Generalizando a terceira resposta, obtemos o seguinte quadro (cf. *SVF*, conclusão): quando se adota uma estratégia, de fato se estabelece, nos termos mais gerais, os tipos de fenômenos e possibilidades escolhidos para serem investigados; no caso das estratégias materialistas, as possibilidades materiais das coisas e dos fenômenos em espaços nos quais suas possibilidades são esgotadas por suas possibilidades materiais. Admitindo a fecundidade como uma condição necessária para continuar a adotar uma estratégia racionalmente, nada há de logicamente impróprio em uma influência vigorosa dos valores sociais sobre essa escolha. *Então*, a aceitabilidade de teorias geradas segundo uma estratégia é julgada à luz dos dados e dos valores cognitivos. É importante manter separados os papéis dos valores cognitivos e sociais (cf. Lacey, 1999b). Seus diferentes papéis refletem diferentes momentos (do ponto de vista lógico) associados à escolha de teorias. Em um *primeiro* momento, quando perguntamos: "que características as teorias devem possuir para serem provisoriamente consideradas?", as estratégias ocupam um papel-chave. Logicamente, elas atuam no início. Então, em um *segundo* momento (lógico), quando perguntamos: "quais das teorias que se adaptam às restrições da estratégia devem (se é que alguma deve)

As maneiras como as ciências são e não são livres de valores

ser aceitas?", exclusivamente o papel dos valores cognitivos, à luz dos dados empíricos e de outras teorias aceitas, deve ser decisivo. O valores sociais não possuem um papel legítimo no segundo momento agindo *ao lado* dos valores cognitivos, mas no primeiro momento uma estratégia pode ser adotada em função das relações de reforço mútuo que tem com os valores sociais, para os quais se espera que as teorias desenvolvidas segundo a estratégia tenham significado.[8] Na medida em que uma estratégia exibe as características gerais das possibilidades que se deseja captar, uma teoria corretamente aceita capta as possibilidades genuínas. Desde que as razões para adotar (e continuar a adotar) uma estratégia devem apelar para fatores distintos de e suplementares aos valores cognitivos, segue-se que a *autonomia* não é (mesmo em princípio) realizável.

Com este quadro, estou propondo que o sucesso da pesquisa conduzida sob estratégias materialistas contribui para a *consolidação social* da valorização moderna do controle e para sua influência em mais e mais esferas da vida, e isso pode, em grande medida, explicar a razão pela qual é relativamente pouco contestada. Mas racionalmente isso não elimina, por si só, o interesse em perspectivas de valor alternativas e de estratégias de pesquisa às quais elas podem estar dialeticamente vinculadas. O quadro é consistente com a existência de uma multiplicidade de estratégias fecundas, cada uma delas em interação com uma perspectiva

8 O segundo momento não pode ser realizado sem a realização prévia do primeiro; mas sua *lógica* não se apóia de forma alguma nas relações dialéticas entre estratégias e valores. Na verdade, ser capaz de reconhecer a lógica em ação no segundo momento pode depender (psicologicamente) do engajamento na pesquisa feita segundo essas estratégias. A pesquisa pode não ser conduzida em uma determinada área porque os resultados a serem obtidos não são considerados potencialmente significantes. Mas uma teoria só pode tornar-se aceita (no segundo momento) se a pesquisa relevante – investigação no primeiro momento – tiver sido realizada. Segue-se que uma teoria não pode ser aceita a menos que seja potencialmente significante. Continua a ser um erro grave derivar a falsidade das teorias da ausência de significância potencial, ou de seu fracasso em ajustar-se às restrições das estratégias privilegiadas.

49

de valor particular, explorando uma diferente classe de possibilidades, e gerando teorias que se tornam corretamente aceitas, de forma que cada uma permita a encapsulação confiável das possibilidades de interesse para as respectivas perspectivas de valor. Considere-se a pesquisa agrícola. Segundo uma estratégia – a estratégia materialista –, as possibilidades para a prática agrícola abertas pela pesquisa *biotecnológica* são exploradas; segundo outra estratégia, as possibilidades de melhorar os métodos da agricultura orgânica pelo desenvolvimento dos métodos locais "tradicionais" *agroecológicos* (cf. *SVF*, cap. 8 e as numerosas referências que são citadas ali; *VAC*, cap. 6; Lacey, 1999d; cap. 6 a seguir).

IMPARCIALIDADE SEM NEUTRALIDADE

As questões que surgem aqui são complexas. Por um lado, se ambas as estratégias se revelassem fecundas, isso pareceria um ganho indubitável, que nos permitiria identificar classes adicionais de possibilidades promovendo, assim, o objetivo de incrementar o entendimento "do mundo natural". Por outro lado, talvez não seja possível realizar conjuntamente duas possibilidades genuínas: a implementação, em uma escala significativa, de uma agricultura informada pela biotecnologia tende a solapar as condições para a agroecologia e *vice-versa* (cf. Lacey, 1999d; cap. 6 a seguir). Por que, então, ter o trabalho de explorar possibilidades, a menos que elas tenham condições de se realizar? Assim, embora o quadro permita uma multiplicidade de estratégias, ele também ajuda a explicar por que existem pressões contra a realização dessa multiplicidade. Essas pressões não negam que teorias aceitas segundo estratégias dominantes possam ser aceitas de acordo com a *imparcialidade* (como acontece com um número sempre crescente de teorias aceitas segundo as estratégias materialistas), mas colocam obstáculos ao movimento em direção à *neutralidade*.

Na verdade, as questões são ainda mais complexas. Não parece haver coerência sequer em tentar explorar decididamente (sem falar na tentativa de implementar simultaneamente) *todas* as possibilidades "do mundo natural", pois, como a pesquisa exige condições materiais e sociais, e as condições necessárias para a pesquisa segundo diferentes estratégias podem ser incompatíveis, mesmo a condução da pesquisa que explora uma classe de possibilidades pode impedir a exploração investigativa de outra classe. Práticas de pesquisa podem ser profundamente incompatíveis, tanto assim que elas não podem ser realizadas conjuntamente com integridade no mesmo meio social (cf. *SVF*, cap. 7, 8). Portanto, os valores intensamente manifestados e incorporados na sociedade podem ser decisivos na explicação de quais tipos de entendimento empírico sistemático realmente *são* obtidos e, assim, tornam-se disponíveis para a aplicação (cf. nota 8).

Existe atualmente um desequilíbrio entre os recursos destinados à pesquisa na agricultura informada pela biotecnologia e à pesquisa na agroecologia. Embora tal desequilíbrio não afete as descobertas positivas obtidas pela primeira, é pouco provável que obtenhamos conhecimento adequado com relação às alternativas agroecológicas e uma consciência fortemente compartilhada dos "efeitos colaterais" ecológicos e sociais das implementações biotecnológicas, por exemplo, de que as sementes se transformam cada vez mais completamente em mercadorias (cf. *SVF*, cap. 8). Teorias biotecnológicas que informam práticas agrícolas podem ser aceitas de acordo com a *imparcialidade* e, assim, podemos esperar que ao aplicá-las obteremos os resultados esperados, pelo menos a curto prazo: rendimentos maiores, aplicações menores de insumos etc. A pesquisa sustenta a *eficácia* das aplicações; e, onde a valorização moderna do controle está presente e incorporada em alto grau, a eficácia pode ser na prática considerada suficiente para a legitimação. Mas a legitimação não deriva apenas da eficácia, mas da contribuição para o bem-estar humano; e

assim, no caso presente, pressupõe-se a ausência tanto de indesejáveis "efeitos colaterais" preponderantes quanto de alternativas agrícolas "melhores", pressuposições que têm sido contestadas, por exemplo, por ambientalistas e agroecologistas (cf.
Lacey, 1999d; cap. 6 a seguir; Altieri, 1998).

AMPLIANDO OS HORIZONTES DA INVESTIGAÇÃO EMPÍRICA

Para muitos, o quadro esboçado acima é profundamente per-
turbador. É verdade que ele nega um papel aos valores sociais e
morais na escolha de teorias. Mas de acordo com ele a prática da
pesquisa científica básica não se coloca para além das disputas
de valor: o privilégio virtualmente exclusivo concedido às estratégias materialistas, por exemplo, é apenas tão racional quanto a
adoção da valorização moderna do controle. Isso permite a adoção (sujeita à condição de fecundidade) de estratégias alternativas em virtude de possuírem interações de reforço mútuo com as
perspectivas de valor que contestam a valorização moderna do
controle – aparentemente sujeitando a escolha de estratégia ao
mesmo tipo de questionamento que é normalmente encontrado
a respeito de valores morais e sociais. Não há razão para que não
seja assim. A concessão de privilégio às estratégias materialistas
não pode ser adequadamente fundamentada em dados empíricos. Meu quadro nos impele a ampliar os horizontes da investigação empírica.

Como fazer isso? Lembremos da questão: por que conceder
privilégio às estratégias materialistas? A resposta é: porque elas
são fecundas e interagem de maneiras mutuamente reforçadoras
com a valorização moderna do controle. Por que sustentar a valorização moderna do controle? Parte da resposta envolve o apelo a
seus pressupostos. Mas, em geral, eles não podem ser investigados empiricamente a partir de estratégias materialistas e, assim,

a pesquisa conduzida exclusivamente segundo essas estratégias não pode realimentá-las e fornecer a estas algum suporte ou crítica. Para isto, precisamos multiplicar as estratégias.

Defini anteriormente a *imparcialidade* como um valor das práticas científicas: aceitar teorias se e somente se elas manifestam os valores cognitivos em alto grau. O compromisso com a *neutralidade* envolve estender o alcance de domínios nos quais consolidamos teorias aceitas de acordo com a *imparcialidade* — tendo em vista, eu sugiro, o ideal de que qualquer crença que desempenhe um papel na informação ou legitimação de qualquer prática social contemporânea significativa está sujeita a escrutínio empírico apropriado. Quando a pesquisa é conduzida quase exclusivamente segundo estratégias materialistas, obtemos numerosas teorias corretamente aceitas que informam numerosas aplicações eficazes (geralmente de interesse para a valorização moderna do controle), mas raramente a pesquisa é relevante diretamente para os pressupostos que legitimam a valorização moderna do controle ou, por exemplo, para as práticas agrícolas que são as expressões desta última. Devemos então concluir que esses pressupostos são implicitamente aceitos porque servem para legitimar a valorização moderna do controle — que os valores sociais estão ao lado ou no lugar dos valores cognitivos e, portanto, que esses pressupostos não são aceitos de acordo com a *imparcialidade* e, por conseguinte, são ideológicos?

Ironicamente, ou paradoxalmente, este impasse poderia talvez ser desfeito permitindo-se a pesquisa sob múltiplas estratégias. Mas as condições exigidas para conduzir tal pesquisa podem não estar facilmente disponíveis onde a valorização moderna do controle se manifesta intensamente, de forma que sua condução pode já envolver o comprometimento com uma perspectiva de valor que contesta a valorização moderna do controle. Não obstante, a menos que a pesquisa seja conduzida segundo múltiplas estratégias (incluindo estratégias não materialistas), qual-

Hugh Lacey

quer perspectiva de valor deve apoiar-se em pressuposições cruciais não aceitas de acordo com a *imparcialidade*. Portanto, a *neutralidade* não seria um ideal alcançável.

ENDOSSANDO A NEUTRALIDADE?

O conteúdo da *neutralidade* inclui o desejo de minimizar a probabilidade de que um conjunto de valores seja preponderante no direcionamento da pesquisa científica. A tradição dominante julgou que a forma de alcançar tal objetivo consistiria na condução da pesquisa segundo estratégias materialistas, que não permitem o uso de termos impregnados de valor na formulação de teorias. Minha alternativa é multiplicar estratégias de forma que os interesses das numerosas perspectivas de valor possam vir a ser informados pelos resultados bem estabelecidos da pesquisa científica e, assim, que os pressupostos fundamentais das perspectivas de valor que influenciam a adoção de estratégias particulares possam ser investigados empiricamente.[9]

Considere-se, por exemplo, o pressuposto (d) da valorização moderna do controle: não existe agora possibilidade alguma para a intensa incorporação social de perspectivas de valor que não contenham a valorização moderna do controle (cf. *VAC*, cap. 8, para a discussão acerca da questão geral da investigação de "possibilidades futuras"). Esse pressuposto é reforçado por várias pressuposições mais específicas: por exemplo, aquelas amiúde empregadas para legitimar a implementação acelerada da agri-

---

9 Isto dá origem a questões importantes acerca de *quem* são os membros das comunidades engajadas na investigação empírica sistemática (científica), se elas incluem apenas "profissionais" com qualificações específicas, e se é também apropriado exigir que exista, entre os membros das comunidades, uma disseminação das perspectivas de valor (cf. a discussão a respeito da *autonomia* em *SVF*, cap. 4, 10). Também são levantadas questões a respeito do lugar da ciência na democracia (cf. Anderson, 1999).

54

AS MANEIRAS COMO AS CIÊNCIAS SÃO E NÃO SÃO LIVRES DE VALORES

cultura informada pela biotecnologia: "não existem possibilidades significativas perdidas em virtude dessa implementação" e, "sem ela, não se produzirá comida suficiente para alimentar a crescente população mundial" (cf. cap. 6). A pesquisa segundo estratégias materialistas pode produzir respostas para questões do tipo: "Como podemos maximizar a produção de alimentos em condições materiais *ótimas?*", mas não para questões do tipo: "Como podemos produzir alimentos de forma que todas as pessoas numa dada região tenham acesso a uma dieta bem equilibrada e de forma que a estabilidade social e ecológica sejam sustentadas?". Mas a alegação da não existência de possibilidades perdidas não pode ganhar suporte empírico sem responder empiricamente a questões como esta última. Assim, a menos que estratégias agroecológicas sejam definidas de tal forma que essas questões sejam abordadas de forma sistemática e empírica, pressuposições como "sem perda de possibilidades" devem manter um caráter essencialmente ideológico. Estratégias agroecológicas, que podem incorporar estratégias materialistas em um papel subordinado, objetivam conceber práticas agrícolas sem abstraí--las das relações sociais e ecológicas das quais elas participam – e podem muito bem ter continuidade com o "conhecimento tradicional" de uma cultura. Talvez elas não se revelem fecundas, mas isso não pode ser estabelecido antes do engajamento na pesquisa orientada por elas (cf. Lacey, 1999d; cap. 6 a seguir; Altieri, 1998).

A definição e o desenvolvimento de tais estratégias promoveriam a *neutralidade* (cf. *SVF*, cap. 10); e também envolveriam interações mutuamente reforçadoras com várias perspectivas de valor que contestam a valorização moderna do controle – as perspectivas de grupos ambientalistas e – algo que me interessa particularmente – de movimentos populares de alguns países do "terceiro mundo" que visam fortalecer os valores do "bem-estar, da iniciativa, e da comunidade locais" (cf. *SVF*, cap. 8; *VAC*, cap. 1, 6). Além disso, se elas se revelarem fecundas, seus produtos

Hugh Lacey

podem contribuir para incrementar a manifestação desses valores – fornecendo bases adicionais para contestar a valorização moderna do controle. Os impactos da *neutralidade* e da valorização moderna do controle têm direções opostas.

4 Conclusão

A ciência é livre de valores? Está claro agora que uma resposta "sim ou não" seria enganadora. Em vez disso, precisamos discernir as maneiras como a ciência é e não é livre de valores. Eis minha conclusão: a *autonomia* não é realizável. A *neutralidade* é suscetível de manifestação mais completa nas práticas científicas, mas as trajetórias das práticas dominantes no momento não prometem ocasionar manifestação mais completa, tanto que é possível questionar se as práticas científicas modernas estão comprometidas com o avanço da *neutralidade*. Mas a *imparcialidade* permanece um valor central das práticas de pesquisa conduzidas segundo qualquer estratégia.[10]

---

10 Permanecendo comprometidos com a *imparcialidade*, tornamo-nos livres para ir além da ciência livre de valores. Para algumas outras implicações, ver Lacey, 1999d, seção final; Lacey, 1999c.

Capítulo 2

A localização social das práticas científicas

A tradição majoritária da ciência moderna nega a *historicidade* das práticas científicas. Nega que o *caráter* delas mude, e que deva mudar, de modos fundamentais que surgem historicamente, sendo sensíveis a, e moldados por, circunstâncias variáveis. Na Seção 1, identifico várias pressuposições que têm sido com frequência usadas para sustentar essa negação, principalmente as de que o objeto da ciência é a-histórico, e sua metodologia essencialmente imutável, e de que o caráter da metodologia científica básica não está dialeticamente vinculado à ciência aplicada. Na Seção 2, subscrevo a rejeição por parte de Kuhn das pressuposições sobre o objeto e a metodologia imutáveis da ciência, referendando assim aquilo a que Margolis (1995, p. 321) se refere como uma "notável (mas um tanto diluída)" versão da historicidade da ciência. A seguir, na Seção 3, com base em uma análise detalhada da controvérsia entre a biotecnologia agrícola e a agroecologia, indo além de Kuhn, rejeito também a outra pressuposição, da inexistência de vínculos dialéticos entre metodologia e aplicação.

Mais precisamente, meu argumento é o de que o caráter das práticas científicas reflete relações mutuamente reforçadoras com sua localização social, isto é, relações com as perspectivas de valor das pessoas e instituições responsáveis por elas, e com os interesses a serem servidos por meio da aplicação de seus produtos. Isso está a um passo do endosso a uma versão "não diluída" da historicidade das práticas científicas, que admite a possibilidade de variações no caráter das práticas científicas estarem dialeticamente vinculadas a variações históricas e culturais no domínio da vida e experiência cotidianas, e nas estruturas da prática social.

1 Práticas científicas como destituídas de historicidade

Recapitulemos brevemente uma narrativa que articula uma importante parte do autoentendimento da tradição científica moderna, e que tem sido frequentemente relatada. A ciência tem uma *história*, uma história de progresso: de crescimento, acumulação e refinamento do conhecimento científico, e eliminação de erros. É uma história em que a *metodologia* desempenha um papel central. Satisfeita apenas a condição de que as práticas científicas se mantenham livres de interferências externas e, de tempos em tempos, sejam alimentadas pelo gênio criativo, a metodologia assegura o permanente desenrolar do progresso da ciência. A metodologia científica é sistemática e empírica, baseada em experimentos e medições. Ela prescreve que dados empíricos funcionem como pedra de toque em relação a teorias que, valendo-se dos recursos de léxicos matematicamente articulados, postulam representações dos fenômenos e de suas leis e ordem subjacentes. Exceto por refinamentos de detalhe, escopo e precisão, a metodologia científica não se altera. Assim, a "revolução científica" dos séculos XVI e XVII marca os verdadeiros primórdios da ciência (antecipados somente por fragmentos esparsos de conhecimento científico), não uma *mudança* fundamental no caráter metodológico das práticas científicas.

Desde então, a narrativa continua, as credenciais cognitivas (epistêmicas) da metodologia científica têm sido repetidamente validadas. O sucesso tecnológico, informado pelo conhecimento científico, tem sido uma fonte de validação. Outra fonte é o conhecimento do "mundo" ("o mundo natural," "o mundo material") – das leis da natureza, e das coisas, eventos, estados, fenômenos, estruturas e seus componentes, processos e interações subjacentes – conhecimento que se tem desenvolvido num pro-

A LOCALIZAÇÃO SOCIAL DAS PRÁTICAS CIENTÍFICAS

cesso de acumulação e refinamento, e cujo alcance continua a expandir-se, balizado apenas pelos limites de um "relato completo" do "mundo material" que, mais cedo ou mais tarde, abrangerá todos os fenômenos.

A narrativa admite versões rivais, cada uma com diferentes ênfases sobre, por exemplo, a primazia da teoria ou do experimento, e a significância da ciência aplicada. Em todas as versões, entretanto, a visão progressista ressalta principalmente temas tais como as teorias desenvolvidas, os dados disponíveis, as possibilidades técnicas de experimentação e mensuração, as questões metodológicas, e as contribuições de cientistas ou grupos de cientistas. Dessa maneira, a "racionalidade," "universalidade" e "objetividade" do processo cumulativo de desenvolvimento podem ser enfatizadas. Há lugar na narrativa para fatores sociais, econômicos e políticos; por vezes, interesses referentes à utilidade conduzem a uma focalização sobre um objeto particular de investigação e, mais geralmente, os ritmos e a organização da pesquisa científica dependem da disponibilidade de recursos materiais e condições sociais. Ainda assim, a dinâmica fundamental do progresso científico é "racional": a ciência, progressivamente e sempre com mais refinamento, está acumulando conhecimento a respeito dos objetos do "mundo material". Fatores sociais (e, portanto, históricos) podem levar à atribuição de prioridade, até mesmo urgência, à aquisição de conhecimento sobre casos específicos desses objetos, mas tal aquisição contribui para a acumulação e o refinamento gerais do conhecimento do "mundo material". Acumulação e refinamento são o que mais importa. O resto, incluindo a ordem temporal em que os objetos são investigados, é secundário. Em parte alguma dessa narrativa o caráter das práticas científicas altera-se de maneira fundamental; elas não exibem historicidade.

Hugh Lacey

Suposições que sustentam a negação da historicidade

Na raiz dessa negação da historicidade, encontram-se as três seguintes proposições:

1 A ciência busca adquirir um tipo de entendimento que se expressa em teorias que condizem sempre mais completa e acuradamente com um objeto a-histórico, "o mundo material", cuja ordem subjacente (leis, estruturas e seus componentes, processos e interações) é *ontologicamente* independente das ações, desejos, concepções, observações e investigações humanas.

2 A metodologia das práticas científicas modernas (sujeita apenas a refinamentos de precisão, escopo e afins, mas sem qualquer mudança fundamental) capacita-nos a adquirir cada vez mais conhecimento desse objeto a-histórico – de modo que não existe uma dialética histórica profunda entre a metodologia e o objeto de investigação, e as questões postas na ciência básica (embora possam depender de resultados de investigações prévias e da disponibilidade de instrumentação e de recursos matemáticos e conceituais apropriados) não se referem a objetos, na medida em que são historicamente variáveis, socialmente localizados, ou desempenham papéis integrais nas práticas humanas.

3 A aceitabilidade das teorias científicas depende apenas de considerações envolvendo suas características e suas relações com dados empíricos de tipos selecionados.

Claramente, e em consonância com a Suposição 1, o arranjo real dos objetos materiais que nos rodeiam não é *causalmente* independente dos assuntos humanos. Tais arranjos podem ser consequências de aplicações científicas, tanto assim que, embora a ciência supostamente careça de historicidade, em virtude de suas aplicações, ela tornou-se um agente histórico de importância extraordinária. Sustenta-se, na verdade, que o próprio sucesso da ciência em informar o desenvolvimentos tecnológicos deve-se ao fato de ela ter adquirido entendimento sólido sobre "o mundo material" (cf. *SVF*, cap. 6). De acordo com a narrativa em pauta, em países industriais avançados, a ação histórica da ciência pode explicar a disponibilidade das condições sociais e dos recursos materiais necessários para a prática da ciência. Ademais, hoje em dia, boa parte das pesquisas depende da disponibilidade de instrumentos produzidos pela mais avançada e sofisticada tecnologia, o que, por sua vez, decorre dos próprios desenvolvimentos científicos. Isso significa que a ação histórica da ciência funciona como um "parceiro instrumental" da pesquisa científica, que ocasiona refinamentos na metodologia (por exemplo, capacitando-nos a conseguir maior precisão nas medições e a explorar âmbitos anteriormente inacessíveis). Há uma retroalimentação que atende aos interesses cognitivos (epistêmicos) da aquisição do entendimento científico (uma "feliz coincidência" dos interesses das práticas sociais com os interesses da aquisição de conhecimento – cf. *SVF*, p. 124-6), mas isso deixa o caráter fundamental da metodologia científica essencialmente incólume. Assim, a negação da historicidade envolve também a suposição de que:

4. A ação histórica da ciência (exercida por suas aplicações) é apenas uma consequência e um parceiro instrumental da prática científica bem-sucedida; não é um parceiro dialético, que retroaja de modo a influenciar o caráter metodológico fundamental dessas práticas.

Afirmar a historicidade da ciência implica negar as Suposições 1 e 2, ou seja, negar que o objeto da investigação científica é a-histórico, e manter que há uma dialética entre metodologia e objeto de investigação. Tal afirmação aprofunda-se quando

Hugh Lacey

é rejeitada também a Suposição 4, que sustenta haver uma dialética entre a metodologia e as práticas da ciência aplicada. Kuhn argumenta convincentemente a favor da negação das Suposições 1 e 2, embora pareça aceitar a Suposição 4.[1] Antes de tratar do argumento de Kuhn, prolonguemos um pouco mais a narrativa em pauta.

TEORIAS CORRETAMENTE ACEITAS REPRESENTAM O "MUNDO MATERIAL"?

De acordo com nossa narrativa, *objetos enquanto apreendidos pelas práticas da ciência básica*, isto é, *enquanto representados em teorias corretamente aceitas*, são (aproximadamente) idênticos a *objetos enquanto existentes na ordem subjacente do mundo material*. As práticas científicas, e os modos de interação e de pensamento que as constituem, capacitam a apreender as coisas tal como elas *são* no "mundo material" a-histórico, abstraídas do contexto e das condições de nossas investigações e, na verdade, de todos os contextos relativos à humanidade. Visto que as práticas científicas são em si mesmas históricas, como isso pode acontecer? A metodologia é a chave para a resposta. Mas como uma metodologia mobilizada no interior de uma prática histórica pode capacitar-nos a apreender aquilo que é a-histórico?

Ela pode fazer isso, de acordo com uma resposta comum, em virtude do caráter e das relações entre a *teoria* e os *dados empíricos*. Mais precisamente: as teorias desenvolvidas pelas práticas científicas envolvem asserções (e modelos) cuidadosamente expressos, tipicamente em forma matemática, sobre estruturas subjacentes (não aparentes), seus componentes, processos, intera-

---

[1] A Suposição 3, que é compatível com a negação da Suposição 4 (cf. *SVF*, cap. 10), não desempenha papel algum na presente argumentação.

A LOCALIZAÇÃO SOCIAL DAS PRÁTICAS CIENTÍFICAS

ções e leis, de modo que as teorias abstraem os fenômenos de seus lugares na ordem social, na vida e na experiência cotidianas, e até mesmo nas próprias práticas científicas. E no que se refere aos dados, eles são obtidos e relatados por meio de práticas experimentais e de mensuração, assim como, frequentemente, são experimentais as condições criadas para que eles possam ser obtidos. Dados relevantes, obtidos a partir da observação dos fenômenos que a teoria se propõe a explicar, satisfazem a condição de intersubjetividade (e, quando possível, replicabilidade), sendo especialmente significantes os dados quantitativos e experimentais. A compreensão dos objetos do "mundo material" se expressa, então, em teorias corretamente aceitas.

Uma teoria é *aceita* se suas asserções (relativas a determinados domínios de fenômenos) são colocadas no acervo do conhecimento científico estabelecido, ou seja, no acervo das asserções a respeito das quais se considera que mais investigações ou testes produziriam apenas aperfeiçoamentos de precisão e escopo (*SVF*, p. 13-4). Uma teoria é corretamente aceita (com relação aos fenômenos de um domínio especificado) se ela satisfaz certos critérios, isto é, se ela manifesta em alto grau os valores cognitivos à luz dos dados disponíveis relativos a esse domínio, ou, em outras palavras, se tem determinadas características (por exemplo, consistência, simplicidade), relações com outras teorias aceitas (por exemplo, consistência interteórica, concordância), relações com teorias superadas (por exemplo, se é capaz de explicar os pontos fortes e fracos de tais teorias) e, o que é mais importante, relações com os dados empíricos disponíveis (por exemplo, adequação empírica, poder explicativo e preditivo).[2] Teorias corretamente aceitas têm também informado confiavelmente numerosas aplicações práticas (tecnológicas).

2 Valores cognitivos são critérios para o valor cognitivo ou epistêmico (aceitabilidade racional) de uma teoria. Eu os discuto em outros escritos (*SVF*, cap. 3; *VAC*, cap. 3), e sustento que

O que legitima a passagem efetuada na narrativa (onde T é uma teoria e D é um domínio de fenômenos) de

(a) T manifesta em alto grau os valores cognitivos com relação a D

para

(b) T representa (condiz com) a ordem do "mundo material" subjacente a D?

Uma resposta poderia ser: Mas isso não é óbvio, dado que T representa os fenômenos de D, abstraídos das relações que possam ter com assuntos humanos e sociais, em termos de sua geração a partir de uma ordem subjacente, e que a aceitação legítima depende *somente* de juízos sobre a manifestação dos valores cognitivos em T com relação a D? Ademais, o fato de que tal passagem tenha sido feita de modo frequente e casual ao longo de todo o decorrer da ciência moderna sugere que ela seja considerada evidente. Em que mais consistiria o valor cognitivo de T senão em uma correspondência com partes do "mundo material"? Uma alternativa é dizer que ele poderia consistir em que

(c) T encapsula satisfatoriamente as possibilidades dos fenômenos de D na medida em que eles derivam do poder gerativo da ordem subjacente,

ou (equivalentemente) em que T apreende esses fenômenos enquanto abstraídos de seus contextos humanos e sociais.

---

eles podem ser distinguidos dos valores sociais, morais ou de outros tipos (Lacey, 1999b). Não tratarei da questão de como a história dos valores cognitivos seria relevante para a historicidade da ciência, ou teria implicações concernentes à Suposição 3.

Denomino tais possibilidades *possibilidades abstraídas* dos fenômenos. Em outras oportunidades (cf. *SVF*, cap. 6; Lacey, 2002b) argumentei que a passagem de (a) para (b) não é corretamente mediada por

(d) T informa confiavelmente aplicações tecnológicas.

Mas a passagem de (a) para (c) é justificada por (d). Frequentemente a passagem de (a) para (b) é efetuada contra o pano de fundo do compromisso com a metafísica materialista, que pode ser considerada como uma elaboração adequada do postulado de que todos os fenômenos são regidos por leis, ou de que todas as possibilidades são possibilidades abstraídas: o "mundo material" – a ordem a-histórica subjacente das coisas – *realmente é* tal que pode ser refletida nos (e somente nos) tipos de asserções avançadas pelas teorias científicas modernas. Se houvesse uma sólida argumentação *a priori* em prol da metafísica materialista, tal perspectiva se imporia. Mas, hoje, a maioria dos que adotam a metafísica materialista o faz com base em uma extrapolação do entendimento científico estabelecido e da direção esperada de seu crescimento. Portanto, se a metafísica materialista fornece a base para a passagem, cai-se em uma petição de princípio.

2 A concepção de Kuhn
sobre a historicidade da ciência

Kuhn mantém não haver nada no caráter das práticas científicas que justifique a passagem de (a) para (b) (cf. *SVF*, cap. 7) e, além disso, que uma consideração da verdadeira história da ciência sugere ser a passagem claramente injustificada. Na história da ciência, ele afirma, não encontramos uma continuidade de acúmulos e refinamentos, mas, ao contrário, períodos de fundamental descontinuidade no caráter da atividade científica – descontinuidades, por exemplo, acerca de quais teorias são consideradas merecedoras de investigação provisória, de quais são os fenômenos apropriados à investigação, tendo em vista a aquisição de dados empíricos a serem explicados pelas teorias (e as categorias descritivas dos dados), e dos tipos de asserções considerados centrais para ordenar a investigação científica.

Teorias corretamente aceitas são desenvolvidas e consolidadas sob uma "estratégia" ("paradigma")

De acordo com Kuhn, se a teoria e os dados empíricos são tomados como sendo os principais elementos da metodologia científica, então não há como fazer sentido da verdadeira história da ciência. Kuhn (1970) propôs um terceiro elemento: o *paradigma*, do qual considerarei apenas um aspecto: dentro de um paradigma, a pesquisa é conduzida segundo o que denomino uma *estratégia*. Uma estratégia especifica *restrições* sobre teorias julgadas admissíveis para consideração provisória (e eventual aceitação), e (reciprocamente) critérios para os tipos de dados empíricos (e os fenômenos a partir dos quais eles são obtidos por observação e mensuração), que são *selecionados* como próprios para serem colocados nas devidas relações com as teorias. Esses são os tipos de dados necessários para o teste e a seleção de teorias dentre as provisoriamente consideradas, e que descrevem os fenômenos de maneira tal que possibilita suas explicações e a encapsulação de suas possibilidades. Pode-se restringir as teorias admissíveis, por exemplo, às que são formuladas com os recursos de um léxico especificado (por exemplo, as categorias teleológicas/sensoriais da física aristotélica, ou as matemáticas/ mecânicas da física de Galileu), e pode-se selecionar os dados (geralmente sujeitos à condição de intersubjetividade e, quando apropriado, replicabilidade) em virtude, por exemplo, de serem representativos dos fenômenos da vida e da experiência cotidianas, ou relativos às práticas experimentais e de mensuração (cf. *SVF*; cap. 1 acima).

Dado esse terceiro elemento metodológico, estamos aptos a identificar dois momentos-chave de escolha (logicamente distintos): escolha da estratégia a ser adotada nas práticas de pesquisa, escolha entre a aceitação ou a rejeição da uma teoria. A escolha da teoria é, então, em primeira instância, escolha entre teorias provisoriamente consideradas que se ajustam às restrições da estratégia adotada.[3] Quando apropriadamente feita, envolve juízos sobre qual delas manifesta melhor os valores cognitivos à luz dos dados disponíveis, sobre serem os dados disponíveis suficientes, e sobre sua manifestação – se ela se dá em grau elevado o bastante para a aceitação da teoria com relação aos domínios relevantes de fenômenos. Teorias aceitas encapsulam corretamente certos tipos de possibilidades que tais fenômenos permitem. (Aplicações bem-sucedidas atestam isso). Assim, adotar uma estratégia envolve a identificação dos tipos de possibilidades que se deseja encapsular; aceitar uma teoria envolve a identificação dos tipos genuínos dessas possibilidades (tipicamente através da consolidação das asserções sobre como realizá-las).

À luz da concepção kuhniana, nossa narrativa inicial pode ser reinterpretada ou, mais precisamente, substituída por uma narrativa da pesquisa conduzida segundo um conjunto particular de estratégias (nem todas elas reducionistas ou com leis obrigatoriamente deterministas) – que denomino *estratégias materialistas* (E_M) – que foram adotadas quase exclusivamente dentro da tradição científica moderna. As E_M incorporam o cerne dos elementos metodológicos citados na narrativa. De acordo com elas,

---

3 Em certas condições, relativas às aplicações (próxima seção), a escolha de teoria pode ser feita através de estratégias (cf. *SVF*, cap. 7, 10; Lacey, 2001a).

as teorias são restringidas àquelas com recursos léxicos e matemáticos adequados para a formulação de asserções sobre a ordem subjacente – estrutura e seus componentes, processo, interação e lei, expressando as leis relações entre quantidades. Tais teorias identificam as possibilidades dos fenômenos em termos do poder gerativo da ordem subjacente (aquilo que denomino possibilidades abstraídas), ignorando qualquer lugar que elas possam ter na experiência humana e na atividade prática, qualquer vínculo com valores sociais e com as possibilidades humanas, sociais e ecológicas que elas possam também admitir. As possibilidades abstraídas dos fenômenos incluem as que são idênticas às possibilidades de aplicação tecnológica. Reciprocamente, segundo as E_M, os dados são selecionados (sujeitos às condições de intersubjetividade e replicabilidade) de modo que suas categorias descritivas são geralmente quantitativas, isentas das categorias de intencionalidade e valor, aplicáveis em virtude de operações instrumentais, experimentais e de mensuração.

Pesquisas conduzidas segundo as E_M têm sido extraordinariamente bem-sucedidas: têm gerado, e continuam a gerar, teorias corretamente aceitas relativas a uma imensa variedade de fenômenos, e estas teorias têm sido a fonte de numerosas e variadas aplicações tecnológicas. Kuhn tem pouco interesse pelas aplicações. E, como mencionei, ele não toma o sucesso das E_M na produção de teorias corretamente aceitas como demonstração de que tais teorias refletem o "mundo material" a-histórico. Pelo contrário, para Kuhn, isso estabelece que o mundo pode ser (em considerável escala) bem refletido, ou tornar-se passível de apreensão pelas categorias dos léxicos desenvolvidos segundo as E_M. Acrescento que as possibilidades abstraídas das coisas são identificadas com sucesso segundo as E_M; e, em oposição aos que adotam a metafísica materialista, advirto que não há razão para acreditar que as possibilidades das coisas se limitem às suas possibilidades abstraídas (cf. *SVF*, cap. 7).

Na concepção kuhniana, o objeto da investigação científica são fenômenos enquanto apreendidos segundo uma estratégia. Visto que a estratégia é uma inovação metodológica das práticas científicas, esse objeto não é a-histórico. Para o próprio Kuhn, a meta da ciência é resolver quebra-cabeças cuja verdadeira definição é demarcada pela estratégia. Em última análise, as verdadeiras questões colocadas pela investigação científica não se referem ao "mundo material", mas ao poder de uma estratégia de apreender os fenômenos. Segue-se que as Suposições 1 e 2 (seção anterior) não podem ser mantidas. Como um comentário adicional, eu diria que a meta da ciência é adquirir entendimento dos fenômenos, o que inclui encapsular as possibilidades que eles permitem (cf. *SVF*, cap. 5). Mas os fenômenos permitem muitos e variados tipos de possibilidades, nem todas passíveis de correalização ou mesmo coinvestigação simultâneas; dessa maneira, uma investigação científica real opta pela busca de certas classes de possibilidades valorizadas, geralmente aquelas valorizadas pelo bem da aplicação, cujos potenciais de serem realizadas e investigadas são historicamente condicionados (cf. nota 7). Fica assim reforçada a tese de que as Suposições 1 e 2 não podem ser mantidas.

A "FECUNDIDADE" COMO BASE
PARA A ADOÇÃO DE UMA ESTRATÉGIA

E quanto à Suposição 4? Ela não se sustentaria, se, por exemplo, as bases (racionais) para a adoção de uma estratégia incluíssem o fato de ela dar origem a aplicações de especial interesse para aqueles que adotam uma perspectiva de valor particular. Devemos, assim, considerar as bases para a adoção de uma estratégia. De acordo com Kuhn, adota-se uma estratégia em benefício da caracterização e da solução de quebra-cabeças, ou (como prefiro dizer) em benefício da geração de teorias e aquisição de dados empíricos apropriados, de modo que teorias possam vir a ser aceitas em virtude de manifestarem em alto grau valores cognitivos. Portanto, uma estratégia é digna de adoção somente se demonstrar ser *fecunda* — ser de fato, e continuar a ser, uma fonte de teorias que vêm a ser corretamente aceitas em relação a certos domínios de fenômenos. Uma estratégia fecunda, adotada, em primeira instância, em decorrência de um avanço exemplar, capacita a investigação a ter lugar em um campo relevante;[4] e, para Kuhn, enquanto a estratégia permanecer fecunda, a pesquisa deve ser conduzida *exclusivamente* de acordo com ela. Dentro da tradição científica, ele afirma, a fecundidade é suficiente, bem como necessária, para a adoção de uma estratégia. *Normalmente*, uma estratégia fecunda corrente está em vigor. Assim, engajar-se na pesquisa científica implica adotar tal estratégia — de modo que, normalmente, questões acerca da adoção da estratégia não são nem controversas nem explicitamente tratadas dentro da comunidade científica[5] — até o momento em que os limites de seu desdobramento frutífero são alcançados. Tais limites vêm à tona quando fenômenos *anômalos* (que passaram a ser considerados importantes para o desenvolvimento da pesquisa) são identificados, isto é, fenômenos que, após uma investigação prolongada e diligente, não se ajustam a teorias que tanto satisfaçam as res-

---

4 Não continuarei a repetir a qualificação "em um campo relevante." Aplica-se isso a todos os comentários sobre estratégias (e pesquisas moldadas por uma estratégia) a seguir.

5 Tal consideração ajuda a explicar por que frequentemente se pensa que a ciência é *apenas* a investigação conduzida segundo as estratégias dominantes em cada momento. (A ciência moderna *é* investigação conduzida segundo as E_M — ou quase completamente isso: a ecologia, cujas estratégias de pesquisa não são redutíveis a variantes das E_M, é considerada parte da ciência moderna.) Visto que normalmente não há controvérsia acerca das E_M na comunidade científica, seu papel pode facilmente permanecer oculto, de modo que não se reconhece a possibilidade de haver outras estratégias e, assim, uma investigação conduzida segundo alguma outra estratégia tende a ser desprezada como "não científica". Ver também a Seção 3: *estratégias agroecológicas* e a nota 15.

trições das estratégias quanto manifestem em alto grau os valores cognitivos, mas ajustam-se, no máximo, a teorias que mantêm a adequação empírica, ao custo de uma manifestação cada vez menor de outros valores cognitivos, tais como o poder explicativo e preditivo, e a manutenção das hipótese *ad hoc* em um patamar mínimo.

De acordo com as concepções de Kuhn, as estratégias e os léxicos que elas envolvem são criações humanas; e teorias corretamente aceitas são aquelas que conseguem ajustar certos fenômenos do mundo ao léxico estruturado de uma estratégia. Assim, espera-se que qualquer estratégia venha a ter limites, que sua fecundidade eventualmente se esgote. (Qualquer estratégia deixará de encapsular diversos tipos de possibilidades dos fenômenos.) Quando se chega aos limites de uma estratégia estabelecida, e – de acordo com Kuhn – permitindo-se uma certa margem no juízo sobre quando tais limites foram alcançados, somente nesse momento, a tradição científica libera a procura de uma nova estratégia, que dê conta das anomalias da antiga. Em tais momentos (*revolucionários*), suspende-se a maioria das velhas restrições, exploram-se perspectivas conflitantes e há muita tentativa e erro, até o momento em que uma nova estratégia emerge (num novo avanço exemplar que promete outros desenvolvimentos frutíferos) que dá conta das velhas anomalias (cf. Hoyningen-Huene, 1993, p. 241-3). Então essa estratégia obtém a adesão da comunidade científica.

Kuhn entende sua concepção tanto como descritiva (ainda que idealizada) da história da ciência, quanto como normativa para a prática científica. De fato, normalmente para a pesquisa científica basta proceder segundo uma estratégia única, *desde que* se aceite que aquilo que conta como fenômeno cientificamente interessante é definido pelo desenrolar da tradição científica, e que a meta da ciência é resolver quebra-cabeças, ou vir a aceitar (corretamente) teorias a respeito deles. Esse procedimento possibilita que haja êxito nas pesquisas, praticamente garante que considerações empíricas algum dia levem a uma clara demarcação dos limites da estratégia, e mantém certa continuidade – por meio do papel especial atribuído às anomalias das estratégias antigas – através das divisas "revolucionárias" que separam os períodos de hegemonia de estratégias subsequentes. Note-se que não se pode extrair disso um argumento segundo o qual a nova estratégia é a *única* que se poderia desenvolver como sucessora da antiga (cf. *SVF*, p. 172-5; Lacey, 2001a). Dentro do panorama kuhniano, existem elementos de radical contingência: se algum sucessor de fato emergirá; e, se isso acontece, qual será sua natureza. A emergência de uma nova estratégia pode ser influenciada causalmente por toda sorte de fatores "extracientíficos" (religiosos, metafísicos, culturais), mas o que importa, o que legitima a adoção da estratégia, é que ela gera teorias nas quais os fenômenos anômalos podem ser apreendidos, dando origem a novos quebra-cabeças. Se a meta é resolver quebra-cabeças sobre fenômenos cientificamente interessantes, e introduzir novos quebra-cabeças para serem solucionados, então isso já é o bastante.

Kuhn apresentou um relato brilhante sobre a transição da estratégia hegemônica aristotélica para a materialista (galileana) (cf. Kuhn, 1956), bem como alguns relatos menos desenvolvidos de outras transições "revolucionárias" (cf. Kuhn, 1970). Na esteira da primeira transição, poucos elementos da ciência aristotélica permaneceram no acervo do conhecimento geralmente aceito. Em uma visão retrospectiva, a partir dos desenvolvimentos segundo as E_M (incluindo novos dados, maior sensibilidade ao papel de certos valores cognitivos, e padrões mais altos para a estimativa do grau de manifestação dos valores cognitivos nas teorias), tornou-se visível que as teorias físicas aristotélicas foram corretamente aceitas para pouquíssimos fenômenos (cf. *SVF*, cap. 7).

Alguns críticos de Kuhn pensam que, dada a superação prevista para as E_M como moldadoras da pesquisa, a visão dele impli-

A LOCALIZAÇÃO SOCIAL DAS PRÁTICAS CIENTÍFICAS

ca que poucos de seus resultados continuarão no acervo do conhecimento. (Assim, acusam Kuhn de um tipo de relativismo que parece manifestamente inaceitável, quando pensamos nas descobertas da ciência moderna e no sucesso de suas aplicações.) Mas as ideias de Kuhn não têm essa implicação. Segundo as E_M, muitas teorias têm sido corretamente aceitas para inúmeros domínios de fenômenos. Essas teorias encapsulam satisfatoriamente uma quantidade e variedade cada vez maiores de possibilidades abstraídas; e – embora se admita o truísmo de que metodologias empíricas não podem gerar certezas – não há razão para sustentar que desenvolvimentos subsequentes da tradição venham a remover do acervo de conhecimento a confirmação dessas possibilidades. Analogamente, não há razão para antecipar, por exemplo, que os átomos da moderna teoria atômica venham a seguir o mesmo caminho dos quatro elementos terrestres da física aristotélica, pelo menos se considerarmos os átomos como constituintes de moléculas com capacidades de geração de efeitos especificados em espaços (experimentais e tecnológicos) especificados. Pesquisas subsequentes podem levar a refinamentos e elaborações mas, tendo em vista quão corretamente é aceita a teoria atômica, não à negação da existência dos átomos. Adoto aqui as formulações de Cartwright (1999), e sua tese de que o conhecimento científico estabelecido é, em grande medida, conhecimento das capacidades dos objetos: que estes últimos tendem a ter certos efeitos sob condições especificadas (tipicamente experimentais), sem a suposição adicional de que tais capacidades (em vez de outras que possam também ter) serão significativamente exercidas em todas as situações ("naturais"). A aquisição de tal conhecimento das capacidades dos objetos não sustenta a suposição de que se obteve conhecimento do "mundo material" – do mundo como ele é, independentemente de suas relações com os seres humanos. Atualmente, somente um vão ceticismo lançaria dúvida sobre a existência dos átomos: existem átomos no

73

mundo "em que vivemos" e "que nós investigamos"; conhecemos suas capacidades quando exercidas em vários espaços experimentais e tecnológicos, e também (sem dúvida) em muitos outros, cuja origem causal não é humana, e onde não há envolvimento causal humano relevante. A visão kuhniana ajusta-se facilmente a muitos tipos de realismo científico. Mas o "mundo em que vivemos" não é o mundo "como ele é, independentemente de suas relações com os seres humanos."

Assim, é consistente com o panorama kuhniano a afirmação de que, segundo as E_M, conseguimos acumular conhecimento das *possibilidades abstraídas dos fenômenos*. Mas, pode-se perguntar, isso é realmente diferente de acumular conhecimento do *mundo material a-histórico*? Na verdade, é, e a diferença é importante. Em primeiro lugar, a segunda expressão, diversamente da primeira, está usualmente vinculada à visão de que todas as possibilidades dos fenômenos são, em última análise, possibilidades abstraídas, e também, particularmente, descrições reducionistas materialistas das capacidades cognitivas (racionais) e morais dos seres humanos. Em segundo lugar, as capacidades abstraídas dos fenômenos são as possibilidades encapsuladas pelo poder gerativo da ordem subjacente postulada para os fenômenos; elas constituem-se no interior das práticas científicas conduzidas segundo as E_M. Algumas delas são realizadas, e somente realizáveis, em espaços experimentais e tecnológicos criados pelos seres humanos (tendo sido postuladas como possibilidades destes espaços historicamente limitados). Outras se realizam em espaços cuja ordem *causal* subjacente, quando representada segundo as E_M, não inclui envolvimento humano relevante, mas nos quais aquela ordem causal é geralmente postulada como uma consequência do recurso aos resultados de teorias aceitas para os espaços experimentais, seguindo a observação científica auxiliada por instrumentos, eles próprios autenticados no decurso de práticas experimentais e tecnológicas. (Em alguns espaços, pode

A LOCALIZAÇÃO SOCIAL DAS PRÁTICAS CIENTÍFICAS

haver boas razões para sustentar que suas possibilidades resumem-se às possibilidades abstraídas). Essa ordem causal constitui-se no decurso das práticas científicas, como uma projeção das práticas experimentais e tecnológicas; não há nisso base para a inferência, com relação às características de uma ordem subjacente, de que ela seja *ontologicamente* independente dos seres humanos. (O que não demonstra a inexistência de uma tal ordem subjacente; cf. Sankey, 1997.)

Para uma teoria desenvolvida em um domínio de fenômenos segundo as E_M, "T manifesta em alto grau os valores cognitivos em relação a D" implica "T encapsula corretamente as possibilidades abstraídas de D". Essas proposições tornam-se estabelecidas em um momento particular. Não obstante, uma vez estabelecidas, especialmente se além disso forem validadas por aplicações práticas bem-sucedidas, não há razão geral alguma para esperar que elas se tornem vulneráveis a refutações à luz de resultados de pesquisas feitas segundo estratégias diferentes, sejam elas estratégias alternativas atuais ou futuras. As estratégias mudam e, assim, muda o caráter fundamental da investigação científica em andamento, mas isso permite que se mantenha um resíduo permanente de conhecimento, que pode ou não vir a ser rearticulado (como um caso particular ou como uma aproximação) segundo uma estratégia subsequente. A historicidade das práticas científicas não implica a relatividade histórica do conhecimento científico, embora se ajuste facilmente à relatividade histórica (e cultural) dos interesses na aplicação de itens particulares do conhecimento científico.

À medida que mais possibilidades abstraídas tornam-se solidamente encapsuladas em teorias, cresce o leque de possibilidades tecnológicas abertas, uma questão com profundas implicações sociais. Para Kuhn, a aplicação tecnológica permanece fundamentalmente uma *consequência* do desenvolvimento científico, e também uma fonte de dados empíricos adicionais a serem

75

confrontados com as teorias, especialmente pela via da parceria instrumental já mencionada na Seção 1. O fato de haver uma multiplicidade de aplicações tecnológicas, e de que isso seja desejável, não se inclui, para Kuhn, no rol das bases (racionais) da adoção das E_M; tais bases estão (normalmente) ligadas unicamente à questão da fecundidade, bem como (nos momentos "revolucionários") com sua capacidade de dar conta das anomalias das estratégias antigas. Por meio dessa complexa e sutil narrativa, Kuhn endossa a historicidade da ciência; ele rejeita as Suposições 1 e 2, mas mantém a Suposição 4, preservando, assim, uma narrativa essencialmente internalista da história da ciência.

3 O PAPEL DAS APLICAÇÕES

"Aplicação" refere-se a dois papéis, interativos e não nitidamente separáveis, que as teorias científicas podem desempenhar na vida social. Uma teoria pode ser aplicada *a* fenômenos significativos da experiência e da vida cotidianas; e pode ser aplicada *em* atividades práticas. Uma teoria aplica-se *a* tais fenômenos quando é utilizada para representá-los com suas categorias e princípios, a fim de gerar entendimento a respeito deles. "Aplicar *a*" envolve identificar (modelar) fenômenos, tais como caracterizados pelas categorias da vida cotidiana, com fenômenos, tais como representados na teoria. Uma teoria é aplicada *em* atividades práticas (frequentemente tecnológicas) quando suas proposições informam assuntos práticos, tais como os modos de funcionamento das coisas, os meios e os fins, a possibilidade de realização dos fins, e as consequências de realizar o possível (*SVF*, p. 14-5).

Na visão de Kuhn, as aplicações são importantes para o desenvolvimento da tradição científica unicamente como um estímulo para o fornecimento dos recursos sociais, materiais e instrumentais para a condução das pesquisas. A credibilidade da

A LOCALIZAÇÃO SOCIAL DAS PRÁTICAS CIENTÍFICAS

ciência depende da dissociação do valor, do modo de condução, e do *caráter* das práticas científicas, das avaliações sociais e morais a respeito das aplicações produzidas por tais práticas. Proporei agora uma visão alternativa na qual as aplicações (*a* e *em*) são mais centrais do que Kuhn admite. Nessa visão, estratégias particulares são adotadas racionalmente (em parte e em alguns casos importantes) – permanecendo a fecundidade como uma condição necessária para sua adoção – *porque* pode-se esperar que elas deem origem a *certos tipos* de aplicações.[6] Os fenômenos chamam a atenção da investigação científica básica, *não somente* a partir do desenrolar da própria tradição científica (como Kuhn sustenta), mas também a partir do domínio da experiência e da vida cotidianas, e das práticas sociais, isto é, a partir do "mundo em que nós vivemos" – e assim deve ser. A ciência visa prover entendimento dos fenômenos e, assim fazendo, dar sentido a nossas experiências e informar nossas práticas sociais. Estratégias dignas de adoção normalmente deveriam produzir teorias aplicadas *a* fenômenos significativos para a vida cotidiana atual e aplicáveis *em* práticas sociais correntes – embora seja desejável e normal (por razões substantivas e metodológicas) que o alcance da investigação científica não se limite a fenômenos envolvidos nessas aplicações. Muitos fenômenos, significativos para a vida cotidiana e para as práticas sociais, não são fixos ao longo das mudanças históricas e da variedade cultural, de modo que, dependendo das aplicações desejadas, diferentes estratégias podem ser necessárias. Se for assim, a Suposição 4 não se sustenta.

Com o intuito de detalhar e dar credibilidade a esse panorama alternativo, mostrarei que, para alguns fenômenos significativos, estratégias (fecundas) rivais são possíveis. O foco estará em

---

6 Aqui somente apresentarei meu quadro alternativo, mostrando como ele ilumina uma controvérsia contemporânea importante. Para o argumento completo ver *SVF*, cap. 7; Lacey, 2001a, 2002b. Ver também a nota 7.

Hugh Lacey

fenômenos encontrados nas práticas agrícolas. Para esses, qual estratégia é adotada na pesquisa depende da localização social do investigador, e da maneira pela qual tais aplicações são avaliadas a partir dessa localização. Diferentes lugares sociais (por um lado, o projeto econômico global, orientado para o mercado; por outro, os movimentos de base dos agricultores pobres) levam à adoção de estratégias rivais muitíssimo diferentes.

As estratégias materialistas são suficientes para moldar a pesquisa?

O domínio moderno da vida e da experiência cotidianas não é inteligível sem referência às aplicações do conhecimento adquirido segundo as E_M, visto que foi moldado, em larga medida, pela identificação e realização das possibilidades abstraídas das coisas. Isso fornece uma boa razão para a adoção das E_M na comunidade científica.[7] Mas as possibilidades dos fenômenos naturais da vida cotidiana e da prática científica não se reduzem às suas possibilidades abstraídas (as possibilidades decorrentes do poder gerativo de sua estrutura subjacente (e seus componentes), pro-

[7] Endossar os valores expressos e promovidos pela ordem social prevalecente *pode* fornecer uma *boa* razão para adotar E_M quase exclusivamente – mas com certeza a razão é somente tão boa quanto são as bases para o endosso desses valores. Que eles são amplamente endossados e profundamente expressos nos projetos econômicos e políticos modernos dominantes pode em grande medida explicar por que a pesquisa científica é conduzida, quase exclusivamente, segundo as E_M (*SVF*, cap. 6; Lacey, 2000). Isso não significa que a adoção das E_M, em cada domínio particular da pesquisa, seja relevantemente explicada pela referência ao desejo de gerar aplicações para tais projetos. Especificamente, a explicação de por que uma versão particular das E_M (por exemplo, a restrição de que as leis sejam deterministas) é adotada, *ao invés de* outra (por exemplo, que admita leis fundamentais probabilistas), pode não ter nada a ver com projetos econômicos, valores sociais e morais, ou qualquer interesse em aplicações. Nesses casos, questões de fecundidade podem ser suficientes, e questões metafísicas, ou ideais de explicação em disputa, podem também ser relevantes. Isso é consistente com a negação da Suposição 4.

cesso, interação e lei). Por que, então, priorizar as possibilidades abstraídas na investigação dos fenômenos naturais? Por que não tentar moldar e adotar estratégias segundo as quais outras classes de possibilidades possam ser identificadas, por exemplo, aquelas associadas a seus lugares na vida humana e nos sistemas sociais/ecológicos? Por que, por exemplo, priorizar a investigação sobre as sementes de modo a identificar as possibilidades abertas a elas pelos procedimentos de modificação genética da atual biotecnologia, ao invés de priorizar as possibilidades que elas têm em virtude do lugar que ocupam em agroecossistemas produtivos e sustentáveis (cf. cap. 6 a seguir; Lacey, 2003a)?

A resposta a seguir poderia ser parte da continuação da narrativa exposta na Seção 1: as possibilidades não abstraídas dos objetos (fenômenos) sobrevêm às suas possibilidades abstraídas. A realização de uma possibilidade abstraída (que envolve interações humanas com os objetos naturais) pode ser idêntica à de uma possibilidade social/ecológica. Produzir e plantar com êxito sementes geneticamente modificadas, por exemplo, significa ao mesmo tempo (sob as atuais condições socioeconômicas) levar adiante o processo no qual as sementes se tornam mercadorias (cf. Kloppenburg, 1987; *SVF*, cap. 8; Lacey, 2001a, 2003a). Mas as classes de possibilidades abstraídas podem (em princípio) ser identificadas simplesmente em termos da capacidade de cada um de seus membros de ser gerada a partir da ordem subjacente. Algumas possibilidades abstraídas também podem ser identificadas enquanto possibilidades sociais – mas *sistematicamente* todas elas podem ser identificadas a partir do poder gerativo da ordem subjacente. Metodologicamente, então, convém *separar* as investigações das possibilidades abstraídas dos outros tipos de possibilidades; e assim confinar as últimas em, por exemplo, algumas ciências sociais, nas quais se investigam as condições, os interesses servidos, e outras consequências da realização das possibilidades abstraídas. A mesma ciência natural basta para todas as perspectivas de valor – pois, independentemente delas, todas as possibilidades interessantes são, ou sobrevêm às, possibilidades abstraídas.

A resposta deixa em aberto que estratégias particulares das ciências sociais podem vincular-se a perspectivas de valor particulares, mas não as da ciência natural. A ciência natural, de acordo com a narrativa em curso, é *neutra*: isto é, os projetos, de virtualmente qualquer perspectiva de valor (por exemplo, das grandes empresas ou dos movimentos de agricultores pobres), podem utilizar aplicações tornadas disponíveis pela ciência, de maneiras a fortalecer sua perspectiva de valor ou promover sua expressão; e, em princípio, tais aplicações podem servir, equitativamente, a todas as perspectivas de valor atualmente endossadas (cf. *SVF*, caps. 4, 10; cap. 1 acima).

Considero incontroverso que um considerável corpo de conhecimento científico, adquirido segundo as E_M (sobre a química molecular, as causas virais e bacterianas das doenças, os nutrientes do solo, os componentes de uma dieta nutritiva, a radiação eletromagnética, para dar alguns exemplos) está disponível para ser aplicado de maneiras que podem fortalecer a expressão social de virtualmente qualquer das perspectivas de valor efetivamente adotadas hoje em dia. Isso explica por que se valoriza amplamente (em diferentes perspectivas de valor) o conhecimento científico adquirido segundo as E_M, e fornece uma razão para o apreço com que é vista a pesquisa segundo as E_M em toda a comunidade científica. Não se segue que a pesquisa conduzida exclusivamente segundo as E_M (ou que toda pesquisa assim conduzida) é valorizada, em contraste com investigações em que as pesquisas segundo as E_M são equilibradas por (ou subordinadas a) pesquisas conduzidas segundo estratégias alternativas. Isso porque, em contradição com nossa narrativa, os resultados das pesquisas segundo as E_M não são de fato neutros; a condição de equidade não é satisfeita. De maneira geral, e especialmente em campos como o da biotecnologia agrícola, nos quais a pesquisa é dominada por versões específicas das E_M, suas aplicações favorecem as perspectivas de valor cujas práticas e projetos centrais são conduzidas de forma a promover a expressão de um *modo distintivo de valorização do controle dos objetos e fenômenos naturais*. Chamo esse modo distintivo de "valorização moderna do controle" (VMC) (cf. *SVF*, p. 111-30 para uma análise detalhada da VMC e para a argumentação a respeito dela; cap. 1 acima). A VMC refere-se ao âmbito do controle, à sua centralidade na vida cotidiana, ao fato de não estar sistematicamente subordinado a outros valores morais e sociais, e ao profundo senso de que o controle é a postura característica dos seres humanos em relação aos objetos naturais; assim, valoriza-se enormemente a expansão de tecnologias (informadas pelo conhecimento obtido segundo as E_M), que penetram em cada vez mais esferas da vida, e são postas como meios para solução de uma variedade cada vez maior de problemas.

O favorecimento de perspectivas de valor que contenham a VMC viola a equidade porque vários movimentos e grupos contemporâneos contestam a VMC, e teorias consolidadas segundo as E_M não se aplicam *a* fenômenos-chave e *em* partes significativas de projetos importantes para tais grupos. Grupos feministas, ambientais e antiglobalização sustentam perspectivas de valor que contestam a VMC, e também (o que é especialmente relevante para minha argumentação) organizações de base na América Latina, que adotam perspectivas de valor alternativas que enfatizam valores, tais como *participação popular* (PP), incluindo empoderamento (*empowerment*) local, pleno reconhecimento de todos os direitos humanos especificados em documentos internacionais e sustentabilidade ambiental (cf. *VAC*, cap. 8; *SVF*, cap. 8; Lacey, 2002b).[8] Nos projetos agrícolas das organizações de base, fenômenos tais como a produtividade sustentável, a preservação

8 Cf. cap. 7 acima para uma lista dos valores da PP.

da biodiversidade e a satisfação das necessidades nutricionais da comunidade local têm uma importância central, e suas práticas procuram preservar e aperfeiçoar agroecossistemas produtivos e sustentáveis a longo prazo.[9] Teorias desenvolvidas segundo as E_M têm aplicações importantes *a* tais fenômenos e *em* tais práticas, mas estão limitadas (ou subordinadas); por exemplo, elas fornecem conhecimento de alguns dos mecanismos e fatores constituintes dos agroecossistemas (micro-organismos, nutrientes químicos), mas lançam pouca luz sobre as possibilidades de aperfeiçoamento desses sistemas – em contraste, por exemplo, com a luz que lançam sobre as relações entre o rendimento das plantações e os insumos químicos usados e as possibilidades de produção com sementes transgênicas.

Como isso pode acontecer? As possibilidades agroecológicas (tal como todas as possibilidades sociais/ecológicas) não sobrevêm às possibilidades abstraídas? Não obstante o prolongamento de nossa narrativa, não tenho conhecimento de uma argumentação convincente segundo a qual isso ocorra. Mesmo que ocorresse, contudo, não se seguiria que elas sobreviessem a possibilidades abstraídas que, mesmo em princípio, pudessem ser identificadas segundo os tipos de E_M (com seus respectivos léxicos) cujo desenvolvimento é viável dados os limites das capacidades humanas. Algumas possibilidades agroecológicas podem sobrevir às possibilidades abstraídas de tal complexidade, sutileza e variabilidade conforme o lugar, que os seres humanos podem não estar aptos a identificá-las no decorrer da pesquisa conduzida segundo as E_M. Seja como for, numerosas possibilidades abstraídas certamente escapam à apreensão de teorias atual ou previsivelmente aceitas segundo as E_M. Essas teorias também são

9 O controle dos fenômenos naturais é certamente um valor para elas – como o é em todas as culturas – mas, diferentemente do que acontece na VMC, ele está subordinado, por exemplo, aos valores da PP.

A LOCALIZAÇÃO SOCIAL DAS PRÁTICAS CIENTÍFICAS

incapazes de identificar as possibilidades agroecológicas cuja realização é almejada em projetos que expressam os valores da PP. (Isso é um sintoma da falta generalizada de *neutralidade* dos resultados das E_M.) Se as possibilidades agroecológicas sobrevêm às possibilidades abstraídas, e se precisam ser identificadas, então (pelo menos por enquanto) o serão na qualidade de possibilidades agroecológicas e não de possibilidades oriundas da ordem subjacente. Serão possibilidades que as coisas têm em virtude de serem partes de um sistema mais ou menos autorregulado, em virtude das relações e interações que elas mantêm com outros constituintes do sistema e com o papel que elas desempenham em sua autorregulação. Na medida em que tais possibilidades agroecológicas podem ser úteis para aplicações desejadas, sua identificação terá que ser obtida por meio de pesquisas conduzidas segundo estratégias alternativas, tais como as *estratégias agroecológicas* (E_{AE}).

Agora fica claro por que os resultados das pesquisas segundo as E_M não podem satisfazer à condição de equidade. A aplicação do conhecimento disponível obtido segundo as E_M (por exemplo, na agricultura biotecnológica) pode requerer condições que subvertem os agroecossistemas (cf. cap. 6; Lacey, 2003a). Continua valendo que o conhecimento obtido segundo as E_M é conhecimento genuíno, que se expressa em teorias corretamente aceitas, ou empregando suas categorias. Isso não é afetado quando se adotam estratégias alternativas, e aplicam-se seus resultados. A *consistência* com teorias corretamente aceitas é a marca do racional; a aplicação delas não tem necessariamente tal caráter. A legitimação de aplicações envolve não somente que a teoria tenha sido corretamente aceita, mas também que suas aplicações sirvam ao interesse da perspectiva de valor "correta". Quando uma teoria é aplicável somente em contextos em que determinados valores são expressos e incorporados, apelar para sua aceitação, como legitimação suficiente para a aplicação, implica limitar impropriamente o leque de valores que podem ser (racionalmente) adotados. Quando separamos as investigações das possibilidades abstraídas das outras possibilidades, estudamos as coisas abstraindo as condições para a realização de suas possibilidades; assim, ter uma ideia das condições sociais em que as possibilidades podem ser realizadas não fará parte da investigação "técnica"; dessa forma, podemos perder de vista que interagir com uma coisa, a fim de realizar algumas de suas possibilidades abstraídas, pode também significar tratá-la como um certo tipo de objeto social (cf. Lacey, 2003a).

ESTRATÉGIAS AGROECOLÓGICAS

As E_{AE} e as estratégias agrobiotecnológicas (E_{BT}) competem entre si.[10] Suas teorias estabelecidas não se contradizem, mas encapsulam classes de possibilidades muito diferentes, que (em

10 Minha exposição sobre a agroecologia deriva de numerosos escritos de Altieri (especialmente Altieri, 1995) e envolve algumas adaptações de terminologia, que não causam grande problema para ajustá-la a meu esquema analítico geral. Ver também *SVF*, cap. 8; para exposições mais curtas, cf. Lacey, 2001a, 2002b, 2003a – baseiam-se na apresentada a seguir no texto.

Sobre a *biotecnologia*: "(...) em essência [a biotecnologia] implica o uso de células ou enzimas de micróbios, plantas e animais para sintetizar, quebrar ou transformar materiais (...) A biotecnologia tradicional refere-se a técnicas convencionais utilizadas há vários séculos para produzir cerveja, vinho, queijo e muitos outros alimentos, enquanto a "nova" biotecnologia engloba todos os métodos de modificação genética pelas técnicas do DNA recombinante e da fusão celular, juntamente com os desenvolvimentos modernos dos processos "biotecnológicos tradicionais" (Smith, 1996, p. 2-3). No texto, utilizo "biotecnologia" no sentido da "nova biotecnologia". Também uso "biotecnologia" para referir a um campo da pesquisa científica, a saber, a conduzida segundo a E_{BT}, que almeja produzir conhecimento visando incrementar os métodos especificados na citação. Assim, dependendo do contexto, "biotecnologia" pode fazer refência ou a um campo de pesquisa ou a métodos específicos mobilizados nas práticas agrícolas.

Note-se que a maneira como se dá a competição entre a E_{AE} e a E_{BT} não impede que cada uma delas possa recorrer a resultados positivos da outra, ou que elas possam se comple-

grau significativo) não podem ser realizadas ao mesmo tempo nos mesmos campos. A competição diz respeito a que classes de possibilidades devem ser realizadas nas práticas agrícolas: as da biotecnologia, que são de especial interesse onde a VMC reina, ou aquelas cujos interesses derivam (em primeira instância) dos valores da PP? Questões "tecnocientíficas" impregnam a competição: o que é possível? Quais os riscos das aplicações? É possível administrar adequadamente esses riscos? Mas, desde que tanto as E_{BT} quanto as E_{AE} sejam fecundas, o conflito ocorre em grande parte no domínio dos valores, da política, da economia, etc. – e a posição assumida diante do conflito retroage sobre as estratégias adotadas na pesquisa.

Os agroecologistas percebem isso claramente; os biotecnólogos frequentemente não. (Ver a polêmica entre Altieri & Rosset, 1999a, 1999b e McGloughlin, 1999.) Por vezes se diz que a "teoria" da agroecologia consiste simplesmente em uma crítica ideológica ou, no melhor dos casos, em uma colcha de retalhos de tradições locais de conhecimento oportunisticamente selecionadas – de modo que os proponentes da agroecologia não estariam propondo um programa de pesquisa "científico", mas sim submetendo asserções científicas a uma crítica ideológica. Tal crítica da agroecologia ignora que as pesquisas sob as E_{AE} têm sido fecundas (ver abaixo), e que ela própria é mais "ideológica" que "científica". As pesquisas segundo ambas as estratégias, as E_{BT} e as E_{AE}, produzem entendimento dos fenômenos do mundo e suas possi-

---

mentar em *aspectos limitados*. Neste artigo, não explorarei se e como isso poderia acontecer, uma vez que meu interesse está centrado principalmente nos conflitos entre agroecologia e outras formas de agricultura "ecológica" e "orgânica" (cf. Tilman, 1998) e as abordagens baseadas em lavouras transgênicas (Lacey, 2003a), e não na biotecnologia agrícola considerada de um ponto de vista mais abrangente.

Sobre a relação entre o tipo de competição exemplificada pela que existe entre as E_{AE} e as E_{BT} e o que Kuhn chama de "incomensurabilidade", ver Lacey, 2001a; a respeito de como tal competição envolve as dificuldades de comunicação que Kuhn diagnostica como parte da incomensurabilidade, ver o próximo parágrafo.

Hugh Lacey

bilidades – e têm esse objetivo, bem como o de gerar entendimento pertinente aos interesses, impregnados de valores, que motivam as aplicações: "(...) determinantes políticos entram em pauta quando questões científicas *básicas* são levantadas, e não somente quando as tecnologias são fornecidas à sociedade" (Altieri, 1994, p. 150-1; grifo meu). Se isso parece não acontecer da mesma forma nos dois casos, pode ser porque as desigualdades dos materiais disponíveis e das condições sociais permitem à pesquisa segundo as E_{BT} desenrolar-se rotineiramente sem que sua legitimação seja constantemente questionada (ver nota 5). As razões, tanto a favor como contra a adoção das E_{AE}, e inversamente para a adoção virtualmente exclusiva de variantes da E_M, incluem essencialmente referências a perspectivas de valor. As estratégias são *igualmente* "científicas": sustentadas pela fecundidade e adotadas (em parte) por causa de suas relações com perspectivas de valor. *Não existe* a assimetria que os críticos da agroecologia às vezes denunciam, a saber, que a investigação segundo as E_M é científica e não-ideológica, enquanto a pesquisa segundo as E_{AE} é não-científica e ideológica (cf. McGloughlin, 1999).

Os adeptos das E_{BT}, iludidos pelo mito da *neutralidade*, tendem não somente a desconsiderar as conquistas empíricas da agroecologia e a caracterizá-la simplesmente como uma ideologia desvinculada de estratégias fecundas, mas também não se dão conta de que os vínculos da biotecnologia com a VMC refutam a neutralidade que eles reivindicam para sua própria pesquisa. Para eles, as E_{BT} são simplesmente casos particulares das estratégias materialistas que nos permitem identificar as possibilidades das coisas (por exemplo, sementes) abertas principalmente pela utilização (por exemplo) de métodos de modificação genética. As E_{BT} de fato são isso, mas *também* são as estratégias cujos resultados informam, ou se espera que informem, um tipo particular de tecnologia, aquela que é amplamente e quase exclusivamente aplicada em práticas que expressam em alto grau a

A LOCALIZAÇÃO SOCIAL DAS PRÁTICAS CIENTÍFICAS

VMC (cap. 6).[11] A primeira descrição das E_{BT} molda as práticas de pesquisa; a segunda serve para racionalizar a adoção delas ao invés de outras estratégias.

Analogamente, as E_{AE} têm duas descrições: primeiro, como casos particulares de estratégias ecológicas gerais, que estruturam as pesquisas sobre as relações e interações entre um organismo e seu ambiente, considerado como um "todo" mais ou menos autorregulado do qual o organismo é uma parte integral. De acordo com essa descrição, as E_{AE} permitem identificar as possibilidades que as coisas (por exemplo, sementes) possuem em virtude dos lugares que ocupam nos agroecossistemas. Segundo, como estratégias visando prover um conhecimento que possa informar os projetos agrícolas que expressam os valores da PP.[12]

É em virtude da primeira descrição que as E_{AE} moldam as práticas de pesquisa. Vejamos um pouco mais detalhadamente o que isso significa. Segundo as E_{AE}, a pesquisa visa confirmar genera-

11 No presente momento, especialmente nas ciências biológicas (por exemplo, no que diz respeito ao projeto genoma humano, bem como ao desenvolvimento dos transgênicos), os componentes da ordem subjacente (por exemplo, genes) estão cada vez mais sendo pensados como objetos passíveis de serem protegidos por direitos de propriedade intelectual, sendo assim vistos como, entre outras coisas, propriedades e mercadorias historicamente constituídas. Sob essa luz, a Suposição 1 (Seção 1) pode rapidamente perder sua validade dentro da vertente principal da comunidade científica (cf. Lacey, 2003a).

12 Em ambos os casos (E_{BT} e E_{AE}), a adoção da estratégia é racionalizada (em parte) pela referência a valores particulares. Por si só isso não ameaça a *imparcialidade* (aceitação legítima) dos resultados consolidados segundo tais estratégias, mas pode desafiar sua *neutralidade*. Para o caso da E_{AE}, visto que os objetos (incluindo os próprios agroecossistemas) não são abstraídos de seus lugares na experiência humana e nas relações sociais, os valores penetram na temática da investigação: sob quais condições certos valores (por exemplo, aqueles da PP) podem ter sua incorporação promovida? (Segundo as E_M, todas as questões dessa natureza são deixadas para as investigações das ciências sociais relevantes para as aplicações.) Note-se que algumas das questões colocadas pelas E_{AE} dizem respeito ao grau de incorporação e manifestação dos valores; encontrar respostas empiricamente fundamentadas para elas (diferentemente, talvez, de ter interesse nelas) é logicamente independente do endosso dos valores. Pode haver resultados *imparciais* sobre o grau de manifestação e incorporação dos valores (cf. *SVF*, cap. 2).

87

lizações a respeito de tendências, de capacidades e do funcionamento dos agroecossistemas, de seus componentes, e das relações e interações entre eles. Isso inclui generalizações nas quais, por exemplo, "ciclos minerais, transformações energéticas, processos biológicos e relações socioeconômicas" são considerados em relação ao sistema como um todo; generalizações que não dizem respeito à "maximização da produção de um sistema particular, mas em vez disso à otimização do agroecossistema como um todo" e, assim, a "interações complexas entre a população, a lavoura, o solo e a criação de animais" (Altieri, 1987, p. xiv-xv). Para ilustrar: "baixos potenciais de pragas [são prováveis] em agroecossistemas que têm as seguintes características: alta densidade de plantio através da mistura de culturas no espaço e no tempo; descontinuidade das monoculturas no tempo através da rotação, uso de variedades precoces, adoção de períodos de pousio, ou de nãocultivo, das plantas hospedeiras preferidas pelas pragas; campos pequenos e esparsos criando um mosaico estrutural de lavouras e áreas não cultivadas vizinhas, que potencialmente fornece abrigo e alimento alternativo para os inimigos naturais (...); propriedades com uma plantação perene dominante (...); alta densidade de plantio ou presença de espécies daninhas em níveis toleráveis; alta densidade genética resultante do uso de misturas de variedades ou *crop multilines*" (Altieri, 1999, p. 24-5). E também: "A restauração dos controles naturais em agroecossistemas, através do manejo da vegetação, não somente regula as pestes, mas também ajuda a conservar energia, aumenta a fertilidade do solo, minimiza os riscos, e reduz a dependência de fontes externas" (Altieri, 1994, p. 150).

Particularmente importantes são as generalizações que ajudam a identificar possibilidades para a produtividade e sustentabilidade dos agroecossistemas, sendo a "sustentabilidade" definida em termos de quatro características interconectadas: *capacidade produtiva*: "manutenção da capacidade produtiva do

A LOCALIZAÇÃO SOCIAL DAS PRÁTICAS CIENTÍFICAS

ecossistema"; *integridade ecológica*: "preservação da base de recursos naturais e biodiversidade funcional"; *saúde social*: "organização social e redução da pobreza;" *identidade cultural*: "fortalecimento das comunidades locais, manutenção da tradição, e participação popular no processo de desenvolvimento" (Altieri *et al.*, 1996, p. 367-8).

Pode-se considerar que as *teorias*, segundo as E_{AE}, sejam restringidas de modo a serem capazes de representar conjuntos de generalizações dos tipos acima (para uma discussão adicional, cf. *SVF*, p. 193-6), e as hipóteses (derivadas da teoria ecológica geral) que sejam adotadas para a explicação de tais generalizações e a determinação dos limites de suas aplicações. As generalizações da agroecologia tendem a expressar relações ou tendências probabilísticas, podendo ter especificidade maior ou menor. Assim, é especialmente importante discernir os limites de aplicação dessas generalizações. Note-se como a generalização: "(...) o aumento da biodiversidade em agroecossistemas tradicionais [na América Latina] representa uma estratégia que garante diversas dietas e fontes de renda, produção estável, risco mínimo, produção intensiva com recursos limitados, e máximo retorno com baixos níveis de tecnologia," é mais tarde qualificada por: "(...) ainda não somos capazes de desenvolver uma teoria preditiva que nos permita determinar quais elementos específicos da biodiversidade deveriam ser conservados, adicionados, ou eliminados para a melhoria do controle natural de pragas" (Altieri, 1994, p. 7, 38).

Dados são selecionados e procurados em virtude de sua relevância para a avaliação dessas teorias e para permitir que fenômenos, relevantes à luz dos valores da PP, sejam trazidos ao domínio de aplicação de uma teoria. A obtenção dos dados usualmente requer observação e monitoramento sutis, regulares, pacientes e acurados de uma multiplicidade e heterogeneidade de detalhes nos agroecossistemas. As habilidades para tanto são usualmente desenvolvidas apenas pelos próprios lavradores locais, de modo que a aquisição dos dados depende da colaboração, e da utilização da experiência e conhecimento deles, e o léxico no qual os dados são registrados reflete as distinções e categorias dessas experiências. A agroecologia não pode ser desenvolvida mediante uma clara demarcação entre o pesquisador e o agricultor: as observações dos agricultores são essenciais para a condução da pesquisa. Dados quantitativos são com frequência pertinentes: contagem do número de pragas em uma dada área, medição do rendimento da safra, quantidade de água disponível etc. Utilizam-se também comparações estatísticas, por exemplo, da população de pragas entre monoculturas e policulturas, ou da produção de diferentes safras quando métodos diferentes são utilizados. Buscam-se dados experimentais *tanto* para dar suporte a comparações estatísticas, *quanto* para demonstrar que certas possibilidades podem ser realizadas em agroecossistemas com determinadas características; por exemplo: "(...) é possível estabilizar as comunidades de insetos em agroecossistemas por meio do planejamento e construção de arquiteturas vegetais que dêem suporte a populações de inimigos naturais ou que tenham efeitos repressivos diretos sobre pragas herbívoras" (Altieri, 1994, p. 7). Em contextos agroecológicos, um "experimento" envolve introduzir, em benefício da observação de seus efeitos sistêmicos, uma modificação (sob o controle do investigador) de um agroecossistema. Dado o caráter distintamente local dos agroecossistemas, a marca de um "bom" experimento não pode ser sua replicabilidade ao longo de condições ambientais e sociais diversas. Note--se que experimentos agroecológicos e práticas agrícolas envolvem controle, porém subordinado aos valores da PP.

Com frequência dados relevantes são obtidos a partir do estudo de sistemas agrícolas nos quais são usados *métodos tradicionais informados por conhecimentos locais tradicionais* (Kloppenburg, 1991). É conveniente que tais sistemas sejam submetidos ao es-

A LOCALIZAÇÃO SOCIAL DAS PRÁTICAS CIENTÍFICAS

crutínio empírico porque estudos agroecológicos mostraram "que sistemas agrícolas tradicionais frequentemente se baseiam em razões profundamente ecológicas e em muitos casos exibem um número de características desejáveis de estabilidade socioeconômica, resiliência biológica e produtividade" (Altieri, 1987, p. xiii; para exemplos e detalhes, cf. Altieri, 1995, cap. 6). Eles exemplificam vários princípios agroecológicos conhecidos, e pode-se esperar que outros desses princípios venham a ser estabelecidos por meio de seu estudo (Altieri, 1995, p. 143). Eles podem (com adaptações sugeridas pelos resultados de pesquisas) ser melhorados com respeito a todas as quatro características de sustentabilidade arroladas acima; e, especialmente com respeito à "identidade cultural," com frequência eles são unicamente apropriados para as atividades de pequenos agricultores pobres. É digno de nota que os métodos usados nesses sistemas foram rigorosamente testados na prática, e têm sido particularmente eficazes (refletindo a abordagem experimental de agricultores tradicionais) durante séculos, no que diz respeito à "seleção de variedades de sementes para ambientes específicos" (Altieri, 1995, p. 116); frequentemente são essas variedades (ou as fontes originais delas) que são modificadas geneticamente nas pesquisas e práticas da biotecnologia (cf. Kloppenburg, 1987; SVF, cap.8).

ADOÇÃO DE UMA ESTRATÉGIA
E A LOCALIZAÇÃO SOCIAL DA PESQUISA CIENTÍFICA

Ao menos em alguns campos pode haver múltiplas estratégias que competem da maneira descrita acima, e cada uma dessas estratégias pode ser fecunda. Surge assim a questão de qual estratégia adotar. Para uma tal pergunta, diferentes respostas podem ser defendidas por diferentes pesquisadores, e servir de base para sua ação. Sugeri que as respostas de fato aventadas dependem (explícita ou implicitamente) de relações mutuamente reforça-doras entre a adoção da estratégia e as perspectivas de valor cujos interesses seriam servidos especialmente bem pelas aplicações do conhecimento obtido segundo as estratégias.

Há, entretanto, uma razão geral a favor do desenvolvimento de pesquisas segundo *algumas* estratégias além das E_M: testar se todas as possibilidades – ou todas as possibilidades abstraídas às quais se pressupõe que as possibilidades não abstraídas sobre-vêm – podem ser apreendidas segundo as E_M. (A Seção 4 apresen-ta uma outra razão para a organização de instituições científicas de modo que a pesquisa seja conduzida segundo uma pluralidade de estratégias.) Identificando possibilidades diferentes das pos-sibilidades presentemente encapsuladas pelas teorias correta-mente aceitas segundo as E_M, podemos colocar desafios concre-tos para a pesquisa segundo as E_M. Tal razão não seria do agrado de Kuhn, pois ele sustenta que tais desafios são desnecessários, visto que, no devido momento, as anomalias acumular-se-ão com o desenrolar normal das E_M. Entretanto, as E_M podem ter limites, ao mesmo tempo em que dentro desses limites restam ilimitadas possibilidades a serem identificadas. Somente com testes do tipo aqui indicado pode-se ter esperança de identificar tais limites. (Não estou certo de que Kuhn reconheça isso.) Pela identificação de possibilidades do tipo em pauta pode-se sondar empirica-mente se há ou não há limites para o desenvolvimento das E_M. Essa razão geral existe em tensão com as razões para a adoção de estratégias específicas, especialmente quando lembramos que também há competição pelos recursos necessários à condução da pesquisa. Recursos dedicados à sondagem dos limites das E_M, nesse sentido, seriam recursos tirados da realização de projetos mais favorecidos e isso significaria, na verdade, alocar recursos para pesquisas cujas estratégias adquirem suas justificativas bá-sicas a partir de perspectivas de valor rivais. Somente uma reso-lução satisfatória dessa tensão poderia, a meu ver, restaurar a *neu-*

tralidade como um valor compulsório da prática científica (cf. *SVF*, cap. 10). A tensão é intensificada quando se considera a legitimação das aplicações.

Nas concepções de Kuhn, vamos lembrar, as aplicações figuram principalmente como consequências dos desenvolvimentos científicos; e os desenvolvimentos segundo as E_M identificaram numerosas possibilidades abstraídas que foram, e continuam a ser, realizadas em aplicações em um ritmo cada vez mais rápido. A *eficácia* das aplicações depende do insumo de conhecimento científico sólido que pode ser fornecido (para muitas aplicações) por pesquisas segundo as E_M. A *legitimação* de algumas aplicações depende também de alegações a respeito das possibilidades das coisas. Considere-se que, segundo as E_M, pode-se identificar meios (envolvendo desenvolvimentos em biotecnologia) para a produção de comida em quantidade suficiente para alimentar a população mundial. A aplicação do conhecimento assim obtido legitima-se, entretanto, somente se não houver maneiras "melhores" de produção de comida em quantidade suficiente − por exemplo, em agroecossistemas estruturados de modo que a comida não somente seja produzida, mas também que todas as pessoas sejam de fato adequadamente alimentadas, e sejam mantidos agroecossistemas (crescentemente) sustentáveis e produtivos (cf. Altieri & Rosset, 1999a, 1999b; Kloppenburg & Burrows, 1996; Lacey, 2003a).[13] Mas a possibilidade de produzir comida suficiente, por meio de usos *desenvolvidos e ampliados* de méto-

---

13 Outras questões importantes também se colocam com respeito à legitimação da prioridade concedida ao uso de métodos biotecnológicos, por exemplo, as referentes a possíveis efeitos colaterais indesejáveis dos transgênicos para a saúde e para o meio ambiente. Essas questões têm sido amplamente discutidas (cf. Rissler & Mellon, 1996; cap. 6 a seguir; Lacey, 2003a). Note-se que os riscos desses métodos (já que eles envolvem efeitos ecológicos e sociais adversos), assim como as possibilidades de produzir comida sem usar transgênicos, não podem ser adequadamente investigados unicamente segundo as E_M. A avaliação dos riscos precisa recorrer a pesquisas segundo uma pluralidade de estratégias.

dos agroecológicos, não pode ser investigada segundo as E_M (cf. cap. 6). Assim, pesquisas feitas segundo as E_M não podem fornecer, nem proporcionar, os meios para tentar adquirir um item de conhecimento crucial, necessário para legitimar o endosso aos métodos biotecnológicos como essenciais para a solução dos problemas mundiais de alimentação.

Os proponentes da ideia de instalar os métodos biotecnológicos no coração da produção agrícola respondem que *não* há evidência de que os métodos agroecológicos já desenvolvidos possam produzir comida em quantidade suficiente. Em resposta a essa alegação, é importante manter em mente que produzir quantidade suficiente de comida para todos não implica que todos serão alimentados. Hoje em dia, a comida produzida é suficiente, mas a fome persiste (cf. Boucher, 1999). Dado que a agrobiotecnologia desempenha um papel central no sistema econômico global, em que a fome persiste nos dias de hoje, alguém poderia indagar se tal expansão da produção de comida, prometida pelos novos métodos, torna mais provável que os famintos sejam alimentados. Quem se alimentará, e quem não se alimentará, não é uma questão independente dos métodos de produção. Mesmo que houvesse forte evidência de que métodos agroecológicos aperfeiçoados não podem produzir comida suficiente para alimentar a todos, ainda seria o caso de se precisar desenvolver a agroecologia, para que as pessoas que atualmente passam fome, e seus descendentes, venham a alimentar-se. Para legitimar a promoção da agroecologia, é necessária apenas essa alegação mais modesta, que é, a meu ver, aquela que os agroecologistas na verdade sustentam. Talvez, para que todos se alimentem, tenhamos que usar uma variedade de métodos agrícolas. Essa é uma questão empírica, que não pode ser adequadamente respondida pelas investigações conduzidas exclusivamente segundo as E_M, mas apenas segundo um esquema teórico que focalize o nexo causal completo da produção e consumo de alimentos e, mais geralmente,

A LOCALIZAÇÃO SOCIAL DAS PRÁTICAS CIENTÍFICAS

do bem-estar humano, em um processo sensível às necessidades, interesses e perspectivas de valor de todos.

Na situação de hoje, faltam provas decisivas de que os métodos agroecológicos possam ser melhorados e expandidos a ponto de produzir comida suficiente para alimentar a todos. A razão para isso pode ser ou que, embora as E_{AE} tenham demonstrado ser consideravelmente fecundas, seus limites já estão sendo efetivamente atingidos, ou que, devido à falta de condições sociais e recursos materiais necessários, tem havido muito menos pesquisas conduzidas segundo as E_{AE} do que segundo as E_{BT}.[14] Essa questão poderia ser explorada empiricamente com o fornecimento de condições para o desenvolvimento da agroecologia em áreas onde há pessoas com fome e uma força de trabalho rural disponível levando, assim, adiante a pesquisa, legitimada pela modesta alegação mencionada no parágrafo anterior, em áreas onde sua efetividade tem sido repetidamente demonstrada (cf. Altieri *et al.*, 1996). Isso permitiria uma investigação, virtualmente sem riscos, das possibilidades da produção agroecológica.

Os defensores dos métodos biotecnológicos veem pouca urgência na condução de tais investigações, porque, a meu ver, a implementação ampla de métodos agroecológicos seria incompatível com as estruturas sociais, valores e políticas sob os quais a biotecnologia se desenvolve. Para eles, métodos agroecológicos não podem produzir comida suficiente, porque não podem ser desenvolvidos sob essas condições sociais (cf. cap. 6). Em sua visão, não há forma *melhor* de produzir a comida necessária, porque os métodos biotecnológicos se confirmam como os que pro-

---

14 Desde o término deste artigo (julho de 2000) tomei conhecimento de vários estudos importantes que demonstram não só a provável alta produtividade de métodos agrícolas muito proximamente relacionados com a agroecologia, mas também a possibilidade de utilizá-los em larga escala: Tilman, 1998, 2000; Zhu *et al.*, 2000; Wolfe, 2000). Discuto alguns deles em Lacey, 2003a, 2005, parte 2.

95

porcionam a possibilidade mais eficaz disponível cuja realização é informada por teorias estabelecidas segundo as E_M e, assim, podem muito proveitosamente promover a expressão da VMC. Para eles, promover a VMC (ajustando-se, assim, no presente momento, ao projeto econômico global orientado para o mercado) torna-se uma condição para uma via legítima. Em resumo, a legitimação disponível para conceder prioridade aos métodos biotecnológicos – sem desconsiderar questões cujas respostas empiricamente fundamentadas requerem desenvolvimentos das E_{AE} – não se assenta na confirmação empírica de que os métodos agroecológicos são insuficientes para a produção de comida. Assenta-se no compromisso com a VMC (e com os valores da globalização), na valorização das possibilidades abstraídas da biotecnologia, porque realizá-las é, ao mesmo tempo, realizar possibilidades sociais valorizadas.

Não há razões "científicas" para a recusa em avaliar empiricamente as possibilidades da agroecologia. Dado que as aplicações envolvem não somente questões de eficácia, mas também de legitimação ou valor social, é simplesmente arbitrário insistir que o que conta como um fenômeno "cientificamente" interessante é determinado unicamente tendo em vista o desenrolar interno da tradição científica, e não também pelos interesses relativos às aplicações. Assim, a competição entre as E_{BT} e as E_{AE} não pode ser dissolvida apelando-se para o caráter geral da ciência. A marginalização das E_{AE} pela vertente principal da ciência, como sugeri, explica-se não porque, depois de tentativas de desenvolvê-las, tenham sido confirmadas dúvidas sérias com relação à sua fecundidade, mas, em vez disso, porque elas não podem gerar aplicações de interesse para a VMC, e talvez também porque, se a fecundidade delas se confirmasse, isso ameaçaria a legitimação da prioridade concedida à biotecnologia na agricultura, embora, na verdade, os defensores da biotecnologia nem sequer tendam a considerar que uma fecundidade de longo alcance das E_{AE} possa ser confirmada.[15] Inversamente, as razões para a adoção das E_{AE} (as quais, repito, recorrem ao conhecimento básico adquirido segundo as E_M de inúmeras formas) como uma alternativa às E_{BT} estão associadas a desafios impostos à VMC e à adoção de valores rivais tais como os da PP. De qualquer maneira, a adoção de estratégias e, assim, o caráter da pesquisa realizada, são ininteligíveis quando separados da localização social das práticas científicas e de suas aplicações; e, consequentemente, a localização social serve como uma base (que não desconsidera a importância da fecundidade) para a crítica das práticas científicas e como uma fonte e condição para o desenvolvimento de alternativas.

4 Conclusão

O objeto da investigação científica são os fenômenos tais como apreendidos segundo uma estratégia, tanto assim que esse objeto varia conforme a estratégia, e não pode ser caracterizado em termos estrategicamente neutros. Esta foi a descoberta de Kuhn. As estratégias – um componente-chave da metodologia científica – são variáveis historicamente, assim como, consequentemente, o objeto da investigação científica.

Entender os fenômenos significa descrevê-los e explicá-los *e* identificar as possibilidades que eles admitem. Uma estratégia possui recursos para identificar uma classe particular de possi-

---

15 Minha explicação é consistente com o fato de que os pesquisadores em biotecnologia estão conscientemente apenas seguindo as mais recentes opções proporcionadas pelas E_M, não sendo questionada a escolha da estratégia envolvida (cf. nota 5). Se não há escolha de estratégia, então as críticas à biotecnologia são vistas simplesmente como críticas ao engajamento na pesquisa enquanto tal, ou como ameaças aos fundos de pesquisa. Algumas reações recentes dos pesquisadores em biotecnologia têm sido desse tipo (Borlaug, 2000; Potrykus, 2001). Ironicamente, eles veem as ameaças à "autonomia" da ciência como provenientes mais de seus críticos do que das grandes empresas patrocinadoras de boa parte de suas pesquisas.

bilidades. Qualquer estratégia é digna de adoção somente se, dadas as oportunidades e os recursos apropriados, ela demonstra ser fecunda, isto é, tem, de fato, sucesso na identificação de possibilidades da classe relevante (encapsulando-as em teorias legitimamente aceitas). Estratégias rivais exploram classes de possibilidades (frequentemente de um mesmo fenômeno, por exemplo, sementes) que não podem ser realizadas ao mesmo tempo. Por exemplo, a realização, em qualquer dimensão significativa, das possibilidades das sementes transgênicas não pode ocorrer conjuntamente com a de certas possibilidades de agroecossistemas produtivos e sustentáveis.

Quando duas estratégias fecundas competem, quais são as razões para a adoção de uma delas ao invés da outra? Sendo ambas fecundas, razões baseadas exclusivamente em valores cognitivos (epistêmicos) não podem favorecer uma mais do que a outra. Como mostra a discussão da Seção 3, minha resposta é: adotar a que nos capacita a adquirir entendimento que seja aplicável *aos* fenômenos e (quando apropriado) *em* projetos práticos significativos para nossas perspectivas de valor, ou seja, a estratégia que identifica as possibilidades que, se realizadas em aplicações, promoveriam tais projetos. Isso fornece uma boa razão para adotar uma estratégia, sem, ao mesmo tempo, negar que o alcance e valor do entendimento básico obtido na pesquisa científica transcende o interesse nas aplicações. É uma razão que aponta para o valor (social) da pesquisa conduzida sob a estratégia.

Tanto a fecundidade quanto a aplicabilidade estão entre as razões para a adoção de uma estratégia. Adotamos uma estratégia, em parte, tendo em vista a aquisição de teorias aplicáveis de modos significativos para nossas perspectivas de valor. Em campos específicos da pesquisa, pode não haver desacordos relevantes entre as várias perspectivas de valor sobre quais são os fenômenos e projetos para os quais as aplicações das teorias são desejáveis. Nesses casos, estratégias rivais provavelmente não emergem. Contudo, diferentes perspectivas de valor podem (em alguns campos) levar a diferentes apreciações da significância (valor social) das aplicações e, assim, a que seus respectivos adeptos adotem estratégias rivais (por exemplo, E_{AE} e E_{BT}). Quando isso acontece, pode-se argumentar que uma pluralidade de estratégias deveria ser apropriadamente apoiada no interior da comunidade científica como um todo, a despeito das tensões resultantes ocasionadas, pelo fato de que as classes de possibilidades exploradas não são realizáveis no mesmo contexto. Ademais, se minha sugestão é correta, não é de surpreender que um tipo de estratégia venha a ser adotado quase exclusivamente na comunidade científica, dado que a adoção de uma estratégia não é geralmente reconhecida como envolvendo uma escolha ou como exigindo justificativa racional, quando há uma hegemonia de valores na própria estratégia e em suas instituições mantenedoras, por exemplo, a VMC ou os valores da economia global.

De acordo com o panorama proposto, as aplicações desempenham um papel central na moldagem das práticas científicas. Não se trata apenas de uma consequência (ou parceira instrumental) da pesquisa bem-sucedida mas, quando valorizada em práticas sociais, faz parte da própria razão para a adoção de uma estratégia. Podemos colocar assim: possibilidades, na medida em que são idênticas a possibilidades de aplicação, constituem o objeto da investigação científica. Tais possibilidades, com certeza, são objetos de valor social e variam histórica e culturalmente, são funções da localização social das práticas científicas. As estratégias que adotamos são as convenientes para a exploração dessas possibilidades e, desse modo, elas também devem variar em função da localização social das práticas científicas. Assim, aplicações — bem-sucedidas, desejadas e previstas — retroagem de modo a influenciar, no nível metodológico mais fundamental, o modo pelo qual a investigação científica é conduzida.

CAPÍTULO 3

A ciência e o bem-estar humano: uma nova maneira de estruturar a atividade científica

Boaventura de Sousa Santos começa *Um discurso sobre* as *ciências* (Santos, B., 1987, *DC*) fazendo a pergunta de Rousseau: "há alguma relação entre a ciência e a virtude?" (*DC*, p. 7). E prossegue afirmando: "(...) temos finalmente de perguntar pelo papel de todo o conhecimento científico acumulado no enriquecimento ou no empobrecimento prático das nossas vidas, ou seja, pelo contributo positivo ou negativo da ciência para a nossa felicidade" (p. 8-9).

Neste capítulo, trato de uma questão semelhante: "como deve a ciência proceder de modo a promover o bem-estar humano?". Variações em torno dela têm sido propostas recentemente por filósofos da ciência, como por exemplo:

(...) o tema mais importante da filosofia da ciência [é] a relação entre a ciência e os valores humanos. Que contribuições pode ou deve a ciência dar para o bem-estar humano? (...) Se há uma conclusão de importância primordial a ser extraída do reconhecimento, cada vez maior nos últimos tempos, de que a ciência é uma produção humana, é a de que, como outras produções humanas, a única maneira de avaliá-la em última instância é em termos de se ela contribui para o florescimento dos seres sensíveis do universo (Dupré, 1993, p. 244, 264).

Quem reflete seriamente (...) quer saber se a pesquisa em ·diversos campos é enviesada pelos valores de grupos particulares e, no nível mais amplo, como a ciência afeta o florescimento humano. (...) Tem sido óbvio já há meio século que pesquisas

101

resultando em benefícios epistêmicos podem ter consequências deletérias para o indivíduo e mesmo para toda a espécie. Estudos filosóficos sobre a ciência têm focalizado de maneira estreita o aspecto epistêmico. Diante de pesquisas capazes de alterar o ambiente de maneira radical, de transformar nosso autoentendimento, e de interagir com uma variedade de instituições e preconceitos sociais afetando vidas humanas, há um problema muito maior, o de entender precisamente o impacto das ciências sobre o florescimento humano (Kitcher, 1998, p. 46).[1]

Comentando essas citações em outra oportunidade (Lacey, 1999d), afirmei que há complexas interações dialéticas entre as perguntas: "como conduzir as pesquisas científicas?", "como estruturar a sociedade?" e "como promover o bem-estar humano?". A ciência pode ser avaliada não só pelo valor cognitivo (epistêmico) de seus produtos teóricos, mas também por sua contribuição para a justiça social e o bem-estar humano. (A avaliação epistêmica positiva é pressuposta pelas outras formas de avaliação). Neste capítulo, explico brevemente por que é assim.

---

1 Philip Kitcher tem levantado com frequência tais questões ao longo da última década, a partir de uma perspectiva liberal em um sentido amplo (Kitcher, 1997, 2001). Eis aqui outra formulação interessante:

"Alegar (...) que as ciências alcançam objetivos epistêmicos devidamente apreciados não é suficiente, pois a prática da ciência pode ser desvantajosa ao bem-estar humano de maneiras práticas mais diretas. Uma avaliação convincente do progresso prático depende, em última análise, da articulação de um ideal de florescimento humano, em termos do qual podemos estimar as várias estratégias para fazer ciência. As posições extremas são claras (...) a ciência, tal como se pratica, é algo terrível, e os seres humanos não a desejam; (...) a ciência, tal como foi moldada, já é perfeita. É provável que nenhum dos extremos esteja certo. (...) Dada uma visão clara de seus êxitos e perspectivas epistêmicos, como deveríamos modificar as instituições de modo a promover o bem-estar humano?" (Kitcher, 1993, p. 391).

É interessante comparar as formulações de Kitcher com as de Feyerabend, mais radicais: "(...) estando relacionadas entre si de acordo com leis, [as entidades descobertas pela ciência] podem ser manipuladas ou previstas usando essas leis. Pode haver novas combinações entre elas e novas entidades podem dessa forma surgir no nível fenomenológico. Porém tais entidades são importantes apenas se o mundo delas resultante for um mundo em que

1 A ciência é livre de valores

Ao longo dos 400 anos da história da ciência moderna, uma vigorosa tradição interpretativa sustenta que a questão "como deve a ciência proceder para promover o bem-estar humano?" é imprópria, assim como a de Rousseau, e que levantar qualquer uma delas revela um incompreensão da natureza da ciência, além de ameaçar sua integridade. A crítica de António Manuel Baptista (2002) à posição de Boaventura da Sousa Santos ancora-se firmemente nessa tradição.

1.1 Imparcialidade, autonomia, neutralidade

De acordo com essa interpretação, os valores[2] não têm função alguma no cerne da ciência, não devem figurar entre os critérios em que se baseiam os juízos científicos, e não têm papel funda-

seja agradável viver, e se os ganhos da manipulação compensarem em muito as perdas decorrentes do abandono das camadas não científicas. Não tem peso algum á objeção de que as entidades e as leis que as vinculam são 'reais', e de que a elas temos que nos adaptar, por mais desastrosas que sejam as consequências" (Feyerabend, 1999, p. 12). "(...) os profissionais que lidam com os aspectos ecológicos, sociais e médicos de auxílios visando ao desenvolvimento a esta altura já perceberam que a imposição de procedimentos 'racionais' ou 'científicos', embora ocasionalmente benéficos (erradicação de alguns parasitas e moléstias infecciosas) pode ocasionar sérios problemas materiais e espirituais. Eles não descartaram o que haviam aprendido em sua educação superior, mas sim combinaram seus conhecimentos com as crenças e costumes locais, estabelecendo assim uma conexão muito necessária com a problemática de vida que nos circunda por toda parte (...)" (Feyerabend, 1993, p. xiv). Cf. outros comentários de Feyerabend (1993) sobre críticas à ciência à luz de considerações "democráticas" e "humanitárias", e suas repetidas sugestões (Feyerabend, 1993, 1999) de que a adoção de uma única abordagem na ciência constitui uma ameaça ao bem-estar humano (Lacey, 2001a).

Outras variações em torno dessa temática também foram propostas por filósofas da ciência feministas como Elizabeth Anderson (1995) e Helen Longino (1990, 2001).

2 Em todo este capítulo, uso o termo "valores" em lugar de "valores morais e sociais", e o mesmo vale para "juízo de valor". Há um papel fundamental e indiscutível para *valores cognitivos* no cerne da ciência (cf. *SVF*, cap. 3), que não será discutido aqui.

mental algum nas práticas de obtenção e avaliação de conhecimentos científicos. As características mais gerais da metodologia científica devem servir apenas ao interesse de aprofundar o entendimento de fenômenos do mundo, e as prioridades e a direção das pesquisas não devem ser influenciadas sistematicamente por valores particulares. Denomino essas duas concepções respectivamente "*imparcialidade* do juízo científico" e "*autonomia* da metodologia".[3] Elas são mantidas como ideais, ou seja, como valores das práticas científicas, que às vezes não se manifestam de fato.

Frequentemente são mantidas, junto com a *neutralidade*, a tese de que a ciência não privilegia qualquer valor social particular – de que teorias científicas devem exibir *neutralidade cognitiva*:

3 A *autonomia* deve ser qualificada por: "contanto que na prática a pesquisa não envolva ações ou resultados moralmente inaceitáveis. ("... isto não quer dizer que as formas como se alcançam ou produzem resultados científicos não possam ser moralmente condenáveis", *CC*, p. 96). Pode acontecer, portanto, que, em certos domínios, os dados empíricos necessários para avaliações teóricas não possam ser obtidos. Às vezes, o valor associado ao ganho de entendimento subordina-se a outros valores morais. Isso não implica que valores morais possam atuar entre os critérios da avaliação de teorias: às vezes podemos limitar a busca do entendimento por razões de ordem moral.

Minha formulação permite que, estando bem estabelecidas as características de uma linha de pesquisa, interesses cognitivos deixem em aberto uma gama de problemas que são (pode-se dizer) "igualmente válidos do ponto de vista cognitivo", tendo em vista investigações futuras. Assim, qual desses problemas é escolhido (por exemplo, estudar um vírus em vez de outro) como prioridade de pesquisa pode refletir certos valores. ("Nem se pode negar que certas condições sociais podem influenciar o que se investiga ou não", *CC*, p. 96.) A *autonomia* implica que o escolhido, enquanto problema científico, não tem primazia especial, de modo que as instituições científicas não devem (em geral) ser dominadas por uma agenda definida por esses valores. Tal como descrita, a autonomia é compatível com a possibilidade de valores desempenharem um papel importante nas escolhas de projetos de pesquisa de cientistas individuais (e de instituições científicas particulares). Argumentos a favor da tese de que a *ciência é livre de valores* geralmente se baseiam em premissas tais como: há uma rígida separação entre fato e valor; os valores expressam preferências subjetivas etc. Assim, embora seja um fato que as escolhas científicas individuais refletem valores, considera-se que a subjetividade dos valores torna provável que escolhas representando uma diversidade de valores serão feitas pela comunidade de cientistas, garantindo que valores particulares não venham a dominar a agenda de pesquisa.

A CIÊNCIA E O BEM-ESTAR HUMANO...

juízos de valor social não fazem parte de suas implicações lógicas; e *neutralidade aplicada*: quando aplicadas, elas devem em princípio informar equitativamente os interesses de uma ampla gama de valores. Em uma primeira aproximação, tais concepções resumem o que se entende por "a *ciência é livre de valores*".[4] A integridade, a legitimidade, o prestígio e o pretendido valor universal da ciência têm sido com frequência associados à manifestação em alto grau, nas práticas científicas, do ideal da ciência livre de valores, pois – isso tende a ser simplesmente pressuposto – é a ciência realizada em tais práticas a responsável pelas aplicações tecnológicas que transformaram tão profundamente o mundo nos últimos tempos.

1.2 TRÊS MOMENTOS DA ATIVIDADE CIENTÍFICA

Pode-se distinguir três momentos ou pontos de tomada de decisões na atividade científica:[5] M_1, em que se determinam as prioridades e o direcionamento da pesquisa, bem como as metodologias apropriadas; M_2, em que as teorias são avaliadas; e M_3, o conhecimento científico é aplicado. Na interpretação tradicional, M_1 e M_2 constituem o cerne da ciência. M_3 vem em seguida, pressupondo avaliação positiva em M_2 das teorias a serem aplicadas. Em M_3, os valores desempenham um papel não apenas legítimo como também indispensável; mas em M_1 e M_2 ("(...) não adiantando princípios éticos reguladores", *CC*, p. 83) não há um papel adequado para eles (ao menos indispensável). "Como é que um conhecimento científico (...) pode ter qualquer coloração

4 Para uma análise detalhada e uma crítica da noção de *ciência livre de valores*, e as partes que a compõem, ver *VAC*, *SVF*, cap. 1 acima. A próxima seção traz outras considerações sobre esse ponto.
5 Tais momentos são distintos do ponto de vista lógico, não necessariamente do ponto de vista temporal.

105

Hugh Lacey

moral?", *CC*, p. 96.) Mesmo em M₃, de acordo com a *neutralidade aplicada*, a ciência não está a serviço de valores particulares. ("Os resultados da ciência fundamental são ética e moralmente neutros...", *CC*, p. 96). O conhecimento científico pode, em princípio, ser usado para informar projetos de interesse para quaisquer valores; pode ser usado para o bem ou para o mal, mas, quando é usado para o mal, a culpa não é do conhecimento científico, mas dos responsáveis pela aplicação. Os abusos, que ocorrem na aplicação do conhecimento científico, não decorrem do que se passa no cerne da ciência. Não obstante, quem compartilha a interpretação tradicional insiste que o conhecimento científico tem sido normalmente, e continuará sendo usado para o bem, de uma grande variedade de maneiras: "(...) valorização de todas as valências da vida humana, influindo culturalmente, pois, numa evolução em que a revolução científica interveio revelando novas possibilidades e potencialidades (...) " (*CC*, p. 83). "Podemos, hoje, apreciar bem o impacto da ciência, particularmente nas suas aplicações, na chamada tecnologia. Alterou profundamente as condições e até a qualidade de vida de uma grande porção da humanidade. Em muitas situações, o homem civilizado nem sequer poderia sobreviver se lhe faltasse o apoio tecnológico (...)" (*CC*, p. 95). É um pequeno passo dessas afirmações para a alegação de que a própria ciência deve ser considerada um valor universal.

Reconheço que essa interpretação da ciência é atraente e não a considero totalmente errônea. Para captar suas limitações e, ao mesmo tempo, começar a explicar por que ela tem dominado a tradição da ciência moderna, proponho uma imagem alternativa da atividade científica.[6]

---

6 Para maiores detalhes e argumentos mais completos ver especialmente *SVF*. Uma versão anterior encontra-se em *VAC*. Boa parte da próxima seção provém de Lacey (2002a).

2 Atividade científica

2.1 Entendimento científico

O *objetivo da ciência* pode ser caracterizado do seguinte modo: obter, de formas sistemáticas, um entendimento corretamente (racionalmente) fundamentado em bases empíricas de fenômenos e coisas (em número e variedade crescentes), incluindo relatos do *que* são os fenômenos (as coisas), de *por quê* são como são, das *possibilidades* (incluindo as ainda não realizadas) que eles permitem em virtude de seus poderes subjacentes e das interações das quais possam participar, e de *como* tentar realizar tais possibilidades (cf. *SVF*, cap. 5).[7]

---

7 Formulei o objetivo (embora de forma controversa) de modo a incluir todas as investigações chamadas "ciências" (inclusive as ciências sociais) e as que têm estreitas afinidades com elas (cf. *SVF*, cap. 5; *VAC*, cap. 7). Considero como "ciência" todas as formas de *investigação empírica sistemática* para evitar que, por definição, seja negado a formas de conhecimento em continuidade com conhecimentos tradicionais um *status* epistêmico (cognitivo) comparável ao da ciência moderna. (Por outro lado, não assumo *a priori* que tenham tal *status*.) A noção de ciência aqui adotada é também suficientemente inclusiva, de modo a não excluir, em princípio, nenhuma proposição sobre o mundo do domínio da investigação científica. (O que não significa que todas sejam validadas pela investigação científica.) De acordo com essas estipulações, qualquer estrutura razoavelmente sistemática que expressa entendimento de algum domínio de fenômenos conta como teoria. (Com frequência, prefere-se limitar o uso do termo "teoria" a formulações contendo estruturas matemático-dedutivas, ou representações de leis, e não apenas estruturas descritivas ou narrativas.)

Assim, exceto por um ou outro detalhe, aceito sem problemas a definição de ciência extraída da revista *Nature* e citada por Baptista: "A ciência é a empresa sistemática que recolhe conhecimento acerca do mundo e organiza e condensa esse conhecimento em leis e teorias testáveis. O sucesso e a credibilidade da ciência estão ancorados na disponibilidade dos cientistas em: (1) expor as suas ideias e resultados a uma comprovação (*testing*) independente e replicação por outros cientistas; isto exige uma completa e aberta troca de dados, procedimentos e materiais; (2) modificar ou negar conclusões aceitas quando confrontados com evidência experimental mais completa ou de confiança. A adesão a estes princípios fornece um mecanismo para autocorreção que é o fundamento da credibilidade da ciência" (*CC*, p. 102).

Levada a sério, tal definição pode servir de base para a nova maneira de estruturar a atividade científica a ser proposta, que exige uma multiplicidade de estruturas.

Hugh Lacey

O entendimento científico articula-se em *teorias*, cada uma das quais proporcionando entendimento de um domínio específico de fenômenos. A solidez do entendimento é avaliada à luz dos dados empíricos disponíveis, levando-se em conta se os dados são suficientes para embasar juízos cognitivos confiáveis, e à luz de critérios cognitivos, tais como a adequação empírica e o poder explicativo, que são sintomas racionais da obtenção de entendimento e não dependem de quaisquer juízos de valor (cf. *SVF*, cap. 3).[8] Quando avaliações são feitas corretamente de acordo somente com essas considerações, digo que a teoria foi aceita de acordo com a *imparcialidade*. O objetivo da ciência pode então ser reformulado como: gerar e consolidar teorias aceitas de acordo com a *imparcialidade*, que progressivamente fornecem entendimento de mais e maiores domínios de fenômenos e possibilidades.

A *imparcialidade* é parte integrante da busca de entendimento científico, mas não a *neutralidade* — nem a *cognitiva* nem a *aplicada* (cf. 1.1). A *imparcialidade* não implica a *neutralidade* (cf. *SVF*, cap. 4, 10; cap. 1 acima). Quando uma teoria é aceita de acordo com a *imparcialidade*, sua aceitação contribui para que o objetivo da ciência seja alcançado, mas isso não quer dizer que a contribuição seja *significante*. A referência ao objetivo estipulado não determina um direcionamento para a pesquisa, não define o que deve ser considerado pesquisa proveitosa ou *significante*. Também não dá respostas concretas a: que perguntas formular, que quebra-cabeças resolver, que classes de possibilidades identificar, que tipos de explicação explorar, que categorias mobilizar, tanto em teorias quanto em relatos observacionais, que fenômenos observar, medir, e submeter à experimentação, e quem deve participar da atividade científica, obedecendo a que requisitos em termos de qualificação, experiências prévias e virtudes?

8 A alegação de que os critérios cognitivos não dependem de qualquer valor (moral ou social) tem sido contestada. Minhas respostas aos críticos encontram-se em Lacey, 1999b; *SVF*, cap. 9.

2.2 Estratégia: restrições impostas às teorias, critérios para a seleção dos dados, possibilidades a investigar

Nenhuma dessas questões pode ser tratada sem a adoção do que denomino uma *estratégia* (cf. *SVF*, cap. 5; Lacey, 1999d; cap. 1 acima). Os papéis principais de uma estratégia consistem em *restringir* os tipos de teorias que podem ser consideradas em um certo domínio de pesquisa (de modo a tornar viável a investigação) e as categorias que podem ser usadas e, assim, *especificar os tipos de possibilidades que podem ser exploradas no decorrer da investigação* e *selecionar* os tipos relevantes de dados empíricos a serem buscados e as categorias descritivas apropriadas aos relatos observacionais.[9] Diferentes classes de possibilidades podem exigir estratégias diferentes para sua investigação. Voltando a um exemplo que usei em outras ocasiões (cap. 6, 7 a seguir; Lacey, 2003a), as possibilidades das sementes enquanto componentes de agroecossistemas sustentáveis não são idênticas a suas possibilidades enquanto objetos da engenharia genética; as duas categorias não podem ser investigadas segundo as mesmas estratégias, e não podem ser realizadas conjuntamente no mesmo espaço agrícola. Uma multiplicidade de estratégias rivais é necessária para que o âmbito da pesquisa não se limite a uma classe estreita (embora potencialmente numerosa) de possibilidades.

O conhecimento científico que informa a engenharia genética é produto de pesquisas realizadas segundo uma versão (biotecnológica) do que chamo *estratégias materialistas*. Na ciência moderna, praticamente apenas estratégias desse tipo são adotadas. Segundo as E_M, a classe de teorias é restrita às que representam

---

9 Para a relação entre "estratégia" e o que Thomas Kuhn denominou "paradigma" (Kuhn, 1962), ver *SVF*, p. 261. O conceito de estratégia está próximo do que Hacking e Laudan, respectivamente, chamam de "forma do conhecimento" (Hacking, 1999) e "tradição de pesquisa" (Laudan, 1977).

os fenômenos e encapsulam as possibilidades enquanto resultantes de *estrutura, processo, interação e lei subjacentes,* abstraídas de qualquer lugar que possam ocupar em relação a arranjos sociais, vidas e experiências humanas, de qualquer conexão com valores, e de quaisquer possibilidades de natureza social, humana e ecológica a que também possam estar abertas. Reciprocamente, os dados empíricos são selecionados não só para que satisfaçam a condição de intersubjetividade, mas também de modo que sejam descritos por meio de categorias em geral quantitativas, aplicáveis em virtude de operações de medição, instrumentais e experimentais. Segundo as E_M, categorias intencionais e categorias envolvendo valores (*value-laden*) são deliberadamente excluídas na formulação de teorias, hipóteses e dados, de modo que onde as E_M são adotadas não pode haver juízo de valor algum entre as implicações lógicas de teorias e hipóteses. A adoção de E_M é, portanto, suficiente para garantir a *neutralidade cognitiva.* Este é um dos objetivos da maneira como são definidas.

Todavia, a adoção de E_M não é suficiente para garantir a *neutralidade aplicada* (cf. *SVF*, cap. 8, 10; Lacey, 2001a). O exemplo das sementes fornece uma boa ilustração. Segundo as E_M (versão biotecnológica), as possibilidades de transformação de sementes por meio de técnicas da engenharia genética podem ser identificadas, mas não as possibilidades das sementes quando selecionadas para uso em agroecossistemas produtivos sustentáveis nos quais a biodiversidade é protegida e o empoderamento comunitário é promovido. Em outras palavras, essas últimas possibilidades não podem ser abstraídas do contexto social e das experiências locais. Elas podem ser identificadas, no entanto, por pesquisas segundo as *estratégias agroecológicas* (E_{AE}).[10]

---

10 Diga-se de passagem que o sucesso de pesquisas segundo as E_{AE} mostra que a concordância com a *imparcialidade* pode ser obtida segundo estratégias não redutíveis às E_M (cf. Lacey, 2001a, 2003a). Ver também cap. 7 a seguir.

2.3 Relações mutuamente reforçadoras entre a adoção de uma estratégia e a sustentação de certos valores

Por que, então, nas instituições da ciência moderna, a tendência é adotar as E_M de forma virtualmente exclusiva, fazendo com que, por exemplo, as pesquisas realizadas segundo as estratégias biotecnológicas sejam fortemente apoiadas, em detrimento das que seguem as E_{AE}? Por que, nessas instituições, é tão difícil para as pesquisas, exceto as conduzidas segundo as E_M, até mesmo serem reconhecidas como ciência? Por que a interpretação da ciência descrita na Seção 1 é tão dominante que só versões das E_M são consideradas como pertencendo ao componente metodológico de M_1? As razões não podem sempre ser puramente cognitivas (epistêmicas), pois o interesse em adquirir entendimento (conhecimento) por si só não explica por que um tipo de possibilidades das sementes (quer as abstraídas de contextos sociais ou de outra natureza, quer as possibilidades das sementes enquanto objetos ecológicos e/ou sociais) deva ser considerado mais significante do que outros.

As pesquisas feitas segundo as E_M têm sido extraordinariamente fecundas. Além disso, as E_M demonstraram ser bastante adaptáveis, e novas formas surgiram com o desenvolvimento das pesquisas, de modo que em vários momentos históricos, quando oportuno, encontramos mobilizados (entre outros elementos) categorias mecânicas, leis matematicamente formuladas de diferentes tipos (por exemplo, baseadas em conceitos de espaço e tempo newtonianos ou relativistas, deterministas ou probabilísticas, correspondentes a vários tipos de reducionismo), e modelagem computacional (cf. 2.5). A fecundidade e a versatilidade das E_M são, sem dúvida, impressionantes e, com justiça, elas detêm a posição central nas instituições científicas. Mas isso, por si só, não justifica a exclusividade. O que mais está em jogo? Em outros artigos (cf. *SVF*, cap. 6; Lacey, 1999d; cap. 1 acima), argumentei

Hugh Lacey

detalhadamente ser crucial a relação mutuamente reforçadora entre a adoção das E_M e a sustentação de valores especificamente modernos, que constituem a *valorização moderna do controle* (VMC).[11] Resumindo, os valores que constituem a VMC tem a ver com o escopo do controle, sua centralidade na vida diária e sua relativa independência de outros valores morais e sociais, de modo que, por exemplo, a penetração de tecnologias em um número cada vez maior de esferas da vida, e sua transformação em meio de resolver cada vez mais problemas são altamente valorizadas, e o tipo de distúrbio ecológico e social que acarretam pode ser visto como o preço do progresso.[12] É a aceitação da VMC e sua ampla manifestação nas instituições hegemônicas, e não apenas os fatores cognitivos, que explicam a percepção generalizada de que a pesquisa segundo as estratégias biotecnológicas é mais significativa do que a agroecológica (cf. cap. 6, 2001a). Segue-se que as E_M são aceitas quase exclusivamente nas instituições da ciência moderna em grande parte porque, na aplicação, o conhecimento adquirido dessa forma serve a interesses fortemente ligados à VMC. Tais interesses estão em conflito com os interesses dos movimentos de emancipação social, como os que se reúnem no Fórum Social Mundial (FSM), nos quais são altamente valorizadas as práticas agroecológicas que visam simultaneamente promover a produtividade, a sustentabilidade, a preservação da biodiversidade e o empoderamento de comunidades pobres (cf. cap. 7). O conhecimento obtido segundo as E_M serve esses interesses em grau muito menor, uma vez que as E_M, por definição,

11 Cf. cap. 2 acima. Em *SVF*, cap. 5, considero e rejeito outros argumentos a favor da adoção virtualmente exclusiva das E_M, incluindo os baseados na metafísica materialista e na filosofia da ciência de Kuhn. Em *DC*, p. 17-8, a "ciência moderna [como o] modelo de racionalidade hegemônica" está vinculada à "capacidade de dominar e transformar [o real]".

12 Cf. Lacey, 1999d e cap. 1 acima, para maiores detalhes dessa formulação sumária. Nesses artigos, dou uma lista dos valores que conjuntamente constituem a VMC e exploro os pressupostos de sua legitimação.

A CIÊNCIA E O BEM-ESTAR HUMANO...

nada têm a contribuir diretamente para a identificação de possibilidades não abstraídas do contexto humano e social e, em certos casos, tende a solapá-las.

Sendo aplicadas, as pesquisas conduzidas segundo as E_M (não
em cada um e em todos os casos, mas em geral, quando adotadas
quase exclusivamente) favorecem especialmente interesses vinculados à VMC (cf. *SVF*, cap. 10). Além disso, como argumentei
em um registro neobaconiano (cf. *SVF*, cap. 6), esta é a razão para
a adoção virtualmente exclusiva das E_M: a profunda incorporação
da VMC nas instituições hegemônicas modernas – onde é reforçada, de um lado, pelos valores do capital e do mercado e, de outro, pelos dos militares – explica tal exclusividade, e o argumento
mais forte a seu favor baseia-se (em conjunto com a fecundidade
e a versatilidade) nas relações mutuamente reforçadoras entre a
adoção das E_M e a sustentação da VMC.[13]

É o domínio profundo da VMC sobre a sensibilidade moderna
que torna a interpretação da ciência sumarizada na Seção 1 inteligível e, para muitos, irresistível. A VMC infiltra tão completamente essa interpretação que seus defensores não a enxergam,
assumindo sem reflexão que ela representa valores universais.
Sendo assim, de fato não há escolha entre alguma versão das E_M e
outras estratégias. As estipulações metodológicas das E_M são ca-
sualmente identificadas com as da ciência *per* se: "a única explicação da realidade" (*CC*, p. 94). Assim, a aplicabilidade que é *neu-*
tra entre projetos valorizados em parte à luz da VMC – quer sejam do

13 Descrevo as múltiplas dimensões desse relacionamento mutuamente reforçador em
SVF, p. 117-26, 1999d, cap. 1 acima. Não alego que toda pesquisa segundo as E_M é conduzida com *o propósito de promover* a VMC. A adoção de E_M para o estudo de inúmeros fenômenos
(por exemplo, os celestiais, e os subatômicos) nada tem de condenável, e não é justificada
por referência à VMC. (Mesmo assim, dado que a pesquisa nesses campos depende de desenvolvimentos da "alta" tecnologia, as conexões com a VMC não estão ausentes.) Além disso,
a promoção da VMC não foi um fator causal na transição das estratégias da mecânica clássica para as da relatividade e da mecânica quântica (cf. 2.5).

113

capital, dos militares ou da medicina (cf. *CPM*, p. 149), mas que, por outro lado, são projetos valorizados de maneira diferente à luz de outros valores pessoais e institucionais – vem a se confundir com a *neutralidade aplicada* em geral.

Sendo a VMC sustentada, o interesse centra-se nas possibilidades das coisas enquanto dissociadas do contexto social e humano, que são realizadas através das tecnologias modernas (por exemplo, a engenharia genética), tanto assim que, quando as E_M são adotadas quase exclusivamente, poucos obstáculos são colocados ao processo de inferir, *ceteris paribus*, a partir da confirmação de uma teoria que identifica certa possibilidade tecnológica, que é legítima sua realização social. É claro que a inferência é mediada por juízos de valor positivos a respeito do controle (que constituem a VMC), e estes, como argumentei, são efetivamente invisíveis quando a interpretação da Seção 1 é dominante. Assim, a condição *ceteris paribus* não pode sem dificuldade ser confrontada com resultados científicos, pois, para satisfazê-la, é necessário confirmar hipóteses tais como as da inexistência de efeitos colaterais inaceitáveis da implementação tecnológica, e de meios mais adequados de produzir os bens desejados – questões que não podem ser tratadas exclusivamente segundo as E_M. São questões em relação às quais a "ciência" (como é entendida nas instituições predominantes da ciência moderna) mantém um silêncio quase total; e as opiniões dos cientistas podem ser indefinidamente sustentadas pelo argumento de que não há evidência "científica" contra elas. O caso das sementes geneticamente modificadas ilustra claramente esse ponto: quais são os efeitos colaterais de sua ampla difusão sobre o ambiente e as relações sociais, e são elas melhores do que as alternativas agroecológicas? (cf. cap. 6, 7 a seguir; Lacey, 2003a.)

Na ausência de pesquisas conduzidas segundo outras estratégias, por exemplo, E_{AE}), as avaliações positivas de hipóteses sobre efeitos colaterais e métodos alternativos não podem ser feitas de acordo com a *imparcialidade* mas tenderão, ao invés, a refletir os juízos de valor ligados à adoção da estratégia. As avaliações positivas são aceitas por serem pressupostos da *legitimidade* da implementação da tecnologia. Isso não afeta o fato de que os juízos a respeito da *eficácia* da tecnologia podem ter sido estabelecidos de acordo com a *imparcialidade*. As pesquisas feitas exclusivamente segundo as E_M podem gerar hipóteses sobre a eficácia aceitas de acordo com a *imparcialidade,* mas em geral não as hipóteses que são pressupostos da legitimidade da aplicação. O fato de que os valores desempenham um papel indispensável na decisão de adotar uma estratégia não impede que, na pesquisa feita segundo a estratégia, as teorias possam ser aceitas de acordo com a *imparcialidade*. A falta de *neutralidade aplicada,* que advém desse papel dos valores, é coerente com a *imparcialidade*.

2.4 Os três momentos da atividade científica, e os papéis que os valores podem desempenhar em cada um deles

Para esclarecer melhor a ordem e a generalidade desses comentários, devemos voltar aos três momentos introduzidos na Seção 1. No modelo que estive esboçando, os valores têm papel legítimo e frequentemente indispensável em M_1 e M_3, mas não em M_2. Não se discute que, em M_3, uma aplicação se faz para servir interesses específicos e, portanto, para promover valores específicos, dependendo sua legitimação de uma multiplicidade de juízos de valor. No meu modelo, a decisão metodológica mais importante feita em M_1 diz respeito à adoção de uma estratégia. Uma estratégia pode ser, mas nem sempre é, adotada em virtude de relações mutuamente reforçadoras com a sustentação de certos valores e do interesse em promovê-los — sendo a adoção sujeita, a longo prazo, ao requisito de que a pesquisa feita de acordo

com ela seja fecunda na geração de teorias que se tornam aceitas conforme à imparcialidade. A adoção de uma estratégia define os tipos de possibilidades que podem ser identificadas em
pesquisas, em casos importantes, possibilidades que, se identificadas e realizadas, servem aos interesses associados a esses valores. A adoção, por si só, não implica a existência de possibilidades desses tipos e, se existem, quais são concretamente. Essas
questões só se resolvem em M_2, onde a *imparcialidade* é a aspiração dominante.

As teorias aceitas de acordo com a *imparcialidade* em M_2, dado
que foram desenvolvidas segundo uma estratégia, explicam fenômenos e possibilidades em domínios de alcance limitado, cujos
limites se esclarecem frequentemente pelos valores que motiva-
ram a adoção da estratégia. Exatamente por isso, a *neutralidade*
aplicada em geral não se sustenta; quando aplicadas, em M_3, as
teorias tendem a servir preferencialmente os valores ligados às
estratégias segundo as quais elas foram desenvolvidas e confirmadas. Assim, a única maneira pela qual a atividade científica
pode aspirar à *neutralidade aplicada* é exigindo que pesquisas sejam feitas segundo uma multiplicidade de estratégias. Então, desde que uma variedade suficiente seja de fato bem desenvolvida,
pode-se esperar que vá existir conhecimento científico capaz de
informar projetos valorizados em outras perspectivas de valor.

De acordo com meu modelo, não há objeção, em princípio, ao
desenvolvimento ativo de uma multiplicidade de estratégias,
mesmo tendo cada uma delas relações mutuamente reforçadoras
com determinadas perspectivas de valor. Isso nos leva à "des-
dogmatização da ciência" almejada por Santos (*CPM*, p. 27) e mostra que a *autonomia* metodológica (cf. 1.1) não se sustenta. Além
disso, uma certa *neutralidade aplicada* pode advir de um pluralismo metodológico (cf. Longino, 1990, 2002), mas não do monismo
metodológico que garante a *neutralidade cognitiva*; e, voltando
ao exemplo da agricultura, só através de uma multiplicidade de

A CIÊNCIA E O BEM-ESTAR HUMANO...

estratégias é que se pode investigar os pressupostos-chave da legitimação do uso de sementes geneticamente modificadas, a saber, a inexistência de efeitos colaterais adversos, e de métodos alternativos melhores (cf. cap. 6, 7 a seguir; Lacey, 2003a). Embora não haja dúvida de que a promoção do ideal da *neutralidade aplicada* irá gerar dificuldades e tensão na prática científica (cf. *SVF*, cap. 10), ela constitui um elemento essencial da maneira alternativa de estruturar a ciência que está na base do modelo aqui proposto. E permite, em domínios relevantes, o desenvolvimento de múltiplas estratégias, com a consciência clara da maneira pela qual cada uma pode ter ligações com valores particulares, de modo que, em primeiro lugar, os valores não desempenhem um papel camuflado na aceitação e na rejeição de teorias; em segundo lugar, que controvérsias sobre valores tornem-se parte do debate na comunidade mundial dos cientistas, tendo os cientistas liberdade de optar por abordagens que lhes permitam identificar possibilidades que servem aos interesses de movimentos como o FSM (cf. *VAC*, cap. 1); e terceiro, que a ciência não seja excluída do âmbito da discussão democrática.

2.5 Comentários sobre a controvérsia em torno de "Um discurso sobre as ciências"

Santos refere-se a "um modelo global de racionalidade científica que admite variedade interna". Parece-me que o compromisso com as E_M é o que melhor define esse modelo pois, como procurei mostrar, normalmente nas instituições da ciência moderna afirma-se que a ciência, enquanto atividade racional, caracteriza-se pelos traços que atribuo à pesquisa feita segundo as E_M. Nessas instituições, o conhecimento obtido de acordo com tal modelo tende a excluir de consideração séria outras formas de conhecimento, vistas como "menos que científicas". Está contido nisso muito do que Santos afirma sobre o "modelo global".

Por vezes, entretanto, ele parece identificar o modelo com as formas de E_M presentes em concepções mecanicistas, ou na mecânica clássica, pois considera que a transição delas para as estratégias desenvolvidas pela teoria da relatividade e pela mecânica quântica começa a romper com o "modelo global" (*DC*, p. 23). Em contraste, considero (assim como Baptista em *CC*) essas transições como a passagem a versões mais sofisticadas de E_M. São frutos de desenvolvimentos que fortalecem o modelo, e são justificados por fatores empíricos e outros fatores cognitivos sem qualquer contribuição de valores, e sem incluir nas teorias geradas por elas categorias (como as mentais ou holísticas) que não se encaixam nas E_M. A relação que identifiquei entre as E_M e a VMC permanece constante através de tais transições.

Santos prevê e quer apressar a transição desse "modelo global" para um "paradigma emergente" – eu prefiro antecipar uma "nova maneira de estruturar a atividade científica" (cf. Seção 3) –, uma transição que passe "de um conhecimento prudente para uma vida decente" (*DC*, p. 37). (A meu ver esta é uma maneira perspicaz de caracterizar o objetivo da transição.) Interpretando seu texto em termos do meu esquema, ele parece discernir dois componentes necessários e interligados dessa transição: (1) a dissolução gradual interna das E_M, que lhe parece já bem encaminhada e (2) o reconhecimento de uma multiplicidade de formas de conhecimento e do processo de sua aquisição, refletindo a diversidade cultural e as necessidades e interesses dos movimentos de emancipação.

Não antevejo a ocorrência de (1); não a desejo nas ciências físicas e não estou convencido pelos argumentos de Santos. Onde ele vê o "modelo global" em uma situação de declínio gerado internamente, eu vejo sua força e suas tendências permanecerem livres de obstáculos – especialmente quando considero a natureza das estratégias que enquadram a teoria da relatividade e a mecânica quântica, bem como o enorme crescimento das ciências cognitivas e neurocientíficas. Baptista interpreta (1) como retórico e obscurantista, e o rótulo "pós-moderna", que o próprio Santos dá a sua forma almejada de ciência, acrescenta um elemento de credibilidade à queixa de Baptista em relação a (2), pois as assim chamadas críticas "pós-modernas" da ciência com frequência defendem (ou são caricaturadas como defendendo) a ideia de que a ciência está aberta apenas a explicações sociológicas e não à avaliação cognitiva. Contudo, isso é irrelevante no presente contexto. Tais críticas "pós-modernas" não são feitas por pessoas, como Santos, chegadas às práticas emancipatórias, que não se podem dar ao luxo de recorrer a formas de entendimento que não satisfazem os mais rigorosos padrões cognitivos. (Como observei desde o início, todas as formas defensáveis de avaliação de teorias, inclusive a de seus potenciais de aplicação tendo em vista interesses emancipatórios, pressupõem avaliação positiva do ponto de vista cognitivo.)

O ponto importante, inadequadamente compreendido por Baptista, é que a inteligibilidade de (2), e o movimento em direção a ele, são totalmente independentes de (1). No livro mais recente de B. Santos (*CPM*) e ainda mais em B. Santos (1999), a suposta conexão entre (2) e (1) não é tão proeminente (embora ainda não seja totalmente abandonada). A meu ver, a pesquisa conduzida segundo as E_M (preservando sua própria integridade interna) deve permanecer importante, de acordo com o tipo de reestruturação da atividade científica que tentarei articular, como uma abordagem entre outras para a obtenção do conhecimento científico. Seu grau de proeminência deve ser uma questão negociável no quadro de instituições verdadeiramente democráticas, o que é coerente com os aspectos centrais da argumentação de Santos.

Hugh Lacey

3 Uma nova maneira de estruturar a atividade científica

Colocar a pergunta "como deve a ciência proceder para promover o bem-estar humano?", ou a pergunta de Rousseau, não é sinal de ignorância quanto à natureza da ciência, nem ameaça sua integridade. Pelo contrário, não colocá-la é deixar sem questionamento a prática atual da ciência, moldada por relações mutuamente reforçadoras com a VMC e os valores (ligados ao capital e aos militares), que por sua vez a reforçam.[14] Isso não se coaduna com os ideais da prática científica.

À luz do modelo de atividade científica apresentado na Seção 2, podemos agora reformular a pergunta: "que domínio de estratégias deve a pesquisa científica seguir para promover o bem-estar humano?".[15] Poderíamos acrescentar, quem deve participar

---

14 Questionar a VMC, como o fazem membros do FSM, não significa negar completamente o valor do controle de objetos naturais, mas apenas afirmar que esse valor deve ser subordinado a, ou contrabalançado por outros valores sociais (por exemplo, o empoderamento das comunidades, a integridade cultural, a preservação da biodiversidade). Ver o seguinte comentário, referente ao desejo expresso por Santos de "destruir a hegemonia da ciência moderna sem perder as expectativas que ela gera": "A nova configuração do saber é, assim, a garantia do desejo e o desejo da garantia de que o desenvolvimento tecnológico contribua para o aprofundamento da competência cognitiva e comunicativa e, assim, se transforme num saber prático e nos ajude a dar sentido e autenticidade à nossa existência" (CPM, p. 46).

15 Acredito que as E_M permanecerão incluídas nesse domínio, e até mesmo que continuem, apropriadamente, a ocupar um lugar especial (cf. SVF, cap. 10; Lacey, 2001a). Uma razão para isso é que estratégias como as E_{AE} utilizam resultados de pesquisa conduzida segundo as E_M de muitas formas indispensáveis. Tais estratégias não devem ser vistas como alternativas completas às E_M, mas sim como conjuntos entrelaçados de abordagens locais, cada uma das quais recorrendo aos resultados das E_M sempre que isso for conveniente. Cada uma delas também restringe a validade de alegações decorrentes da exclusividade atribuída às E_M. Não sei que formas tomarão as possíveis respostas à minha pergunta, tal como reformulada. Só a investiguei em detalhe com relação à ciência agrícola, chegando à conclusão de que uma multiplicidade de estratégias é essencial (cap. 6, 7 a seguir; Lacey, 2003a). Estou convencido de que o mesmo vale para outros campos. Mas pode acontecer que em algum deles — por exemplo, na física subatômica — a pesquisa segundo as E_M seja suficiente; nesse terreno certamente não tenho especulações alternativas a propor.

da pesquisa em cada um dos três momentos de tomada de decisões? Que tipos de instituições científicas são necessárias para que ela se desenvolva de maneira eficiente? Respostas a tais perguntas levarão a uma nova maneira de estruturar a atividade científica. Para concluir este capítulo, proponho quatro teses que esboçam os traços dessa nova maneira. (Não tenho a pretensão de haver apresentado aqui argumentos conclusivos; mas apenas indicações que requerem muito mais desenvolvimento.) Minhas sugestões são feitas no espírito das propostas apresentadas na parte final de *DC*: "todo o conhecimento científico-natural é científico-social (p. 37); todo o conhecimento é local e total (p. 46); todo o conhecimento é autoconhecimento (p. 50); todo o conhecimento científico visa constituir-se em senso comum (p. 55)". O leitor poderá decidir se minhas teses qualificam, esclarecem, desenvolvem ou contestam as de Boaventura de Sousa Santos em *DC*.

3.1 A RECIPROCIDADE ENTRE
A CIÊNCIA NATURAL E AS CIÊNCIAS SOCIAIS

A pergunta "como deve a ciência ser conduzida para promover o bem-estar humano?" não pode ser respondida *a priori*. A resposta exige investigação sistemática e empírica que cabe em parte às ciências sociais. Isso porque uma dimensão fundamental do bem-estar humano é o exercício cultivado e efetivo da capacidade de agir. Tal exercício ocorre quando uma pessoa age, com relação a aspectos importantes de sua vida, guiada por suas convicções, de modo a satisfazer regularmente os desejos, que são expressões de uma ampla gama de valores por ela sustentados. Portanto, para responder a pergunta é necessário entender a gama de valores (pessoais, morais, sociais) que as pessoas aspiram manifestar em suas vidas, suas variantes culturais, de classe e devidas a outros fatores, bem como os projetos que elas desenvolveram (ou aspiram desenvolver) com o objetivo de promover o exercício de sua capacidade de agir.[16] Não se pode determinar a gama de estratégias necessárias na pesquisa científica a fim de fomentar o bemestar humano, de obter "um conhecimento prudente para uma vida decente" (DC, p. 37), sem realizar esse tipo de investigação social. As instituições da ciência reestruturada precisarão lidar com as complexas interações entre as ciências naturais e sociais (cf. CPM, p. 69 ss.). Apenas recorrendo a investigações da ciência social se descobrirá o âmbito das perspectivas de valor que enquadram concepções do bem-estar adotadas nas várias regiões do mundo. Tais investigações ajudarão identificar os limites da *neutralidade* da pesquisa realizada segundo as E_M, e segundo qualquer outra estratégia que possa ser desenvolvida. Identificarão também as perspectivas de valor interessadas nas possibilidades (por exemplo, as da emancipação das estruturas sociais dominantes) cuja exploração exige estratégias alternativas. Uma vez identificadas, pode-se explorar o conjunto de estratégias desejáveis, à luz de minha pergunta, para orientar a pesquisa em contextos sociais da atualidade. A realização da pesquisa, entretanto, requer condições materiais e sociais amplas e, com frequência, dispendiosas, de modo que pode não ser possível realizar pesquisas na extensão desejável segundo todas as estratégias. Portanto, a escolha de estratégias a serem adotadas e o estabelecimento de prioridades entre elas devem ser fruto de deliberação e implementação democráticas (CPM, p. 86).[17] (Para a política emanci-

16 Na nota 12, mencionei os pressupostos da VMC, argumentando que toda perspectiva de valor tem pressupostos de natureza *grosso modo* factual (cf. *SVF*, cap. 2; Lacey, 2002a). A investigação em ciência social à qual me refiro aqui deve também avaliar os dados em que tais pressupostos se apoiam, inclusive os das perspectivas de valor dos movimentos emancipatórios. Nem todas as perspectivas de valor articuladas pelas pessoas merecem ser levadas a sério; este é o caso das que se baseiam em pressupostos falsos.

17 Certamente, nada há na perícia cultivada por cientistas profissionais, seja qual for a estratégia, que os prepare especificamente para fazer tais escolhas.

A CIÊNCIA E O BEM-ESTAR HUMANO...

patória, é importantíssimo tratar da questão de como as tomadas de decisão democráticas podem ser realizadas de maneira confiável e eficaz. Ao mesmo tempo, os desenvolvimentos e aplicações das ciências naturais intervêm na ordem social, abrindo novas possibilidades para a vida humana, reordenando prioridades e, às vezes, revisando perspectivas de valor e atribuindo, assim, novas tarefas às ciências sociais.

Tese 1. Há uma unidade profunda entre as ciências naturais e as ciências sociais, baseada na sua reciprocidade.

Há também outras dimensões na interação entre os dois tipos de ciência (cf. *VAC*, cap. 7). Quando a VMC e, portanto, a interpretação da Seção 1 não são contestadas, é comum o desenvolvimento das ciências sociais, especialmente da psicologia (Lacey, 2001b) segundo versões das E_M, de modo que as categorias próprias das ciências naturais (relativas a leis etc.) desenvolvidas segundo as E_M penetram nas ciências sociais – com a justificativa de que essa é a maneira de tornar tais ciências verdadeiramente científicas. Como mencionei (na nota 15), penso que as E_M irão manter uma posição importante na ciência reestruturada, e que as pesquisas realizadas de acordo com elas manterão, como deve ser, uma relativa autonomia, que exclui a introdução das categorias próprias das ciências humanas.[18] Mas as E_M distinguem-se por dissociar os fenômenos e possibilidades que eles permitem de qualquer vínculo com as experiências de vida, os valores e o lugar social. Não há razão para afirmar, como sublinhei com o exemplo das sementes, que todas as possibilidades dos fenômenos sejam identificadas quando se impõem tais dissociações.

---

18 A decisão democrática aplica-se ao estabelecimento de prioridades e à alocação de recursos em M_1, e é obviamente relevante de diversas maneiras em M_3, mas não se aplica no momento em que as teorias são aceitas. A manutenção da *imparcialidade* em M_2 é da maior importância, seja qual for a estratégia segundo a qual a teoria foi desenvolvida.

Hugh Lacey

Além disso, a mesma possibilidade, identificada com as categorias abstratas das E_M, pode ser idêntica a uma possibilidade caracterizada com a utilização de categorias sociais. Por exemplo, as sementes produzidas por técnicas da engenharia genética (que podem ser descritas segundo as E_M) são simultaneamente mercadorias, de modo que, se quisermos conhecer o âmbito total de consequências do uso dessas sementes, devemos investigar seus efeitos enquanto mercadorias (entidades sociais), além de seus efeitos enquanto entidades biológicas (cf. Lacey, 2001a, 2003a). Pode-se planejar alternativas às E_M, como as E_{AE}, para evitar tais dissociações, buscando identificar as possibilidades de objetos naturais em relação a seus contextos ecológicos e sociais. Em tais estratégias, as categorias usuais das ciências naturais e sociais entrelaçam-se de maneiras que não possibilitam separar o natural (biológico) do social. São casos em que, em vez de reciprocidade, temos uma interpenetração radical.

3.2 Teses adicionais

Tese 2. Qualquer item de conhecimento científico é produzido e confirmado segundo uma estratégia específica que pode ter sido adotada por suas relações mutuamente reforçadoras com certos valores, mas, se tiver sido corretamente confirmado, a consistência com ele é uma exigência (racional) universal.

Essa é uma decorrência direta do modelo de atividade científica exposto na Seção 2. Todas as estratégias têm um alcance "local" ou "limitado"; nenhuma pode pretender encapsular todas as possibilidades dos fenômenos. A obtenção de um entendimento abrangente dos fenômenos requer o cultivo de uma multiplicidade de estratégias, sendo cada uma (em princípio) capaz de identifi-

A CIÊNCIA E O BEM-ESTAR HUMANO...

car uma classe particular de possibilidades cujo interesse talvez derive da valorização do fato de algumas dessas possibilidades serem realizáveis na prática tecnológica. Uma estratégia pode incorporar categorias de conhecimentos locais e tradicionais de uma cultura e, assim, qualquer conhecimento obtido a partir dela consistirá em um prolongamento da tradição. Uma boa parte dos conhecimentos obtidos segundo as E_{AE} são desse tipo (cf. Altieri, 1998). Ou pode ter relações mutuamente reforçadoras com valores (da VMC) vinculados a forças de alcance "global"; porém alcance global não é o mesmo que aceitação universal. Em qualquer caso, o conhecimento só pode ser obtido quando as teorias são aceitas de acordo com a *imparcialidade*.[19] Embora seja irracional agir deliberadamente em contradição com conhecimentos confirmados de acordo com a *imparcialidade*, ou rejeitá-los simplesmente por não sustentarmos os valores ligados à estratégia segundo a qual se fez a investigação, não é todavia obrigatório, racionalmente, o engajamento em práticas informadas por tais conhecimentos. Como vimos, a *imparcialidade* não implica a *neutralidade;* juízos positivos do valor cognitivo de uma proposição são coerentes com juízos negativos a respeito de ações por ela informadas.

Tese 3. Teorias científicas são produzidas e confirmadas no decorrer de atividade intencional, e os limites do conhecimento expresso em uma teoria dependem dos objetivos dos agentes engajados na atividade. Assim, o entendimento de um cientista a respeito de tais limites é favorecido por um autoconhecimento sólido.

19 Santos afirma, aparentemente em sentido crítico: "um conhecimento objetivo, fatual e rigoroso não tolerava a interferência dos valores humanos ou religiosos" (*DC*, p. 50). Da maneira como interpreto essa afirmação, ela não significa a negação das alegações de universalidade referentes a teorias aceitas de acordo com a *imparcialidade,* mas uma crítica à limitação do domínio do que é aceito de acordo com a *imparcialidade* ao que se pode estabelecer segundo as E_M.

Argumentei que os cientistas com frequência se enganam a respeito de sua atividade, identificando incorretamente a pesquisa realizada segundo as E_M com a pesquisa científica *per se*. O autoconhecimento – a consciência dos objetivos das atividades em que se está engajado, e de por que eles foram adotados – é um bom antídoto para a tendência de identificar equivocadamente o conhecimento "local" obtido segundo as E_M com o conhecimento de valor social universal.

Tese 4. A atividade científica deve (e pode) visar a promoção do bem-estar humano; seus resultados afetam profundamente a vida de todos e, portanto, ela deve ser realizada sob orientação e vigilância democráticas.

3.3 CONCLUSÃO

Cabe ainda uma observação final. Santos descreve seu objetivo em *DC* como uma tentativa de discernir, com o rico arsenal de métodos sociológicos e históricos a seu dispor, os contornos da nova e emergente maneira de estruturar a ciência (ou, em suas palavras, o *paradigma emergente*). Minha abordagem complementa a de Santos (e pode ser aprofundada no prosseguimento do diálogo com a sua): argumentei, com base no meu modelo da atividade científica (cf. Seção 2), desenvolvido na filosofia da ciência, pela necessidade do engajamento em pesquisa segundo uma multiplicidade de estratégias. Minhas quatro teses explicitaram algumas das implicações de levar-se a sério a ideia de múltiplas estratégias. Acredito ser isso indispensável para a reestruturação das atividades científicas, de modo que elas se realizem tendo em vista a promoção do bem-estar humano (cf. *CPM*, p. 44). É também indispensável que a ciência mantenha seu antigo ideal da *neutralidade aplicada* (distinta da *neutralidade* circunscrita pelo consenso em relação a VMC, sustentada pela interpretação da ciência exposta na Seção 1). Os interesses da *neutralidade* genuína e da emancipação humana podem ter uma feliz coexistência apoiando-se mutuamente.

Parte 2

Transgênicos e alternativas agrícolas

CAPÍTULO 4

Culturas transgênicas:
a estrutura da controvérsia

O desenvolvimento e o uso cada vez mais difundido de transgênicos (TGs) dão origem a questões éticas e sociais importantes,
não apenas sobre o futuro da agricultura, mas também sobre a
natureza e a maneira mais apropriada de conduzir a pesquisa científica. Na controvérsia sobre TGs, um amplo espectro de opiniões,
ligadas a diferentes interesses, entra em confronto. Enquanto valores e modos de vida fundamentalmente opostos estiverem na
base dessa controvérsia, muito do que está em disputa envolve
pontos de vista que estão amplamente abertos à investigação
empírica, por exemplo, sobre riscos do uso dos TGs e sobre o potencial produtivo de métodos agrícolas alternativos. Frequentemente, entretanto, tais pontos de vista são confrontados não com
base nos resultados de investigações empíricas independentes e
sistemáticas, mas em função do papel que exercem em legitimar
os interesses de seus defensores. A consequência é que a discussão tende a degenerar em choques ideológicos e, ocasionalmente, em confrontação pública, às vezes até violenta. Quando isso
acontece, a controvérsia torna-se um jogo (ou guerra) com ven-
cedores e derrotados, em vez de um diálogo aberto, baseado em
argumentação racional e investigação empírica.

O diálogo racional requer, em primeira instância, que cada
interlocutor esclareça sua posição e entenda a dos seus oponentes. Na Parte 1 deste livro, desenvolvi uma análise geral da interação entre a pesquisa científica e os valores éticos e sociais que
nos ajuda a interpretar a estrutura da controvérsia − de modo
que o primeiro requisito para o diálogo racional é satisfeito.

Quando a estrutura da controvérsia sobre os TGs for esclarecida, estaremos mais preparados para discutir se existe a possibilidade de reconciliação, para identificar quais são os tópicos em disputa que podem ser dirigidos à pesquisa científica (e a que tipo de pesquisa), e levantar questões sobre as formas de agricultura que devem ser apoiadas em uma sociedade democrática.

1 SUPOSIÇÕES-CHAVE DOS ARGUMENTOS *pró* E *contra* A IMPLEMENTAÇÃO IMEDIATA DOS TRANSGÊNICOS

Minha proposta é identificar as suposições que desempenham papéis-chave em argumentos *pró* e *contra* a legitimação (e a importância) do desenvolvimento, implementação e utilização intensiva, ampla e imediata de TGs em práticas agrícolas. O argumento *contra* que considero é provisório, desde que se reconheça a necessidade de realizar mais pesquisa empírica, antes da tomada de uma posição definitiva, compatível com uma possível aceitação da legitimidade do uso de pelo menos alguns TGs em determinadas circunstâncias, e com o uso de algumas técnicas biotecnológicas – de análise genômica, por exemplo – como um processo auxiliar na seleção de sementes para criar novas variedades de culturas. Mais importante, o argumento enfatiza as alternativas que não usam TGs (por exemplo, a agroecologia) e a necessidade urgente e prioritária de investigar rigorosamente seu potencial produtivo. É compatível também com a continuação, mas não a prioridade, da pesquisa e do desenvolvimento dos TGs, e, talvez, com seu uso no momento em pequena escala para enfrentar dificuldades específicas que até agora não têm outra solução. Reconheço, naturalmente, que existem outros argumentos *contra* com conclusões mais radicais e, também, outros argumentos *pró* com conclusões mais modestas – por exemplo, o argumento baseado no direito de um produtor de escolher os mé-

CULTURAS TRANSGÊNICAS: A ESTRUTURA DA CONTROVÉRSIA

todos transgênicos se quiser. Esses outros argumentos merecem mais discussão; entretanto, a meu ver a lógica básica da controvérsia pode ser dsicernida nos argumentos que considero. O argumento *pró* normalmente reivindica o apoio da autoridade científica. Existem algumas versões dele, com diferentes ênfases, oriundas dos representantes do agronegócio multinacional, das instituições internacionais de pesquisa com interesses supostamente "humanitários" ligadas ao CGIAR (Grupo Consultor para a Pesquisa Agrícola Internacional), de governos e jornais que apoiam políticas neoliberais, e de muitos biólogos moleculares e organizações científicas. O argumento *contra* que considero encontra-se principalmente no pensamento associado a movimentos de pequenos produtores e trabalhadores rurais pobres, como os que participam do Fórum Mundial Social, destacando a importância de métodos alternativos de produção agrícola, tais como a agroecologia, e que, no Brasil, lutam pela reforma agrária (cf. cap. 7). Minha formulação do argumento foi significativamente influenciada por discussões com vários agrônomos brasileiros adeptos de métodos que utilizam (e protegem) a extraordinária biodiversidade encontrada no Brasil.

Apresento a seguir dois conjuntos de suposições conflitantes: para cada suposição *pró* enuncio uma *contra*.

1 *Tecnociência como fonte de soluções para os grandes problemas do mundo*

P1 Desenvolvimentos tecnocientíficos são a fonte primordial para solucionar os maiores problemas mundiais, como a fome e a desnutrição, e para melhorias nas práticas agrícolas.

C1 Tais problemas não podem ser resolvidos sem uma transformação fundamental nos modos dominantes de produção e distribuição de bens na atualidade; o papel da

133

tecnociência (e de outras formas do conhecimento científico) em fornecer soluções está subordinado a isso.

2 Estratégias para a pesquisa agronômica

P2 Os desenvolvimentos de TGs – como desenvolvimentos da biotecnologia médica, das comunicações, das ciências da informação e de outras tecnociências – são informados por casos exemplares do conhecimento científico "moderno", isto é, conhecimento obtido em pesquisas feitas segundo versões das estratégias materialistas.

C2 O tipo de conhecimento obtido segundo estratégias materialistas é incompleto e não pode englobar as possibilidades, por exemplo, de agroecossistemas sustentáveis, nem os possíveis efeitos do uso de TGs sobre o ambiente, as pessoas e a organização social; para investigar tais questões, é necessário adotar outras estratégias.[1]

3 Benefícios do uso de transgênicos

P3 São grandes os benefícios do uso de TGs na atualidade e eles aumentarão muito com avanços futuros, entre os quais há promessas, por exemplo, de safras transgênicas com qualidades nutritivas maiores[2] que podem ser cultivadas em países pobres em desenvolvimento, de modo que os TGs terão papel relevante na solução dos problemas da fome e da desnutrição. À medida que tais promessas se

---

1 A noção de "estratégia materialista" é introduzida no cap. 1, e mais desenvolvida no cap. 11. A controvérsia expressa em P2 e C2 é o tema central do cap. 2, seção 4.

2 Ver a discussão sobre o arroz dourado no cap. 9.

realizarem, os benefícios dos TGs espalhar-se-ão equitativamente de modo a servirem (em princípio) aos interesses e à melhoria das práticas agrícolas, quaisquer que sejam os valores dos grupos que as utilizam.

C3 Os benefícios que se alegam atualmente para o uso de TGs refletem os valores sociais do agronegócio, de grandes proprietários rurais e outros beneficiários do mercado globalizado e, ademais, são relativamente poucas e confinadas, em grande medida, a esses setores, não se estendendo a pequenos agricultores do mundo em desenvolvimento (nem a agricultores orgânicos das sociedades industriais avançadas); além disso, as promessas que se fazem a respeito dos benefícios futuros não são confiáveis, em parte porque os desenvolvimentos transgênicos refletem interesses do sistema de mercado globalizado, justamente o sistema em que persiste a pobreza, causadora fundamental da fome e da desnutrição.

4 *Riscos do desenvolvimento e uso de transgênicos*[3]

P4 Os TGs atualmente colhidos, processados e consumidos, bem como os previstos para o futuro, não ocasionam nenhum risco previsível à saúde humana ou ao ambiente — de seriedade, magnitude e probabilidade de ocorrência suficientes para neutralizar o valor dos benefícios, e que não possa ser monitorado e controlado por regulamentos adequados.

C4 Esse pressuposto relativo aos riscos não está bem comprovado cientificamente e, o que é mais importante, os maiores riscos talvez não sejam os que, mediados por

3 Mais detalhes no cap. 10.

Hugh Lacey

mecanismos biológicos, afetam a saúde humana e o ambiente, mas sim os ocasionados pelo contexto socioeconômico da pesquisa e do desenvolvimento de TGs e mecanismos correlatos, tais como a concessão de direitos de propriedade intelectual às sementes transgênicas.

5 *Formas alternativas ("melhores") de agricultura*

P5 Não há alternativas para substituir a tendência predominante à utilização de TGs que não incorram em riscos inaceitáveis (por exemplo, não produzir comida suficiente para alimentar e nutrir a população mundial), e que possam levar a maiores benefícios quanto à produtividade, sustentabilidade e satisfação das necessidades humanas.

C5 Podem ser, e estão sendo desenvolvidos métodos agroecológicos (e outros métodos alternativos) que proporcionam safras altamente produtivas e relativamente livres de riscos, e promovem agroecossistemas sustentáveis, utilizando e protegendo a biodiversidade, e contribuindo para a emancipação social de comunidades pobres; além disso, os dados indicam fortemente que tais métodos são especialmente propícios para garantir que populações rurais de países pobres sejam bem alimentadas, sem o que os padrões atuais de fome e desnutrição tenderão a continuar.[4]

Como vimos, cada uma das argumentações visa legitimar uma forma de agricultura: a argumentação *pró*, os usos já difundidos dos TGs, bem como novos usos, tão cedo quanto possível; a argumentação *contra*, uma ênfase crescente na agroecologia (e outras abordagens com objetivos semelhantes). Ao falar em *legitimação*,

---

4 A argumentação a favor de C5 será exposta nos capítulos 7-10.

136

entramos no domínio dos valores. A controvérsia não é sobre a *eficácia* dos TGs atualmente em uso — que funcionam de acordo com as alegações de seus "inventores": as plantas provenientes das sementes *Roundup Ready*, por exemplo, são de fato resistentes ao herbicida *Roundup*. Embora as questões de *eficácia*, neste sentido, estejam situadas no campo de autoridade da biologia molecular e da engenharia genética, a *eficácia* não é a mesma coisa que a *eficiência*, a qual diz respeito à *legitimação*.

2 O PAPEL DOS VALORES SOCIAIS NA CONTROVÉRSIA

As duas argumentações e as diferentes formas de agricultura, que elas representam, tendem a associar-se a perspectivas de valor fundamentalmente diferentes.

A argumentação *pró* liga-se a valores que integram as instituições e práticas atuais do mercado global (e também a concepções de desenvolvimento econômico baseadas no conceito de *modernização*), tais como, por exemplo, o individualismo, a propriedade privada e os lucros, o mercado, a exportação, a iniciativa privada, a mercantilização, a liberdade individual e a eficiência econômica, as leis que favorecem o capital em detrimento do desenvolvimento de inovações socioeconômicas, a democracia eleitoral formal, a primazia de direitos civis e políticos. A argumentação *contra* liga- -se aos valores da sustentabilidade ambiental, da manutenção da biodiversidade, da cautela no trato dos riscos à saúde, e também — especialmente por causa do fato de que os métodos agroecológicos têm continuidade com os tradicionais, baseados no conhecimento tradicional local —, aos valores da "participação popular", defendidos no Fórum Mundial Social. Tais valores, em resumo e em contraste, item por item, com a lista acima, são os seguintes: a solidariedade em equilíbrio com a autonomia individual, os bens sociais, o bem-estar de todos, a emancipação humana, o fortalecimento da pluralidade e da diversidade dos valores, a prioridade elevada atribuída aos direitos dos pobres e às suas iniciativas, a democracia enriquecida com mecanismos participativos, e um equilíbrio apropriado dos direitos civis e políticos com os direitos econômicos, sociais e culturais (cf. cap. 7).

A argumentação *pró* também está baseada em um conjunto de valores sociais, que denomino *a valorização moderna do controle* (cf. cap. 1, 11). Esses valores referem-se a *maneiras especificamente modernas de valorizar o controle dos objetos naturais*, dizem respeito à extensão do controle, sua centralidade na vida cotidiana, sem serem sistematicamente subordinados a outros valores éticos e sociais. Assim, por exemplo, o tipo de ruptura ecológica e social, causada por muitas inovações tecnocientíficas, é visto simplesmente como "o preço do progresso". Eles envolvem também o senso profundo de que o controle é a postura humana principal em relação aos objetos naturais; de modo que se valoriza intensamente a expansão de tecnologias avançadas a cada vez mais esferas da vida, e como a maneira de resolver cada vez mais problemas, inclusive os problemas de saúde e ambientais ocasionados pelas próprias inovações tecnológicas. Naturalmente, aqueles que endossam os argumentos *contra* valorizam o controle nas práticas agrícolas, onde a produtividade é um dos objetivos principais. Mas, para eles, o controle é subordinado aos valores da sustentabilidade ambiental, da preservação da biodiversidade e do fortalecimento da comunidade, da emancipação social, e da participação popular (cf. cap. 2, seção 4).

Os valores são parte integrante da controvérsia sobre os TGs, e as duas argumentações ligam-se, respectivamente, a visões éticas radicalmente diferentes e incompatíveis. Alguns dos pressupostos dos próprios argumentos refletem diretamente os vários valores. Por exemplo, P1 reflete a valorização moderna do controle e a concepção segundo a qual a ciência, voltada para os desenvolvimentos de TGs (P2 e C2). tem um caráter exemplar é reforçada pelo sucesso das aplicações tecnocientíficas em promover a incorporação social profunda da valorização moderna do controle. Nesse nível, pode parecer que a controvérsia não é passível de resolução racional, e que a oposição aos TGs não passa de resistência ao progresso tecnocientífico e econômico, e às tendências do mundo contemporâneo (cf. Lacey, 2005, cap. 10, 11).

3 O PAPEL DA INVESTIGAÇÃO EMPÍRICA NA CONTROVÉRSIA

Tal aparência, entretanto, resulta de não se levar em conta que problemas sujeitos à investigação empírica estão envolvidos pelo menos nos itens 4 e 5. A visão ética não basta para legitimar uma ou outra posição no uso de TGs, independentemente de quais das alternativas em 4 e 5 são verdadeiras. Além disso, sugiro que nesses itens e na pesquisa que pode ser empreendida a respeito deles encontra-se a possível chave para resolver a controvérsia. Pode-se identificar tipos de tal pesquisa cujos resultados seriam relevantes para ambos os lados? Diversas dificuldades são encontradas aqui.

Os Pressupostos P4 e P5 podem ser parafraseados nos seguintes termos: "Não há riscos (...)" e "Não há alternativa (...)". A própria forma gramatical e lógica dessas proposições cria dificuldades para a formulação de projetos de pesquisa apropriados. Isso porque a evidência a favor delas corresponde à falta de evidência contra elas: a carência de provas da existência de riscos e de alternativas. Mas tal carência fornece apoio empírico para as proposições apenas se *a pesquisa adequada e suficiente* for realizada.

Não há riscos

Consideremos P4. Os defensores afirmam e os críticos negam que a pesquisa adequada e suficiente já tenha sido realizada. O que vem a ser "suficiente" e a quem cabe o ônus da prova? Isso depende de quão sérias são os consequências éticas envolvidas, e de quanto tempo se pode esperar até que venham à tona os riscos potenciais. Dado os valores que endossam, os críticos esperam, com razão, que padrões mais elevados de testes sejam usados para avaliar as propostas, enquanto os defensores atribuem o ônus da prova aos críticos – um ônus que pode ser impossível de assumir tendo em vista a maneira como a pesquisa científica é institucionalizada, uma vez que a maioria das pesquisas sobre TGs é controlada pelo agronegócio. Dessa forma, os críticos e os defensores subscrevem respectivamente "o princípio de precaução" e o "princípio da equivalência substancial" entre os TGs e as culturas convencionais.[5] O confronto parece inevitável.

Os críticos, porém, questionam não só a *suficiência* dos dados disponíveis para comprovar P4, mas também a sua *adequação*. Isso porque a análise de risco feita de acordo com os regulamentos usados em muitos países e apoiada pelas organizações inter-

---

5 A ideia básica do *princípio de precaução* pode ser expressa assim: é legítimo para um país proibir o uso ou a importação de uma tecnologia (e seus produtos) com o objetivo de ganhar tempo para investigar os riscos, mesmo não havendo indicação científica definitiva de sua existência. O princípio de precaução atribui o ônus da prova ao produtor de nova tecnologia, a quem cabe demonstrar a inexistência de riscos significativos em seu uso. Para uma excelente discussão dos pormenores, justificativas e implicações do princípio, ver Cezar e Abrantes (2003). O *princípio de equivalência substancial* – simplificando um pouco – propõe que as proteínas produzidas por plantas transgênicas (por exemplo, a soja) são as mesmas (têm a mesma composição química) que as produzidas por plantas convencionais e que, portanto, as culturas transgênicas são *prima facie* tão seguras quanto as convencionais. O uso de métodos transgênicos deve ser considerado tão legítimo quanto o de métodos tradicionais, pelo menos até que seja apresentada prova explícita em contrário. Para discussões detalhadas, ver Millstone *et al.* (2002), Schauzu (2000), Lewontin (2001). Mariconda & Ramos (2003) questionam a ideia de "equivalência" envolvida.

nacionais de comércio considera apenas os riscos potenciais decorrentes de mecanismos biológicos, e não os ligados a fatores socioeconômicos (de acordo com o privilégio concedido à pesquisa empreendida segundo as estratégias materialistas em P2).[6] Nessa perspectiva, as sementes transgênicas são consideradas apenas na qualidade de *objetos biológicos* e não como *mercadorias*, evitando assim a consideração de uma fonte importante de riscos – por exemplo, riscos de longo prazo decorrentes da plantação de monoculturas, da poluição genética de outras propriedades que poderia solapar as condições para as formas de lavoura orgânica e ameaçar a manutenção dos grandes centros de biodiversidade onde se encontram as variedades criolas (*landraces*) das culturas agrícolas essenciais para a alimentação da população mundial, da exclusão do pequeno produtor, da monopolização da produção dos alimentos, do fortalecimento do sistema socioeconômico que sustenta a desigualdade e, portanto, a pobreza, com suas consequências, tais como a fome e a desnutrição. A comprovação de P4, depende não só de mais pesquisa (do mesmo tipo empreendido na análise de riscos), mas também de pesquisas realizadas segundo estratégias que não dissociam as práticas agrícolas do contexto social, como acontece com as realizadas de acordo com as estratégias materialistas (cf. cap. 10).

Curiosamente, grande parte da controvérsia pública sobre os TGs tende a incidir principalmente sobre P4 – como se fosse pressuposto por quase todos que a comprovação científica, demonstrando que o uso adequadamente regulamentado dos transgênicos é suficientemente livre de riscos, estabelecesse sua legitimação (cf. cap. 7). Entretanto, não se pode separar as evidências *pró* e *contra* P4 das *pró* e *contra* P5. De fato, P5 é a suposição mais fun-

---

6 Uma discussão geral bastante útil a respeito de formas "padrão" de avaliação de riscos pode ser encontrada em Shrader-Frechette (1985). NRC (2002) descreve claramente os tipos de avaliação de risco aplicados às culturas transgênicas.

damental. Se evidências mostrarem convincentemente não haver outra maneira de alimentar o mundo, então, com certeza, algum grau de efeitos colaterais danosos do uso de TGs deverá ser tolerado. Inversamente, se a evidência vier a estabelecer o potencial produtivo de alternativas ao uso de TGs, o apelo a P_4 não seria suficiente para legitimar o desenvolvimento, implementação imediata e difusão ampla de TGs em práticas agrícolas tão cedo quanto possível, e a ênfase exclusiva ou privilegiada nos TGs na pesquisa agronômica. No máximo – e esta não é uma conclusão trivial – ela pode contribuir para a legitimação dos métodos transgênicos como uma opção, entre outras, a ser escolhida pelos agricultores (cf. Thompson, 1997).

Não há alternativa

O teste de P_5 apresenta algumas dificuldades. A mesma pesquisa dirigida às possibilidades técnicas dos TGs não pode chegar a uma conclusão sobre a P_5, porque testá-la também requer considerar as alegações feitas em C_5 sobre a agroecologia. Esse gênero de teste não pode ser executado com o tipo de pesquisa que utiliza só as estratégias materialistas, isto é, pesquisa que pretende representar fenômenos e suas possibilidades em termos do poder gerativo da estrutura, processo, interação e lei, dissociados das dimensões ecológicas, humanas e sociais. Isso porque a agroecologia (e a agricultura orgânica) apresenta-se como uma alternativa informada por um tipo de conhecimento científico obtido por meio de um empreendimento empírico sistemático que não faz tais abstrações – a agroecologia investiga agroecossistemas com o fim de melhorar simultaneamente a produtividade, a integridade ecológica, a preservação e utilização da biodiversidade, e o fortalecimento de pequenos produtores e comunidades rurais e os seus valores culturais (cf. cap. 2, seção 4). Testar P_5

requer, consequentemente, que a pesquisa científica não seja limitada pelo que é considerado exemplar em P2. São necessários tipos diferentes de investigação científica para que o potencial da agroecologia seja empiricamente estimado – pesquisa conduzida segundo uma variedade de *estratégias*, incluindo as agroecológicas, assim como as estratégias segundo as quais se realizam pesquisas para obter conhecimento das estruturas subjacentes e das leis que regem os fenômenos (Parte 1).

Os pressupostos feitos em C5 constituem a chave para um argumento forte *contra* a legitimação do desenvolvimento, implementação e difusão ampla dos TGs em práticas agrícolas imediatamente. Talvez a longo prazo os TGs venham a ter um papel importante ao lado de outros métodos, mas – no momento – não há necessidade de utilizá-los. Outras abordagens são mais promissoras, envolvem muito menos riscos, e requerem condições socioeconômicas que tendem a contribuir para satisfazer as necessidades das populações rurais de países pobres. São abordagens que tentam eliminar as causas fundamentais dos problemas da pobreza e da fome em vez de propor uma "solução" tecnocientífica para *um* aspecto dos problemas, sem consideração das suas causas socioeconômicas e, portanto, sem o entendimento necessário para saber se uma proposta tecnocientífica inovadora (por exemplo, o arroz dourado) pode contribuir para resolver os problemas fundamentais (cf. cap. 7, 9).

EVIDÊNCIAS A FAVOR DA PROMESSA
DE ALTERNATIVAS AGRÍCOLAS

Acredito ser muito interessante o fato de que os adeptos dos TGs geralmente não tentam refutar C5 e, assim, não oferecem evidências empíricas a favor de P5. Embora às vezes admitam um papel subordinado (ou mesmo complementar) para as alterna-

Hugh Lacey

tivas, eles parecem em geral pressupor que a única abordagem alternativa relevante é a agricultura "convencional" que usa muitos insumos químicos e tóxicos. (Claro, no contexto dessa pressuposição, a questão do risco é a mais importante.) Eles simplesmente pressupõem que P_5 está bem comprovada, sem apresentar uma crítica empírica dos limites das alternativas. A meu ver P_1 representa uma mentalidade, ligada à sustentação da valorização moderna do controle, que causa a aceitação acrítica de P_2, e assim dificulta o reconhecimento da possibilidade da pesquisa científica empreendida segundo uma pluralidade de estratégias. Essa mentalidade faz com que a C_5, em vez de investigada empiricamente, seja desconsiderada, ou condescendentemente rejeitada, como se os métodos agroecológicos fossem relíquias do passado (cf. McGloughlin, 2000), e incapazes de melhoramento por meio de pesquisa científica. Entretanto, é essencial na postura científica que proposições sobre os fenômenos sejam aceitas apenas à luz da investigação empírica adequada e rigorosa. Para aceitar P_5, é necessário refutar as evidências apresentadas a favor de C_5.

No mínimo, os dados disponíveis hoje em dia sustentam a promessa das alternativas agrícolas. Mencionarei só alguns exemplos. (1) Miguel Altieri (em muitos escritos) fornece inúmeros casos de sucesso da agroecologia.[7] (2) Altair Machado e os seus colegas, no Rio de Janeiro, utilizaram os métodos de melhoramento participativo de culturas (*participatory plant breeding*) para criar variedades de milho tolerantes aos solos deficientes em nitrogênio – com a colaboração de pequenos produtores que selecionam e cultivam as novas variedades (cf. Machado & Fernandes, 2001). (3) Uma investigação realizada na China sobre lavouras de arroz demonstrou que "uma abordagem ecológica simples do controle de doenças pode ser utilizada eficazmente e em grande es-

---

7 No cap. 3, encontram-se numerosas referências aos trabalhos de Altieri. Ver especialmente Altieri, 1995, 1998.

cala para obter controles ambientalmente corretos de pragas", sem perda de produtividade (em comparação com as monoculturas centradas no uso intensivo de produtos agroquímicos) (cf. Zhu, *et al.*, 2000). (4) As pesquisas de David Tilman demonstram que métodos de produção consistentes com a integridade ecológica não são inferiores em produtividade em comparação com os métodos "convencionais" (cf. Tilman, 1998, 2000). A suposição C_5 tem fortes raízes empíricas. À luz desses e muitos outros exemplos, especialmente relevantes em um país como o Brasil que possui uma biodiversidade extraordinária (cf. Guerra *et al.*, 1998a; 1998b), há uma necessidade urgente de que sejam feitas mais pesquisas científicas para investigar o potencial produtivo de formas alternativas de agricultura e os seus limites. Caso contrário, a comprovação ou refutação de P_5 fica fora do âmbito da investigação científica. Acho que o maior risco do projeto de desenvolvimento e de implementação imediata e ampla dos TGs em práticas agrícolas agora é o de manter a desconsideração ou a marginalização das pesquisas sobre os métodos agrícolas alternativos e, consequentemente, de enfraquecer e impedir o desenvolvimento da agroecologia (e de outras abordagens), sem as quais é provável que a fome e a desnutrição em regiões rurais pobres continuem fora de controle.

4 ÉTICA E FILOSOFIA DA CIÊNCIA

As disputas de valores que estão em jogo na controvérsia sobre os TGs não se reduzem às diferenças de opinião que poderiam ser resolvidas definitivamente por investigação empírica. Não obstante, as perguntas sobre a legitimidade da utilização intensiva e muito difundida de TGs agora repousam sobre propostas conflitantes (P_5 e C_5) que estão abertas à pesquisa científica – mas pesquisa que precisa ser empreendida segundo uma variedade de estratégias. Embora a necessidade de uma multiplicidade de estratégias na pesquisa científica não seja sempre aceita, ela é indispensável para testar as alegações de P_5 e C_5 — assim como acordos que concedam papéis tanto para os TGs quanto para a agroecologia, que hoje precisam ser examinados com seriedade à luz das incertezas atuais sobre a magnitude do potencial produtivo da agroecologia, e sobre os riscos da utilização de TGs.

Por essa razão afirmei no início que a controvérsia sobre TGs levanta questionamentos sobre a natureza e o modo apropriado de empreender a pesquisa científica. Aqui, a ética e a filosofia da ciência estão profundamente atreladas. Aqueles que adotam os valores da "participação popular" (cf. seção 2, acima) têm interesse em desenvolver pesquisas empreendidas sob estratégias agroecológicas (cf. cap. 4). Espero ter deixado claro que tais valores éticos não são os únicos motivos de interesse em tal pesquisa. A própria ciência tem interesse, porque é fundamental para seus objetivos que nenhuma proposição sobre o mundo — incluindo as que têm a forma "Não há (...)" — seja aceita sob a autoridade da ciência, a menos que seja submetida com sucesso a testes empíricos rigorosos (cf. cap. 12, seção 2.1). A ciência tem esse interesse, mesmo se as circunstâncias necessárias para satisfazê-lo (por exemplo, apoiar a agroecologia em desenvolvimento) estejam em tensão com a pressão de políticas e projetos neoliberais, e mesmo que essa pressão seja considerada efetivamente irresistível.

Variações sobre "Não há alternativa"

No início deste capítulo observei que os adeptos dos TGs em geral afirmam que a autoridade da ciência está a seu lado — que os críticos são, de algum modo, "anticientíficos"; e muitos cientistas e organizações científicas endossam tais afirmações. Por isso tentei, como parte de minha interpretação da controvérsia, caracterizar a postura genuinamente científica frente a ela. É claro que os TGs são produto da pesquisa tecnocientífica, mas as questões de legitimação não podem ser resolvidas apenas com base em pesquisas tecnocientíficas. De acordo com minha argumentação, a postura genuinamente científica requer a investigação empírica (sistemática e rigorosa) das Suposições P_5 e C_5, rejeitando a desconsideração de C_5 e a aceitação prematura de P_5 – e, portanto, em contraste com a retórica dos adeptos dos TGs, apoia C_5 *provisoriamente* (enquanto se esperam resultados de mais pesquisas sobre as possibilidades das abordagens agrícolas alternativas). A autoridade genuína da ciência não apoia *agora* a urgência no desenvolvimento e na implementação imediata e ampla de TGs em práticas agrícolas. A meu ver, para dar ênfase a essa conclusão é importante divulgar os resultados das pesquisas sobre a produtividade das alternativas já discutidas – e sempre fazer referência a eles na discussão pública dos TGs. Os críticos dos TGs não devem temer os resultados da pesquisa científica.

Neste contexto, é bom lembrar que os TGs foram introduzidos em práticas agrícolas, aproximadamente há dez anos, não em resposta a um resultado científico do tipo P_5 bem comprovado, mas em função dos interesses do agronegócio. Apesar da retórica científica de que a argumentação *pró* TGs está impregnada, talvez seja a sustentação dos valores do capital e do mercado que explica (e, para os defensores, justifica) sua confiança na legitimação do desenvolvimento, e da implementação e difusão ampla dos TGs imediatamente. Talvez a retórica científica (quer conscientemente, quer não) sirva para ocultar essa motivação. Talvez a chave para muitos dos defensores dos TGs não seja P_5, mas sim:

P_5a Não há alternativas – *dentro das tendências do sistema socioeconômico baseado no capital e no mercado* – que possam ser adotadas para substituir a tendência predominante da utilização de TGs, sem incorrer em riscos inaceitáveis (por exemplo, não produzir comida suficiente para alimentar e nutrir a população mundial), e que possam levar a maiores benefícios quanto à produtividade, sustentabilidade e satisfação de necessidades humanas; e *não há alternativas (com possibilidade genuína de realização) fora dessas tendências* – uma vez que ela tende a solapar as condições necessárias para a manutenção e o desenvolvimento das alternativas.

Retoricamente P5a é muito poderosa. É apresentada como a suposição "realista", e caracteriza as alternativas como fora da trajetória do mundo atual e, assim, sem a possibilidade de desempenhar qualquer papel na sociedade do futuro, e como merecedoras de desconsideração, sendo motivadas apenas por resistência fútil e "irresponsável" ao "progresso," cuja dinâmica, no momento histórico atual, reflete os movimentos do capital e os interesses do mercado, que não permitem (ou toleram) resistência alguma. Isso contribui para explicar porque é tão difícil envolver os defensores dos TGs na investigação empírica de P4 e P5 no que se refere às relações socioeconômicas. É difícil dialogar sobre P5a, que representa uma faceta fundamental do autoentendimento do projeto neoliberal, mantido (em parte) não só pela incorporação profunda dos valores neoliberais nas instituições contemporâneas, mas pelo uso do seu poder econômico e político na tentativa, sempre renovada, de controlar os espaços socioeconômicos do mundo. O papel da P5a contribui para explicar também por que muitos cientistas, que adotam uma posição crítica em relação aos usos atuais dos TGs introduzidos pelas empresas do agronegócio, focalizam a questão: "como os TGs podem ser desenvolvidos e utilizados para servir os interesses dos pequenos produtores pobres?" e não a questão mais geral: "como a pesquisa agrícola pode ser conduzida, e segundo qual variedade de estratégias, para melhor servir os interesses desses produtores?" (cf. cap. 4). Eles pressupõem a importância dos TGs *no início*, e não como a conclusão de pesquisas que dão margem (em princípio) a um conjunto mais amplo de respostas. Não obstante, P5a é passível de investigação empírica. Quanto a isso, vou limitar-me a dizer que a refutação da última cláusula de P5a dependeria (em parte) da possibilidade de criar espaços para o desenvolvimento das alternativas dentro do sistema predominante do mercado, e que isso não pode acontecer sem a investigação empírica de possibilidades supostamente não realizáveis dentro da trajetória prevalecente, possibilidades que poderiam ser identificadas por meio de pesquisa focalizada na segunda questão do parágrafo anterior (cf. Lacey, 2002).

Nas discussões sobre os TGs que ocorrem no Brasil, ouvem-se outras variações cuja plausibilidade depende da aceitação de P5a (cf. Araujo, 2001a, 2001b). Uma delas afirma taxativamente já ser um *fato estabelecido* que os TGs têm um papel indispensável nas práticas agrícolas, tanto assim que não haveria possibilidade de mudança de direção, que esperanças de alternativas refletem apenas nostalgia em relação aos costumes de outrora. "Não há volta ao passado", dizem eles – como se esta fosse a proposta dos defensores de C5. Podemos formular essa alegação assim:

P5b Não há formas alternativas de agricultura que possam ser adotadas no lugar das baseadas no uso dos TGs sem ocasionar riscos inaceitáveis (por exemplo, de que não se possa produzir comida suficiente para alimentar e nutrir a crescente população mundial), e em relação às quais haja uma expectativa razoável de que resultem em maiores benefícios quanto à produtividade, sustentabilidade e satisfação das necessidades humanas, *pois é um fato estabelecido, sem possibilidade de reversão, que os TGs tornaram-se um com-*

ponente fundamental das práticas agrícolas mais avançadas; a alegada promessa das alternativas propostas reflete apenas um desejo pouco realista de volta ao passado (ou uma extrapolação indevida de formas de agricultura de pequena escala).

Uma segunda variação enfatiza o papel importante das exportações de produtos agrícolas para a economia brasileira.

P5c Não há formas alternativas de agricultura — *isentas de riscos inaceitáveis como o de não serem capazes de manter e aumentar a produtividade das culturas essenciais para a economia brasileira de exportação* — que possam ser adotadas no lugar das baseadas no uso dos TGs sem ocasionar riscos inaceitáveis (por exemplo, de que não se possa produzir comida suficiente para alimentar e nutrir a crescente população mundial), e em relação às quais haja uma expectativa razoável de que resultem em maiores benefícios quanto à produtividade, sustentabilidade e satisfação das necessidades humanas.

Tenho me perguntado quais seriam as evidências que justificariam P5c, uma vez que a produtividade da soja convencional no Brasil tornou-se mais alta que a da soja (a maior parte transgênica) nos Estados Unidos, que as exportações continuam a crescer com rapidez, e que o grande mercado europeu dá preferência a produtos não transgênicos. Talvez haja uma percepção, possivelmente baseada em P5a, de que é apenas uma questão de tempo até que mudem as preferências europeias, e a discriminação do mercado volte-se contra os produtos não transgênicos. Tal percepção também pode estar baseada em P3; reportagens de jornal parecem indicar que um grande número de agricultores no Rio Grande do Sul espera lucros elevados de suas culturas de soja feitas com sementes contrabandeadas da Argentina. Pode também haver uma percepção de que é inevitável que as práticas agrícolas do futuro venham a ser informadas pelos últimos desenvolvimentos da tecnociência. Assim, em paralelo com P5a, e recorrendo ao papel que as inovações tecnocientíficas desempenham no fortalecimento do sistema do capital e do mercado:

P5d Não há formas alternativas de agricultura – *informadas por desenvolvimentos recentes (e futuros) da tecnociência –* que possam ser adotadas no lugar das baseadas no uso dos TGs sem ocasionar riscos inaceitáveis (por exemplo, de que não se possa produzir comida suficiente para alimentar e nutrir a crescente população mundial), e em relação às quais haja uma expectativa razoável de que resultem em maiores benefícios quanto à produtividade, sustentabilidade e satisfação das necessidades humanas; *e apenas práticas agrícolas informadas pela tecnociência permanecerão viáveis no futuro (exceto em pequenos nichos especiais).*

P5d é reforçado por mais uma variação, que sustenta ser a liberação dos TGs para uso dos agricultores necessária para o fortalecimento da pesquisa científica brasileira.

P5e Não há formas alternativas de agricultura – isentas de riscos inaceitáveis tal como o de criar barreiras para o desenvolvimento da ciência (da pesquisa e desenvolvimento da tecnociência) no país – que possam ser adotadas no lugar das baseadas no uso dos TGs sem ocasionar riscos inaceitáveis (por exemplo, de que não se possa produzir comida suficiente para alimentar e nutrir a crescente população mundial), e em relação às quais haja uma expectativa razoável de que resultem em maiores benefícios quanto à produtividade, sustentabilidade e satisfação das necessidades humanas.

Afirma-se com frequência que as principais instituições científicas, e as responsáveis por seu financiamento (CNPq, FAPESP, MCT), decidiram dar prioridade à pesquisa biotecnológica (tanto na agricultura quanto na medicina) por duas razões inter-relacionadas: (i) nessa área de pesquisa, o Brasil pode ser competitivo internacionalmente; com apoio prioritário, a pesquisa de ponta pode ser fortalecida. (ii) A pesquisa biotecnológica gerará descobertas patenteáveis; a obtenção de patentes resultará em uma redução dos preços dos produtos agrícolas no país e, o que é mais importante, permitirá o desenvolvimento de tecnologia transgênica especialmente apropriada para as condições do país, diminuindo a dependência de instituições estrangeiras, contribuindo dessa forma para a economia brasileira. Para que isso aconteça, é necessário que haja uma conexão estreita entre a pesquisa científica e a aplicação tecnológica. A liberação dos TGs para uso imediato pelos agricultores serve esses dois interesses – o científico e o econômico – que estão moldando as formas atuais de desenvolvimento no Brasil. Nesse contexto, é natural interpretar C_5, bem como outras expressões de oposição à liberação imediata do uso dos TGs, como contrárias ao desenvolvimento da ciência brasileira. Mas tal posição só pode defendida com base em P_2 ou em P_5a.

CAPÍTULO 5

Perspectivas éticas sobre
o uso de transgênicos na agricultura

O uso de organismos geneticamente modificados (TGs) na agricultura – assim como ocorre com a introdução de qualquer nova tecnologia – suscita inevitavelmente questões éticas. Os TGs são utilizados porque empresas, agricultores e consumidores esperam beneficiar-se de algumas das inovações presentes neles: por exemplo, safras resistentes a herbicidas comerciais ou tomates mais saborosos.

No entanto, a eficácia de uma dada tecnologia e os benefícios que dela se esperam não são suficientes para legitimar eticamente seu uso disseminado. Legitimar requer também – em primeiro lugar – que os TGs não causem riscos sérios à saúde humana, ao meio ambiente, às relações sociais, às instituições democráticas e à integridade cultural. Em segundo lugar, que não excluam alternativas agrícolas que prometam benefícios mais amplos para a nação como um todo.

Os defensores do uso de TGs na agricultura são a favor da legitimação, insistindo que o desenvolvimento e as várias utilizações de TGs respondem a um estímulo ético. Para defender esse ponto de vista, eles apontam para os benefícios reais e prometidos. Ao mesmo tempo em que reconhecem serem os benefícios dos TGs atualmente em uso relativamente modestos – menor uso de pesticidas, maiores lucros para os agricultores etc. –, eles acrescentam que os TGs poderão contribuir para a solução de problemas que afetam áreas empobrecidas do planeta, alegando, com base em futuros desenvolvimentos, que os TGs irão causar danos menos significativos ao meio ambiente, e irão aumentar e tornar

153

mais eficiente a produção e a distribuição de comida, sendo que este argumento também valeria para as safras – como as do famoso "arroz dourado" – que serão dotadas de nutrientes essenciais. Os defensores da legitimação afirmam que, a menos que essas promessas sejam cumpridas, não haverá como alimentar a população mundial nas próximas décadas. Além disso, ainda segundo esse grupo, não há evidências científicas de que os TGs – tanto aqueles que estão atualmente em uso quanto aqueles que estão por vir – ocasionem qualquer risco à saúde humana ou ao meio ambiente que não possa ser controlado adequadamente por meio de uma regulamentação bem estabelecida.

A partir da defesa desse ponto de vista – ou seja, o da ausência de riscos –, eles alegam que tanto os agricultores têm o direito de optar pelo uso dos TGs quanto as empresas de comercializá-los. E, com base na falta de meios alternativos para alimentar o mundo, eles defendem que os TGs deveriam tornar-se uma consideração prioritária das políticas públicas de agricultura em todos os países.

Os críticos, no entanto, contestam cada um desses pontos a favor da legitimação. Eles negam, por exemplo, que a ausência de riscos sérios e incontroláveis já tenha sido estabelecida de modo apropriado pela pesquisa científica. Mas nem sempre reconhecem que essa negação está diretamente relacionada com a alegação de que há alternativas melhores – por exemplo, a agroecologia – tanto para produzir comida que sustente toda a população quanto para atacar o problema da pobreza. "Melhor", obviamente, é uma palavra com teor ético, e deve ser empregada em um cenário em que há comprometimento com certos valores.

Para os críticos da legitimação, as alternativas são melhores por contribuírem simultaneamente para o fortalecimento de valores como a produtividade, a sustentabilidade, a preservação e manutenção da biodiversidade, a integridade cultural e o fortalecimento de comunidades locais. Esses valores – defendidos no

Fórum Social Mundial – conflitam com outros, como os da propriedade e do mercado, que dão apoio às alegações dos defensores, de que os TGs prometem grandes benefícios. As controvérsias sobre os TGs são marcadas pela polarização a respeito dos valores. E isso tem impacto sobre os desentendimentos relativos aos riscos e às possibilidades alternativas.

JUÍZO DE VALOR

Se há alternativas satisfatórias ao uso dos TGs, então os riscos ganham um novo aspecto; caso contrário, com certeza riscos maiores devem ser eticamente tolerados. Onde os valores do mercado predominam, haverá pouco interesse nas possibilidades alternativas, e a importância da pesquisa que poderia demonstrar a produtividade potencial dessas alternativas estará comprometida.

Em contraste, onde os valores (não comerciais) dos críticos predominam, os esforços de pesquisa relacionados às alternativas agrícolas – como a agroecologia – serão priorizados. Além do mais, o enfraquecimento dos valores não comerciais e das práticas agrícolas que incorporam esses valores – bem como a posterior desvalorização da vida dos mais pobres – serão considerados riscos que precisam ser investigados. Assim, os mecanismos de riscos potenciais considerados para investigação irão incluir não apenas aqueles relativos à área biológica – os do tipo pressuposto nas avaliações de risco usuais –, mas também aqueles que dizem respeito a questões socioeconômicas ligadas ao controle empresarial da maioria dos TGs, e aos direitos patrimoniais de propriedade intelectual relativos às sementes.

Isso reflete que todas as questões que apresentaremos a seguir – e também questões afins relativas ao potencial produtivo das técnicas agrícolas alternativas – implicam juízos de valor: o que é um risco sério? Quais são os mecanismos de risco? Qual é o período de tempo apropriado para investigar os riscos? Quais são as evidências-padrão para julgar que um risco não controlável está presente? Quando se pode afirmar que evidências suficientes foram obtidas? Quem deve assumir o ônus da prova? Não há respostas "científicas" neutras para essas questões. Dependendo de quais valores (comerciais ou não comerciais) são adotados, as respostas serão diferentes. Isso não significa que a pesquisa "científica" seja irrelevante para responder tais perguntas. Significa apenas que, seja qual for a pesquisa científica conduzida sobre os riscos, isso, de alguma forma, já pressupõe respostas para essas questões. E, desse modo, ela não pode resolver questões relativas à legitimação.

A polarização aparente pode ser aqui confrontada – a meu ver – pelo reconhecimento de que há relações dialéticas entre (a) os resultados da pesquisa empírica sobre os riscos e as alternativas; (b) os padrões de evidência que devem ser utilizados para sustentar esses resultados; (c) os valores implicados na percepção de quais sejam os benefícios, e do que pode estar em risco.

Embora juízos de valor não possam ser derivados de resultados científicos, estes, algumas vezes, fornecem fortes evidências de que certos valores não podem ser mais amplamente incorporados e podem levar a repensar os juízos de valor.

Por outro lado, juízos de valor podem motivar a pesquisa científica a priorizar algumas questões mais que outras, ou seja, em vez de questões sobre as possibilidades relativas aos TGs, a questão, por exemplo, de como a extraordinária biodiversidade do Brasil pode ser usada para desenvolver safras que sejam, ao mesmo tempo, mais produtivas e autossustentáveis do ponto de vista ecológico.

Três questões

Chega-se assim a três conclusões:

(1) Uma reflexão clara sobre a legitimação do uso de TGs requer entender a interação crucial entre os domínios da ciência e da ética.

(2) Há uma necessidade urgente de que sejam feitas mais pesquisas científicas – que deixam em aberto se há ou não papéis legítimos para os TGs – sobre o potencial produtivo de formas alternativas de agricultura, a fim de que os possíveis riscos relacionados ao uso de TGs possam, de modo legítimo, ser considerados somente no caso de alternativas menos arriscadas ou mais valiosas não estarem disponíveis. De modo mais geral, juízos éticos bem fundamentados sobre os TGs deveriam responder à questão: como podemos produzir safras de modo que todos os habitantes de uma dada região de produção ganhem acesso à uma dieta bem equilibrada em um contexto que eleva o bem-estar local, incrementa a biodiversidade, preserva o meio ambiente e ampara a justiça social?

(3) Embora o viés científico seja essencial para avaliar a legitimação do uso de TGs, as questões éticas envolvidas vão muito além da competência específica da biologia molecular e da engenharia genética. Consequentemente, uma política pública sobre esses temas deveria ser determinada não por comissões dominadas por cientistas envolvidos na pesquisa e no desenvolvimento de TGs, mas sim por grupos que reúnam tanto a competência científica quanto a diversidade da perspectiva de valores da sociedade como um todo.

CAPÍTULO 6

As sementes e o conhecimento que elas incorporam

Na consciência moderna avultam as conquistas e promessas da ciência, assim como os ampliados poderes humanos de exercer controle resultantes dos desenvolvimentos científicos. Embora a ciência e as novas tecnologias provoquem medo e apreensão em algumas pessoas, para a maioria no mundo contemporâneo seu valor foi profundamente internalizado. Assim, uma ampla legitimidade foi atribuída à pesquisa e aos desenvolvimentos de novas possibilidades tecnológicas, e há uma tendência a aceitar como pressuposto – não sem oposição – que o futuro será, e mesmo deverá ser, em grande parte moldado em resposta a eles. As sementes transgênicas (TGs) e outros "avanços" biotecnológicos estão entre os mais recentes e mais visíveis de tais desenvolvimentos.

Para seus defensores, as sementes TGs representam o futuro da agricultura; elas são também testemunho do engenho e providência do empreendimento científico. Um manual muito usado tem por título: "Tecnologia do DNA: a espantosa habilidade". Esse é um bom resumo da situação. Criticar a biotecnologia parece beirar a blasfêmia, uma oposição ao desdobrar-se do futuro e à própria ciência. Busca-se com frequência a legitimação do desenvolvimento e emprego de sementes TGs na autoridade e prestígio da ciência; e com isso espera-se silenciar todos os críticos. Contrariando essa postura, vou argumentar que a ciência não autoriza tal legitimação, e não coloca barreiras à exploração de formas alternativas de agricultura que estejam mais em sintonia com a luta por justiça social.

159

A sementes TGs contêm genes, tirados de organismos de diferentes espécies, inseridos diretamente em seus próprios materiais genéticos, com a finalidade de gerar plantas com as específicas qualidades "desejadas", tais como capacidades de resistir a inseticidas. Para seus criadores, as sementes TGs incorporam conhecimento científico; trazem a marca da ciência. Elas também trazem a marca da economia política da "globalização", uma vez que seu desenvolvimento tem sido visto tanto como um objetivo da economia neoliberal global quanto como um meio de fortalecer suas estruturas. Tais marcas gêmeas emprestam uma aura de inevitabilidade à "revolução" agrícola prometida com o advento das sementes TGs: a ciência definiu a rota, a economia global fornece as estruturas para sua efetiva implementação. Assim, não é surpresa que as plantações com sementes TGs (milho, soja e outras culturas) tenham tido um crescimento explosivo nos últimos anos. Não há outro caminho, os defensores insistem, nenhuma outra maneira de fornecer o necessário para alimentar a crescente população mundial nas próximas décadas.[1] Devem os críticos silenciar?

Os críticos são de vários tipos. Alguns rejeitam cabalmente ou mostram-se apreensivos diante da "intrusão na natureza" exem-

---

1 Destacados porta-vozes do agronegócio, tais como Robert Shapiro, presidente executivo da Monsanto, tendem a recomendar a rápida transformação da agricultura na direção de uma substancial dependência de culturas TGs (ver as observações de Shapiro em Specter, 2000). Outros, inclusive os associados às organizações filiadas ao CGIAR (*Consultive Group on International Agricultural Research*), alegam mais modestamente que as sementes TGs têm um papel importante a desempenhar na agricultura do futuro (cf. Serageldin, 1999; Persey & Lantin, 2000; Nuffield Foundation, 1999; McCloughlin, 2000). O CGIAR tende a ser crítico de muitos desenvolvimentos de sementes TGs realizados pelo agronegócio, considerando-os impulsionados pelo motivo do lucro, em vez de pelas necessidades de comunidades agrícolas pobres – tendo por objetivo o aumento nas vendas de pesticidas específicos ou a conquista de maior controle do mercado, em vez de aumento na produtividade de culturas especialmente em solos inferiores e alimentos saudáveis. Ironicamente, porta-vozes do agronegócio referem-se com frequência à pesquisa patrocinada pelo CGIAR, que tem pouco potencial de lucro a curto prazo, para sustentar que o desenvolvimento de sementes TGs serve a fins humanitários.

plificada pelas sementes TGs (cf. Prince of Wales, 1998). Outros exigem medidas de precaução à luz dos riscos ambientais e para a saúde, da inadequação dos procedimentos de avaliação de riscos, de questões de escolha dos consumidores e rotulagem de produtos TGs, de ameaças à biodiversidade, perigos de controle do suprimento de alimentos pelas grandes empresas, e o solapamento potencial das condições necessárias para a agricultura orgânica (cf. Risler & Mellon, 1996; Lappé & Bailey, 1998). Alguns criticam o uso corrente de sementes TGs por visar principalmente o lucro empresarial, embora apoiem a pesquisa e desenvolvimento que tem por objetivo ajudar os povos dos países empobrecidos, por exemplo, produzindo arroz mais rico em vitamina (cf. Nuffield Foundation, 1999; Serageldin, 1999). Alguns pensam que os riscos envolvidos constituem razão para que se abandone todo o empreendimento. Ainda outros questionam o projeto de globalização, e estão envolvidos tanto na pesquisa quanto na luta política para tornar viáveis estratégias alternativas de agricultura (cf. Altieri & Rosset, 1999a, 1999b; Kloppenburg, 1991; Shiva, 1993).

São poucas as concessões dos defensores. Eles reconhecem riscos, naturalmente, mas sustentam que os riscos reais podem ser administrados e regulamentados. Com o apoio da *U.S. Food and Drug Administration*, eles também alegam não haver evidência científica concreta de que os produtos TGs atualmente no mercado constituam riscos maiores que os produtos da agricultura convencional. Confiantes nos resultados e promessas da ciência, e encorajados por seus sucessos anteriores, eles não se deixam abalar por apelos para que se proceda com especial cautela. Além disso, não concedem aos críticos a posição de superioridade moral. Bem ao contrário, replicam que o uso de sementes TGs permite alta produtividade combinada com um atitude amigável em relação ao meio ambiente, e, como já mencionado, insistem que é necessário alimentar a humanidade (cf. Specter, 2000). Dessa perspectiva, quaisquer riscos ocasionados pelo uso de sementes TGs desaparece na insignificância em comparação com as consequências de sua não-utilização; é aos críticos que falta a devida preocupação moral (cf. McGloughlin, 2000). Muita coisa depende da alegação de que "não há outra maneira" de alimentar a humanidade. A legitimidade de ir adiante rápida e imediatamente com o emprego de sementes TGs, sem tomar medidas de precaução especiais, pressupõe sua veracidade. Será que ela é verdadeira? Se não, quais são as alternativas? É apoiada por evidências científicas? Ou é apenas um reflexo de quem está seguramente dominado pela atitude moderna ante a ciência, com sua fé nela e na tecnologia avançada para resolver todos os problemas? Ou, talvez, seja o código para "esta é a maneira de proceder dentro das estruturas da globalização", cuja progressiva consolidação é considerada inevitável e não deixando nada de fora (cf. *VAC*, cap. 8), e para um reconhecimento oculto de que essas estruturas, através de mecanismos tais como a concessão seletiva de direitos de propriedade intelectual (DPI), tende a solapar as alternativas (cf. Lewontin, 1998)?

As sementes TGs não podem ser produzidas sem a modificação de sementes selecionadas pelos agricultores (sementes SA), ou sementes derivadas originalmente de sementes SA, selecionadas para uso na agricultura convencional. Sua própria existência pressupõe o desenvolvimento anterior destas (cf. Kloppenburg, 1988). Contudo, as proteções dos DPI podem ser concedidas a sementes TGs mas não a sementes SA. Na falta de tais proteções, as sementes SA são consideradas parte do patrimônio comum da humanidade, e podem ser (sob os predominantes acordos internacionais e leis em vigor) legalmente apropriadas à vontade sem consulta ou compensação aos agricultores que as selecionaram (cf. Kloppenburg, 1987). Quando as sementes SA são apropriadas, os críticos falam de "biopirataria" e detectam injustiça: os que desenvolvem as sementes TGs apropriam-se livremente das sementes SA, mas o agricultor não tem livre acesso às sementes TGs.

AS SEMENTES E O CONHECIMENTO QUE ELAS INCORPORAM

Não apenas o agronegócio (através de seus pesquisadores), mas também gerações de agricultores contribuem para a produção de sementes TGs mas, graças aos DPI, quem lucra são principalmente o agronegócio e seus clientes. Quaisquer lucros deste tipo pressupõem a livre apropriação das sementes SA. Mais ainda, as condições em que são realizados tendem a facilitar a substituição das sementes SA pelas TGs.[2] A biopirataria envolve não apenas a exploração dos agricultores que produzem as sementes sem as quais a sementes TGs não poderiam existir, mas também, no fim, sua exclusão do próprio uso dessas sementes (cf. Shiva, 2000, 2001). A biopirataria e o regime dos DPI são profundamente interligados. O desenvolvimento e utilização das sementes TGs depende de ambos.

Quais diferenças entre sementes TGs e SA podem justificar a norma de que àquelas, mas não a estas, sejam concedidas as proteções dos DPI? *Uma* das diferenças apontadas consiste em que as sementes TGs, mas não as SA, incorporam conhecimento *científico*. Em virtude disso, elas podem satisfazer os critérios-padrão para conseguir uma patente – novidade, inventividade, utilidade/ aplicação industrial, e fornecimento de instruções suficientes para estar de acordo com a condição de "suficiência de revelação" – e assim tornar-se *propriedade intelectual*. Desta perspectiva é pura demagogia e sentimentalismo chamar de biopirataria a livre apropriação e possível substituição de sementes SA. O prestígio da ciência é dessa forma mobilizado contra o uso de

2 O caso extremo de biopirataria ocorre quando um órgão estrangeiro consegue patentes para pequenas variantes de produtos disponíveis há séculos em países "subdesenvolvidos" e que são bem compreendidos dentro de sistemas de conhecimento local – por exemplo, produtos da árvore *neem* na Índia (Shiva, 2001, p. 121-6) e o arroz basmati (Shiva, 2000a, p. 84-6). Uma decisão judicial recente revogou a patente concedida ao Departamento de Agricultura dos Estados Unidos e a W. R.Grace Corporation para um produto de *neem* pela razão de que não estava envolvido passo inventivo algum (*The Times of India News Service*, 12 de maio de 2000). Sobre o papel da biopirataria em certas áreas de pesquisa médica e a indústria farmacêutica, ver Alier, 2000.

163

um termo moralmente tão carregado. Apenas a propriedade pode ser pirateada, e as sementes SA não são propriedade intelectual. Além disso, de acordo com seus defensores, o desenvolvimento de sementes TGs beneficia a todos – pois "não há outro meio de alimentar a humanidade".

Será verdade que, primeiro, as sementes TGs mas *não* as SA incorporam conhecimento científico; e segundo, que as sementes SA não podem formar a base (ou uma parte importante) da produção necessária para alimentar a humanidade? Respostas afirmativas às duas questões constituiriam um grande avanço na direção de legitimar não apenas a transformação da agricultura para acomodar as sementes TGs, mas também a "biopirataria" e a privilegiada proteção concedida às sementes TGs pelos DPI.

Ao tratar dessas questões, estará em jogo a pergunta "em que consiste a *ciência*?". Considero que a ciência inclui qualquer forma sistemática e empírica de investigação que procura entender os fenômenos do mundo, ou seja, que almeja captar as causas e possibilidades das coisas e fenômenos (cf. *VAC*; *SVF*, cap. 5). Que formas de investigação científica devem ser empreendidas, se desejamos estudar sistemática e empiricamente as possibilidades de alimentar a humanidade no futuro, e testar a alegação de que as culturas TGs são necessárias e amplamente suficientes, e as culturas SA insuficientes (e nem mesmo necessárias em certas localidades), para esse fim (cf. Lacey, 2001a)? Tenha-se em mente a persistência da fome hoje; e que produzir alimento suficiente para alimentar a todos não significa que todos serão alimentados. Sermos todos alimentados depende não apenas da produção de alimento suficiente, mas também de que as pessoas tenham acesso a ele; e, para pessoas não participantes de comunidades agrícolas produtivas, isso significa ter de comprá-lo (cf. Altieri & Rosset, 1999a, 1999b). Observe-se também que a manutenção de alta produtividade a longo prazo depende da preservação da biodiversidade, da saúde humana e ambiental, e da ausência de conflitos sociais violentos (cf. Altieri, 1995). Lembrando tudo isso, pode-se ficar cético quanto à ideia de que as culturas TGs vão permitir que a humanidade seja alimentada. Afinal, elas estão inseridas na mesmas estruturas e representam os mesmos interesses que aceitaram a persistência da fome e da desnutrição apesar de haver produção suficiente para alimentar a todos. Com certeza não há nada na maneira como a ciência biotecnológica é conduzida hoje em dia que possa refrear o ceticismo, pois ela se ocupa primordialmente com a estrutura molecular dos genes, a química de suas expressões, e como estas podem ser modificadas de modo a produzir traços "desejados" nas plantas, atenção sendo dada ao impacto ecológico a longo prazo das culturas (cf. Risler & Mellon, 1996) e (na medida em que é custeada pelo agronegócio) praticamente nenhuma ao impacto social geral. Porém, sem uma investigação sistemática e empírica sobre os impactos ecológico e social a longo prazo, e sobre a possibilidade de alternativas, como poderia a pesquisa científica apoiar a tese de que o desenvolvimento de sementes TGs é o único modo de proceder, ou mesmo que é um modo viável de proceder? Naturalmente, esta questão teria pouca relevância se de fato não houvesse alternativas.

A fim de ter claro o que está envolvido, devem ser consideradas mais duas questões:

(*Maximização*) Como podemos maximizar a produção de uma cultura em condições – uso de fertilizantes, controle de pragas, emprego de água, maquinário, linhagens de sementes etc. – que podem ser amplamente replicadas?

(*Fortalecimento local*) Como podemos produzir culturas de tal modo que todas as pessoas na região de produção tenham acesso a uma dieta bem equilibrada em um contexto que fortalece a ação e o bem-estar locais, sustém a biodiversidade, preserva o ambiente e favorece a justiça social?

Ambas são questões *científicas*; ambas estão abertas à investigação de maneiras empíricas e sistemáticas. São questões diferentes, relacionadas a preocupações morais e sociais diferentes. A primeira enfatiza as quantidades de alimento produzidas, a segunda quem de fato é alimentado e em que condições. Responder a uma delas, e adotar as estratégias necessárias para respondê-la, não é suficiente para responder à outra.

As estratégias biológicas utilizadas para investigar o que pode ser produzido com sementes TGs são apropriadas para a *maximização*. Tais estratégias tentam identificar possibilidades do ponto de vista de sua capacidade de serem geradas a partir de estruturas moleculares subjacentes e processos bioquímicos regidos por leis. Elas abstraem em grande parte a realização de tais possibilidades de sua relações com arranjos sociais, vidas e experiências humanas, as condições sociais e materiais da pesquisa, e o impacto ecológico amplo e de longo prazo – e, dessa forma, de qualquer ligação com valores. Denomino tais estratégias "materialistas". Estratégias materialistas separam a biologia da sociologia, da economia e da ecologia, de tal forma que o *fortalecimento local* não é considerado como pertencendo propriamente ao mesmo domínio de pesquisa que a *maximização*. Quando não é simplesmente ignorado, é discutido nas ciências sociais, depois de terem sido respondidas questões como a da *maximização*.

Existem, entretanto, outras estratégias para a investigação científica, cujos resultados podem informar práticas agrícolas alternativas, especificamente aquelas da *agroecologia*. A pesquisa em agroecologia – embora recorrendo de inúmeras maneiras ao conhecimento das estruturas subjacentes e da química das plantas, solos e insumos da produção agrícola – situa a agricultura integralmente dentro de sua situação ecológica e social, e coloca questões que não envolvem abstrações dela (cf. Altieri, 1995). De acordo com Altieri, um de seus mais notáveis proponentes, ela trata as coisas em relação ao agroecossistema inteiro de que

As sementes e o conhecimento que elas incorporam

são partes constituintes, e preocupa-se simultaneamente com: "[a] manutenção da capacidade produtiva do agroecossistema, a preservação da base de recursos naturais e da biodiversidade, o fortalecimento da organização social e diminuição da pobreza, [e] o empoderamento [*empowerment*] das comunidades locais, manutenção das tradições, e participação popular no processo de desenvolvimento" (Altieri, 1998, p. 56-7).[3] Ela não separa a biologia da sociologia por qualquer razão de princípio. Seu foco primordial são as questões do tipo do *fortalecimento local*; e assim seus resultados variam com a localidade, recorre e desenvolve (em muitos casos) o conhecimento tradicional que informa as práticas de uma cultura, e não restringe os papéis na geração do conhecimento a especialistas, preservando papéis para os próprios agricultores (cf. *VAC*, cap. 6). As sementes SA incorporam variedades de conhecimento agroecológico (cf. Shiva, 1991).

Uma vez que o *fortalecimento local* situa-se fora da perspectiva daqueles que restringem a investigação ao uso de estratégias materialistas, sua pesquisa não pode dizer que as alternativas agrícolas informadas por pesquisa agroecológica são incapazes de fornecer uma parte importante da base necessária para alimentar a humanidade. Desta forma, quando eles alegam que "não há outra maneira", não estão relatando um resultado de sua pesquisa científica, ou mesmo uma hipótese que eles tenham os meios para investigar seriamente. Aparentemente a alegação decorre ou da aceitação acrítica das promessas da ciência praticada com estratégias materialistas, ou do interesse dos agentes e projetos da economia global.

Os defensores das sementes TGs não se deixarão abalar por esse argumento. Como muitos outros que adotam a postura mo-

3 Miguel Altieri é chileno, e atualmente professor no Departamento de *Environmental Science, Policy and Management* da Universidade da Califórnia – Berkeley; coordenador geral do *Development Programme's Sustainable Agriculture Networking and Extension Programme* da ONU; e assessor técnico do *Latin American Consortium on Agroecology and Development*.

derna frente à ciência, eles tendem a identificá-la com o emprego praticamente exclusivo das estratégias materialistas. Em um nível, trata-se apenas de uma questão terminológica. A palavra "ciência" é, na verdade, amplamente utilizada para designar "pesquisa empírica sistemática praticada com estratégias materialistas", o tipo de investigação que leva à expansão de nossa capacidade de exercer controle sobre os objetos naturais. Não tenho objeção alguma neste nível. Tudo o que foi dito pode ser reformulado sem perdas usando "pesquisa empírica sistemática" em vez de "ciência" (cf. *SVF*, cap. 5).

Em um outro nível, entretanto, sustenta-se que a terminologia usual reflete o fato de que o conhecimento adquirido com estratégias materialistas é (em princípio) mais solidamente assentado em evidências empíricas e experimentais, que ele tem credenciais epistêmicas superiores. Isto eu questiono. A pesquisa agroecológica parte de conhecimento adequadamente testado na prática em culturas tradicionais, por exemplo, o conhecimento incorporado em sementes SA, que forneceu a "matéria-prima" para o desenvolvimento de sementes TGs. O fato de que ele carece da "universalidade" do conhecimento materialista, e (com frequência) de sua forma teórica precisamente integrada, não significa que ele seja empiricamente menos bem assentado, mas que é um tipo de conhecimento bastante específico quanto ao local, e capaz de fornecer respostas à questões como a do *fortalecimento local*. Restringir o uso de "ciência" à pesquisa praticada com estratégias materialistas representa, assim, a concessão de um *privilégio* à pesquisa materialista – porém um privilégio não conquistado em bases epistêmicas (cf. Kloppenburg, 1991; Shiva, 1991).

Conceder privilégio ao conhecimento científico adquirido com estratégias materialistas desvia a atenção para longe de formas alternativas de agricultura, informadas por conhecimento científico (sistemático e empírico), que em princípio pode levar a respostas positivas e eficazes para a questão do *fortalecimento*

As SEMENTES E O CONHECIMENTO QUE ELAS INCORPORAM

local em muitas localidades, e que pode até gerar produtividade
localmente aumentada, consistente com a sustentabilidade ecológica e social, a partir de melhoramentos nos métodos com os
quais as sementes SA são coletadas (cf. Lewontin & Berlan, 1990).
Também insinua que temos apenas opinião, não conhecimento
sólido, quando lidamos com a completa e temporalmente exten-
sa série de variáveis ecológicas, humanas e sociais e os efeitos das
práticas agrícolas. Assim, ele solapa ilegitimamente a força da
crítica baseada na investigação agroecológica. Por outro lado, as
estratégias materialistas são de maneira geral adequadas para tratar da *maximização*, e realmente levam à identificação de possibilidades genuínas das culturas TGs. Porém não podem identificar as possibilidades necessárias para tratar do *fortalecimento local*,
e é impossível responder à grande questão da necessidade de desenvolvimento de sementes TGs se nos abstivermos de utilizar
estratégias que levem em conta o *empoderamento local*. A grande
questão pode ser tratada *cientificamente*, por meio de investigação empírica sistemática, mas apenas se permitirmos que a ciência inclua uma variedade de estratégias, das quais a materialista é
apenas uma (embora muito importante). Estratégias de investigação materialistas e agroecológicas estão em princípio no mesmo patamar. Outros autores, influenciados pelo construcionismo
social, tiraram conclusões semelhantes questionando a "objetividade" do conhecimento materialista bem estabelecido; eu as
tiro apontando a "objetividade" do conhecimento agroecológico.
   Tanto as sementes SA quanto as TGs podem ser informadas
pelo conhecimento científico: aquelas pelo conhecimento agroecológico, estas pelo conhecimento materialista. Assim, a concessão de proteções dos DPI às sementes TGs mas não às SA não pode
basear-se na alegação de que aquelas incorporam conhecimento
com credenciais epistêmicas superiores. Mais plausível, em minha opinião, é o inverso: o conhecimento materialista é privilegiado (tido como detentor de maior valor social e talvez, erro-

Hugh Lacey

neamente, maior valor epistêmico), pois na aplicação ele pode ser facilmente incorporado em produtos com valor de mercado, inclusive alguns para os quais se pode obter as proteções dos DPI. O prestígio das estratégias materialistas e o usual estreitamento do significado de "ciência" refletem não credenciais epistêmicas superiores, mas o maior valor social de suas aplicações entre aqueles que dão prioridade a relações de controle sobre os objetos naturais e o valor econômico das coisas.[4]

A concessão das proteções dos DPI às sementes TGs e a "pirataria" com as sementes SA são momentos diferentes do mesmo processo. Se a ciência não fornece uma justificativa para legitimar a atribuição de diferentes estatutos legais para os dois tipos de sementes, é possível que se recorra a outra razão. Sem as proteções dos DPI, o desenvolvimento e utilização de sementes TGs provavelmente encontraria obstáculos intransponíveis. *Dentro da lógica da economia neoliberal global* tal alegação pode ser muito convincente, especialmente na medida em que a pesquisa associada à *maximização* bem pode dar apoio à tese de que apenas com as novas estratégias é possível produzir alimentos adequadamente. Mas para conseguir legitimação *além dos limites desta lógica*, é necessário apelar também para a pressuposição de que "as sementes TGs são necessárias para alimentar a humanidade", para a qual, de novo, não há base científica até agora.[5]

4 Argumentei em outro lugar (cf. *VAC*, cap. 5; *SVF*, cap. 6) que há relações complexas mutuamente reforçadoras entre a pesquisa científica praticada quase exclusivamente de acordo com estratégias materialistas e a valorização do controle sobre os objetos naturais.

5 Fora da lógica da economia neoliberal global, como sugeri, não há base para atribuir um *status* (epistêmico ou legal) diferente para as sementes SA e TGs. Existe, por outro lado, uma séria necessidade para os países do "terceiro mundo" de proteger suas reservas genéticas indígenas. Como fazer isso tem sido objeto de considerável controvérsia (cf. Brush & Stabinsky, 1996; Alier, 2000; *VAC*, cap. 6). Alguns autores sugeriram que os DPI sejam estendidos para os recursos genéticos indígenas, outros propuseram que não sejam concedidas patentes a qualquer material vivo, incluindo sementes TGs, ou várias formas de compensação pelo uso de recursos indígenas. Uma ideia promissora, que apenas recentemente

As sementes e o conhecimento que elas incorporam

O tribunal da ciência permanece aberto às possibilidades de produzir alimento de modo que todos possam ser alimentados nas próximas décadas. A questão pode ser submetida à exploração científica mas apenas, como vimos, se reconhecermos que a ciência contém uma multiplicidade de diferentes tipos de estratégias, incluindo as agroecológicas tanto quanto as materialistas. Tal exploração ainda não foi tentada e, se for, pode validar a pressuposição dos defensores das sementes TGs – mas também pode ser que isso não aconteça; e pode levar à conclusão de que há papéis importantes tanto para as sementes SA quanto para as TGs nas práticas agrícolas que não apenas produzem em quantidade suficiente para alimentar a todos, mas o fazem de maneiras que asseguram que todos sejam adequadamente alimentados e que respondem à questão do *empoderamento local* de forma bem geral.[6] Antes da exploração os críticos não fazem jus a maior certeza que os defensores.

começou a ser explorada, é desenvolver um enquadramento legal para "direitos intelectuais coletivos", de acordo com os quais comunidades de agricultores (e povos indígenas) possam proteger, aperfeiçoar e controlar o uso das reservas genéticas situadas no âmbito de seu conhecimento local (cf. Shiva, 2001, p. 107; Santos, L., 1996).

6 Pode existir bastante espaço para um debate construtivo entre a agroecologia e a pesquisa sobre sementes TGs associada ao CGIAR (cf. McGloughlin, 2000). Ambas as abordagens se propõem a ser sensíveis às necessidades e problemas dos agricultores pobres. Em vez de empoderamento local, entretanto, a pesquisa ligada ao CGIAR tende a preocupar-se com uma questão ligeiramente diferente: como podem os métodos da agrobiotecnologia ser desenvolvidos de tal modo que possam contribuir para satisfazer (por exemplo) as necessidades de produção de alimentos e lidar com a desnutrição crônica em comunidades de agricultores pobres. Ela *pressupõe* que abordagens materialistas na ciência constituem a maior parte da solução dos problemas com os quais se defrontam as comunidades pobres mas, embora reconhecendo a "realidade" do regime dos DPI, rejeita tanto a dominância da pesquisa em biotecnologia pelo agronegócio quanto o mercado enquanto o único acesso a sementes disponível aos agricultores. Assim, o CGIAR conduz pesquisas visando desenvolver sementes TGs que (por exemplo) pode produzir arroz com maior teor de vitamina, ou que pode ser cultivado em solos salinos ou secos, fornecendo dessa forma soluções técnicas para importantes problemas de agricultores pobres ou marginalizados. A agroecologia, em contraste, insiste em que as soluções técnicas propostas não sejam abstraídas dos contextos ecológicos e sociais em suas implementações (cf. Shiva, 1991).

Hugh Lacey

Ao mesmo tempo, os dados empíricos atuais apoiam a afirmação de que responder à *maximização* não é suficiente para responder ao *empoderamento local*; e de que em numerosas localidades em todo o "terceiro mundo" tentativas de tratar do *fortalecimento local* sistemática e resolutamente têm sido promissoras, recorrendo a estratégias agroecológicas com pequena contribuição de tentativas de responder à *maximização* (cf. Altieri, 1995). Uma investigação fidedigna da pressuposição de que "não há outra maneira de alimentar a humanidade" deve levar isso em conta. Ela vai requerer, portanto, que investigações com estratégias agroecológicas sejam desenvolvidas muito mais completamente, e com provisão dos recursos necessários; e eles podem ser desenvolvidos apenas se práticas agroecológicas são intensificadas e ampliadas. O fornecimento de tais recursos, entretanto, entra em conflito com as tendências da própria economia global, cuja lógica favorece a transformação rápida e imediata dos métodos agrícolas na direção do uso de sementes TGs em larga escala. Tal tendência serve para solapar as condições (a disponibilidade de agroecossistemas produtivos e sustentáveis) necessários para a investigação científica de uma pressuposição daquilo que a legitima.

Qualquer autoridade que a ciência legitimamente exerça deriva dos resultados de investigação empírica sistemática. Tal autoridade não apoia nem as distinções legais entre as sementes TGs e SA, nem que os métodos agrícolas que usam as sementes SA não devem ter um papel integral na produção de alimento nas próximas décadas. Talvez o apelo à ciência feito pelos defensores das sementes TGs mascare a falta de um fundamento moralmente convincente para a globalização, ou um esforço para enervar seus críticos, ou uma fé ilimitada nos poderes das estratégias materialistas. Em qualquer caso, os críticos que recorrem à agroecologia não se opõem à ciência estabelecida. Ao contrário, o fortalecimento da agroecologia é necessário para que haja uma investigação científica das possibilidades de alimentar a todos no futuro imediato e no futuro previsível. No conflito sobre as sementes, dois modos de vida fundamentalmente incompatíveis se contrapõem: um enfatizando os agroecossistemas sustentáveis, o outro a primazia do mercado. A ciência (pesquisa empírica sistemática), dada sua multiplicidade de estratégias, pode informar a ambas porém não legitima nenhuma. A oposição ao desenvolvimento e utilização de sementes TGs pode enraizar-se mais solidamente nas práticas da agroecologia. É aí que as energias dos críticos devem ser postas – esta é uma questão de solidariedade, prática agrícola, economia política, estilo de vida e aquisição de conhecimento.[7]

---

7 Este artigo baseia-se na palestra "Biotecnologia ou agroecologia – valores sociais e morais em competição?", ministrada na II Conferência Científica da UFRGS, em 18 de agosto de 2000.

CAPÍTULO 7

Alternativas para a tecnociência e os valores do Fórum Social Mundial

1 COMO CONDUZIR A CIÊNCIA EM VISTA DOS VALORES QUE MOTIVAM O FSM?

Como devemos pensar sobre a ciência e conduzir a pesquisa científica tendo em vista os valores que motivam o Fórum Social Mundial (FSM), os valores de movimentos que estão lutando para construir um mundo voltado para o bem-estar de todos, em vez de um mundo estruturado para servir aos interesses do capital e do mercado?[1]

É preciso tratar dessa questão com rigor e criatividade para que projetos aventados como alternativas aos do liberalismo sejam informados por conhecimentos sólidos; e, como escreveu Marcos Barbosa de Oliveira no resumo deste encontro: "um novo mundo é possível somente com uma nova ciência e uma nova tecnologia". Vou ilustrar esta tese com uma reflexão sobre a controvérsia a respeito do uso de transgênicos na agricultura. A rápida disseminação da agricultura centrada no uso de transgênicos é um componente-chave das práticas e políticas atuais do neolibe-

---

[1] Nos círculos científicos, é normalmente dado por certo que os valores do FSM — ou quaisquer outros valores sociais — não têm nada a ver com a maneira como lidamos com a questão: "como devemos conduzir a pesquisa científica?" ou, pelo menos: "como devemos conduzir a pesquisa na ciência básica?". Os valores sociais, costuma-se dizer, dizem respeito apenas à ciência *aplicada*. A ciência propriamente dita (*ciência básica*) não envolve nenhum valor social particular; ela representa um valor universal e, assim, seus resultados podem ser utilizados a serviço de qualquer interesse, bom ou mau. Tal maneira de pensar pressupõe que o caráter geral da pesquisa científica é unívoco, ou seja, que não há escolhas a fazer sobre os tipos de pesquisa aos quais se dedicar. Eu contesto este pressuposto a seguir, introduzindo a noção de "estratégia" (cf. *VAC*, *SVF*, cap. 6 acima; Oliveira, 1999, 2000; Regner, 2000).

175

ralismo, portanto, não é de surpreender que exista entre os participantes do FSM uma difundida oposição ao cultivo de lavouras transgênicas e às empresas transnacionais de agronegócio, que são seus principais agentes.[2] A oposição está, em grande medida, relacionada com o crescente controle sobre o fornecimento de alimentos por parte de grandes empresas, com o sistema de direitos de propriedade intelectual que o reforça, e com o solapamento dos interesses de comunidades rurais e da manutenção da biodiversidade. A essas questões acrescentam-se as preocupações com possíveis riscos à saúde humana e ao meio ambiente ocasionados pelo uso de determinados transgênicos, associadas à alegação de que a pesquisa sobre eles é inadequada. Tais críticas são importantes, mas em grande parte reativas e, portanto, não atingem a questão central – se devemos ou não adotar abordagens biotecnológicas. Uma crítica decisiva precisa reverter a situação e centrar o interesse em abordagens alternativas para a agricultura informadas por um *conhecimento científico gerado por uma pesquisa de caráter significativamente distinto do envolvido na pesquisa biotecnológica.* Espero deixar isto claro.

2 Outros usos de transgênicos e descobertas sobre genomas de plantas – sem mencionar numerosas pesquisas na biotecnologia – não necessitam e não deveriam estar sujeitas à mesma oposição feita à agricultura centrada no uso de transgênicos. Esta observação aplica-se à utilização (1) de transgênicos para produzir substâncias de uso farmacêutico (insulina em porcos, substâncias para vacinação em bananas) ou para estudar processos fisiológicos básicos (formação de proteínas, processos de desenvolvimento); (2) da genômica como ferramenta no mapeamento de ecossistemas e na verificação da vulnerabilidade de pragas, ou para desenvolver técnicas de biossensores visando à identificação de detritos tóxicos ou poluição de águas; (3) de certas técnicas biotecnológicas (por exemplo, cultura de tecidos) para melhorar a reprodução de plantas possivelmente importantes em agroecossistemas sustentáveis (cf. Guerra et al., 1998a). Alguns usos em pequena escala de lavouras transgênicas também podem ser desejáveis sob determinadas condições específicas. É necessário ter cuidado com a tentação de tornar a agrobiotecnologia, sem ressalvas, o objeto de críticas. Existe algum grau de "neutralidade", que, entretanto, não justifica a seguinte posição: devemos simplesmente continuar dando prioridade à pesquisa biotecnológica, para depois ocuparmo-nos com a identificação de usos desejáveis. Questões de prioridade em relação a outras formas de pesquisa precisam ser discutidas (cf. § 6).

2 A visão moral por trás da introdução de transgênicos

Acredito que seja crucial problematizar – e a seguir enriquecer – a maneira como a pesquisa científica tende a ser caracterizada. Sem isso, não creio que possamos entender e desafiar a genuína atração que os transgênicos representam hoje para muitos agricultores e consumidores. Apesar de (para os críticos) os transgênicos terem se tornado um símbolo dos abusos das grandes empresas e de sua disposição a subordinar a vida humana e os valores democráticos aos interesses do capital, do lucro e da dominação imperialista, mesmo assim (para os defensores), o desenvolvimento de transgênicos deriva de uma visão moral amplamente considerada inevitável pelas elites mundiais ou, no mínimo, dotada de muitos atrativos. É uma visão moral profundamente enraizada no "bom senso" da modernidade, a qual deposita grandes esperanças em "avanços tecnológicos" e, embora fortemente incorporada nas instituições capitalistas, seu apelo de longe as transcende, em parte pela vinculação especial que alega ter com a ciência. Há poucas pessoas, especialmente no que se refere à medicina, que não tenham simpatia alguma por tal visão. Essa é uma razão pela qual é tão difícil pensar com clareza sobre alternativas.

No cerne da visão moral que motiva desenvolvimentos tecnocientíficos como os dos transgênicos encontra-se o comprometimento com um conjunto de valores referentes *especificamente às maneiras modernas de valorizar o controle de objetos naturais* (valorização moderna do controle, VMC). Esses valores dizem respeito ao raio de ação do controle, à sua centralidade no dia a dia, e à sua relativa independência de outros valores morais e sociais, de maneira que, por exemplo, a penetração de tecnologias em um número cada vez maior de esferas da vida e sua transformação em meio de resolver um número cada vez maior de problemas são, em particular, altamente valorizadas, podendo o tipo de perturbação ecológica ou social que isso acarreta ser visto simplesmente como o preço do progresso. A VMC é parte integrante dos conceitos predominantes de "modernização," "desenvolvimento" e "liberdade" – e parte da legitimação do neoliberalismo por vezes oferecida é que ele aprofunda "globalmente" o enraizamento desses valores na sociedade.[3] Desse ponto de vista, o valor dos transgênicos é óbvio. Seus proponentes às vezes vão mais longe, afirmando que o desenvolvimento de transgênicos representa praticamente um valor universal. Ao contestar seus argumentos, as linhas gerais de uma resposta a nossa pergunta começam a emergir: "Como devemos conduzir a ciência à luz dos valores do FSM?".

Podemos considerar que os argumentos a favor do valor universal dos transgênicos decorrem de premissas como as seguintes:

1 A tecnologia, informada pelo conhecimento científico moderno, representa o único instrumento capaz de resolver os grandes problemas do mundo, como a fome e a desnutrição.

2 O desenvolvimento de transgênicos é informado de maneira exemplar pelo conhecimento científico moderno (conhecimento biotecnológico).

3 Esse conhecimento pode ser aplicado, em princípio, de maneira imparcial, para servir aos interesses e melhorar as práticas de grupos defensores de uma grande variedade de perspectivas de valor, incluindo, em princípio, todas as que podem plausivelmente conquistar a adesão de qualquer pessoa hoje em dia.

4 Há grandes benefícios a serem obtidos pelo uso de transgênicos na agricultura *agora*, e eles serão imensamente ampliados *com desenvolvimentos futuros*, que prometem, por

---

3 A noção de VMC encontra-se mais elaborada em *SVF*, cap. 6. Ver também *VAC*, cap. 5; 1999d, 2002a. Sobre a interação da *VMC* com o conceito de "informação", e o uso muito comum deste como metáfora na tecnociência contemporânea, ver Santos, L., 2001.

ALTERNATIVAS PARA A TECNOCIÊNCIA E OS VALORES DO FÓRUM SOCIAL MUNDIAL

exemplo, lavouras transgênicas com qualidades nutritivas superiores passíveis de serem cultivadas com facilidade por agricultores pobres do "terceiro mundo".

5 Os transgênicos plantados, colhidos, processados e consumidos atualmente, bem como no futuro, não ocasionam riscos previsíveis à saúde humana e ao meio ambiente que não possam ser administrados por regulamentos feitos com o devido cuidado.

6 O uso difundido de transgênicos na agricultura é necessário para garantir que a população mundial estimada para as próximas décadas possa ser alimentada e nutrida adequadamente; não há outra maneira informada por conclusões bem estabelecidas de investigações científicas com que possamos contar para produzir o alimento necessário, ou mesmo que possam desempenhar um papel significativo em tal produção.

Não posso discutir todas essas premissas neste artigo, mas gostaria de transmitir um pouco do interesse e alcance da argumentação.[4] Acredito que a Premissa 6 é a mais importante e, portanto, vou concentrar-me nela. Para os proponentes do argumento, ela tende a ser aceita como uma simples "certeza", sendo que raramente são explicitadas as considerações a seu favor. Na verdade, como veremos, os dados empíricos favoráveis estão longe de ser conclusivos. Isso fica claro, entretanto, apenas quando refletimos sobre o caráter dos métodos alternativos de produção agrícola; as credenciais científicas do conhecimento que informa tais métodos são contudo rejeitadas por quem subscreve a Premissa 2 rejeitam as credenciais científicas do conhecimento que

4 Introduzi essas premissas em Lacey (2003a) em uma tentativa de sintetizar uma argumentação substancial a partir de inúmeras (e muitas vezes polêmicas) defesas da introdução e rápida disseminação da agricultura centrada no uso de transgênicos (cf. cap. 9 a seguir; Lacey, 2005, cap. 8, 10).

informa tais métodos. Assim, os que abraçam a concepção de ciência implícita na Premissa 2: ciência limitada a investigações conduzidas segundo "estratégias materialistas" (cf. próxima seção) são incapazes de investigar a Premissa 6 cientificamente, de maneira que, quando recorrem ao prestígio da ciência para justificar seu apoio a ela, tal apoio é ideológico (cf. *SVF*, cap. 8, 10; cap. 6 acima). Dessa forma – se os críticos tiverem razão – a Premissa 6 esconde um dos mais sérios efeitos colaterais da introdução rápida de uma agricultura centrada nos transgênicos, a saber, o solapamento das condições necessárias para o desenvolvimento de métodos agrícolas alternativos que servem aos interesses de pequenos agricultores e comunidades rurais pobres (por exemplo, a agroecologia).

3 Comentários sobre as Premissas 1-5

Primeiro, alguns comentários breves sobre as outras premissas. A Premissa 1 (referente aos poderes da tecnologia em geral) reflete a VMC e pretende expressar uma proposição "fatual", ou seja, supostamente confirmada pelos dados empíricos.

A Premissa 2 (sobre a relação dos transgênicos com a ciência moderna) expressa uma visão amplamente defendida sobre a natureza da investigação científica; em particular, que na pesquisa científica exemplar as coisas são representadas em relação às suas estruturas subjacentes, seus componentes, processos, interações e as leis que as governam; e suas possibilidades identificadas em termos do poder gerador da ordem subjacente, dissociadas de qualquer lugar que possam ocupar na experiência humana e na atividade prática, de quaisquer vínculos com os valores sociais e com as possibilidades humanas, sociais e ecológicas que elas possam também incluir. Na minha terminologia, essa pesquisa é realizada segundo "estratégias materialistas" e quando bem-sucedi-

ALTERNATIVAS PARA A TECNOCIÊNCIA E OS VALORES DO FÓRUM SOCIAL MUNDIAL

da permite identificar o que eu chamo de "as possibilidades abstraídas das coisas"[5] – sendo a pesquisa biotecnológica, constituída principalmente de investigações nas áreas da biologia molecular e celular, da genética e da fisiologia, um exemplo. Em tais investigações, as sementes são efetivamente reduzidas aos seus genomas e à expressão bioquímica dos seus genes constituintes; suas possibilidades são limitadas pela possibilidade de sua geração pelas estruturas moleculares modificáveis que lhes são subjacentes e por processos bioquímicos regidos por leis. Assim, compreender biologicamente as sementes *desta maneira* abstrai em grande parte a realização das suas possibilidades provenientes de suas relações com estruturas sociais, com a vida e a experiência humanas, com as condições sociais e materiais da pesquisa, e com o vasto impacto ecológico a longo prazo; e, dessa forma, com o domínio dos valores. Por outro lado, considera-se que o conhecimento biotecnológico encontra-se à disposição para ser aplicado, a fim de informar, mais ou menos imparcialmente, práticas agrícolas independentemente da posição sociocultural em que elas possam estar inseridas e das perspectivas de valor que possam refletir – Premissa 3 (cf. *SVF*, cap. 8; cap. 1 acima).

Apenas a Premissa 5 (referente aos riscos dos transgênicos para a saúde e o meio ambiente) foi amplamente discutida nos

---

5 Em *SVF*, argumento que, na "ciência moderna", a pesquisa tem sido realizada quase exclusivamente segundo estratégias materialistas *não apenas* porque ela foi altamente frutífera *mas também* porque existem relações mutuamente reforçadoras entre essa pesquisa e a VMC. De acordo com minha análise, as estratégias materialistas são, em princípio, apenas uma de muitas estratégias; as estratégias agroecológicas – ver abaixo – são outras, que podem ser adotadas na pesquisa científica. As funções principais de uma estratégia consistem em restringir os tipos de teorias que podem ser consideradas – e, portanto, especificar os tipos de possibilidades que podem ser exploradas no decorrer de uma investigação – e em *selecionar* os tipos de dados empíricos aos quais as teorias aceitáveis devem ajustar-se. Sem a adoção de uma estratégia, somos incapazes de estabelecer coerente e sistematicamente quais perguntas formular, quais enigmas resolver, quais classes de possibilidades identificar, que tipos de explicações explorar, que fenômenos observar, medir e sujeitar à experimentação e quais procedimentos usar (cf. *VAC*; Lacey, 1999d; cap. 1 e 6 acima).

Hugh Lacey

meios de comunicação, sem dúvida porque as críticas a ela têm estado associadas à resistência dos consumidores em utilizar produtos derivados de transgênicos e a várias formas dramáticas de protesto (que variam desde passeatas em recentes encontros econômicos internacionais até a destruição de lavouras transgênicas). O argumento a favor da Premissa 5 é simplesmente o de que nenhuma evidência científica confiável obtida até agora identificou de fato quaisquer riscos sérios *diretos e não administráveis* à saúde e ao meio ambiente que tenham surgido a partir dos usos *atuais, planejados e previsíveis* de transgênicos determinados. Isso pode até ser verdade (cf. Lewontin, 2001), mas os críticos perguntam: a pesquisa realizada foi relevante e adequada, ou essa falta de evidência é apenas um artefato criado por uma investigação conduzida de maneira incompleta e não sistemática? E mais: seguindo os procedimentos padrão de avaliação de riscos, haverá lugar para as devidas considerações sobre os riscos mais sérios da introdução de uma agricultura centrada no uso de transgênicos nos centros de biodiversidade do mundo (por exemplo, os do milho no México), solapando as condições necessárias para outras formas de plantio e pilhando os recursos dos pobres? Os proponentes afirmam que realizaram suficientes avaliações de riscos; os críticos negam isso. O que é "suficiente"? Isso evidentemente depende de quão sérios (eticamente) os riscos possam ser e de quais alternativas existem, caso os transgênicos não sejam implementados. Isto, por sua vez, depende de haver ou não dados empíricos suficientes para justificar a Premissa 6, que será analisada em detalhe a seguir. Se, de fato, não há alternativas sérias ao uso de transgênicos que possam garantir a alimentação do mundo, então certamente é possível tolerar (eticamente) riscos maiores do que quando do existem alternativas viáveis (cf. cap. 6 acima; Lacey, 2000a).[6]

6 No Brasil, discussões importantes sobre a Premissa 5 podem ser encontradas em Nodari & Guerra, 2001; Echeverria, 2001; Leite, 2000. Note-se que formulei a questão em termos

ALTERNATIVAS PARA A TECNOCIÊNCIA E OS VALORES DO FÓRUM SOCIAL MUNDIAL

A reflexão sobre as Premissas 3 e 4 reforça o quanto a Premissa 6 e suas credenciais empíricas são essenciais no debate. A Premissa 3 está de acordo com a neutralidade da ciência (cf. *SVF*, cap. 1, 4, 10; Lacey, 1999d, 2001a). É possível questionar a neutralidade da ciência (biotecnologia) que informa os transgênicos. Os transgênicos usados mais largamente hoje em dia utilizam, em um caso, genes que conferem resistência a herbicidas patenteados (por exemplo, o *Roundup* da Monsanto) e, em outro, um gene da bactéria do solo *Bt* (*Bacillus thuringiensis*), que faz as plantas liberarem uma toxina com atividade pesticida. Tais usos parecem oferecer algumas vantagens em relação às lavouras convencionais envolvendo o uso intensivo de produtos químicos; entretanto, essencialmente, eles geram lucro para o agronegócio e seus clientes, e essa é a razão de terem sido introduzidos. Isso não é de surpreender. A maior parte da pesquisa sobre transgênicos é financiada pelo agronegócio que, por meio da obtenção dos direitos de propriedade intelectual (principalmente patentes), passou a controlar não apenas muitos transgênicos mas também as técnicas e procedimentos de engenharia genética e, até mesmo, certos genes e características de plantas. Cada vez mais, os objetos da pesquisa – os materiais genéticos, as variedades de plantas – são eles próprios objetos patenteados, que têm donos, e as patentes não têm sentido fora das relações moldadas pela propriedade e o mercado. Além do mais, a disseminação de uma agricultura centrada no uso de transgênicos nos países do "terceiro mundo", abrigada pela proteção dos direitos de propriedade intelectual sustentados pela Organização Mundial do Comércio, é um componente integral dos programas atuais de "globalização" do neoliberalismo. Nesse contexto, ao que parece, quaisquer pro-

de existirem ou não alternativas ao uso de transgênicos. Ao fazer isso, não coloquei em dúvida se o uso de transgênicos permite a produção de suficientes quantidades de alimento; o que, segundo alguns, é duvidoso.

dutos da pesquisa e do desenvolvimento biotecnológico, que exploram as possibilidades contidas nos genomas (modificados) das sementes, serão de pouca utilidade fora dos espaços onde as relações de mercado são predominantes. Assim, dedicar-se à pesquisa de transgênicos significa contribuir simultaneamente para os interesses do agronegócio e do mercado. Embora essa pesquisa possa atenuar certos problemas da agricultura convencional de "grande escala", ela tem pouca relevância para os projetos de agricultores que estão tentando melhorar agroecossistemas produtivos, sustentáveis e biodiversos e que utilizam, por exemplo, métodos agroecológicos. Isso não significa negar que a tecnologia de transgênicos esteja fundamentada em um conhecimento científico corretamente aceito – ou seja, adequadamente sustentado por dados empíricos confiáveis. Isso é importante, mas não significa que, quando aplicado, tal conhecimento possa servir imparcialmente a várias perspectivas de valor (cf. nota 3). Ele favorece uma em especial, neste caso, a perspectiva associada ao agronegócio ou, mais genericamente, às perspectivas de valor que incluem a VMC, mas que (apesar da Premissa 4) têm pouca relevância no sentido de satisfazer as necessidades alimentares das pessoas pobres ou para informar as práticas agrícolas da maioria dos pequenos agricultores. Eu argumentei, em outra ocasião, que essa conclusão mantém-se mesmo se levarmos em conta os chamados projetos "humanitários" envolvendo transgênicos, sendo o mais conhecido o do "arroz dourado" (cf. cap. 9 a seguir; Lacey, 2005, cap. 8, 10). Contudo, a importância desta conclusão, assim como a das críticas à Premissa 4, diminui consideravelmente se a Premissa 6 for verdadeira, se não existirem outras maneiras de alimentar o mundo nas próximas décadas.

4 Premissa 6: existem alternativas que não utilizam transgênicos?

E a Premissa 6? Existem formas alternativas de agricultura que podem contribuir significativamente para a alimentação e nutrição da população mundial? Consideremos a agroecologia, que se refere *tanto* a um tipo de abordagem da prática agrícola *como* a uma abordagem científica das pesquisas sobre agroecossistemas.[7] *Como abordagem da prática agrícola*, o principal enfoque da agroecologia é a *sustentabilidade*, segundo a definição de Altieri, a qual envolve pelo menos quatro atributos:

Capacidade produtiva = "Manutenção da capacidade produtiva do ecossistema"; *Integridade ecológica* = "Preservação da base de recursos naturais e da biodiversidade funcional"; *Saúde social* = "Organização social e redução da pobreza"; *Identidade cultural* = "Empoderamento [*empowerment*] das comunidades locais, manutenção da tradição e participação popular no processo de desenvolvimento" (Altieri, 1998, p. 56-7).

A agroecologia é um tipo de agricultura em que a "sustentabilidade" é um objetivo fundamental, embora não o único; a agricultura também precisa gerar colheitas para alimentar as grandes cidades e às vezes exportar.

Como campo de investigação empírica (científica) sistemática, a agroecologia aplica estratégias, que eu chamo de "estratégias agroecológicas" (cf. *SVF*, cap. 8; Lacey, 2001a), de acordo com as quais pode-se tomar como objetivo a confirmação de generalizações referentes às tendências, funcionamento e possibilidades

---

7 Minha discussão sobre agroecologia recorre bastante a inúmeros escritos de Miguel Altieri (especialmente Altieri, 1995). Um resumo muito útil encontra-se em Altieri, 1998.

dos agroecossistemas, seus componentes e as relações e interações entre eles. Estas incluem generalizações em que, por exemplo, "os ciclos minerais, as transformações energéticas, os processos biológicos e as relações socioeconômicas" são consideradas em relação a todo o sistema; generalizações que dizem respeito não a "maximizar a produção de um determinado sistema, e sim a otimizar o agrossistema como um todo" e, portanto, a "interações entre pessoas, lavouras, solos e rebanhos" (Altieri, 1987, p. xiv-xv). "A agroecologia enfoca os agroecossistemas como unidade de estudo, ultrapassando uma perspectiva unidimensional [como a presente na biotecnologia] e incluindo dimensões ecológicas, sociais e culturais (...) a fim de desenvolver agroecossistemas que dependam minimamente de recursos externos na forma de produtos agroquímicos e energia" (Altieri, 1998, p. 18). Os dados empíricos julgados relevantes nas estratégias agroecológicas são com frequência obtidos do estudo de sistemas agrícolas que utilizam *métodos tradicionais informados pelo conhecimento tradicional local*. Esses sistemas são passíveis de aperfeiçoamento no que se refere às quatro características da "sustentabilidade" e muitas vezes são unicamente adequados às atividades dos pequenos agricultores pobres. Seus métodos foram testados empiricamente na prática e demonstraram ser particularmente eficazes, ao longo de séculos, na "seleção de variedades de sementes para ambientes específicos". Estas são com frequência a fonte original de sementes que servem de matéria-prima para a "construção" dos transgênicos (cf. Kloppenburg, 1987; Shiva, 2001; *SVF*, cap. 8). Os métodos também recebem apoio de argumentos teóricos que sustentam poderem ganhos de produtividade, comparáveis aos gerados nas lavouras de sementes híbridas, ser alcançados utilizando-se sementes adequadamente selecionadas e obtidas a partir de lavouras cultivadas segundo métodos tradicionais (cf. Lewontin & Berlan, 1990; Berlan, 2001).

ALTERNATIVAS PARA A TECNOCIÊNCIA E OS VALORES DO FÓRUM SOCIAL MUNDIAL

A pesquisa agroecológica, bem como a referente a outras abordagens – a "orgânica," a "biodinâmica" e a "ecológica" –,[8] gerou muitos frutos que estão amplamente documentados. Além da abundante documentação de Altieri (cf. 1995, 1998), alguns estudos recentes merecem destaque. Por exemplo, uma investigação realizada na China sobre lavouras de arroz demonstrou que "uma abordagem ecológica simples do controle de doenças pode ser utilizada eficazmente e em grande escala para obter controles ambientalmente corretos de pragas" sem perda de produtividade, em comparação a monoculturas centradas no uso intensivo de produtos agroquímicos (Zhu et al., 2000; Tilman, 1998, 2000). Um comentarista da seção editorial da revista *Nature* (Wolfe, 2000, p. 681), depois de mencionar que há muito tempo Darwin já percebera que o plantio misto de trigo é mais produtivo que as monoculturas, pergunta: "por que a abordagem mista não é amplamente utilizada?". Responde com uma pergunta retórica: "será ela simples demais, que não faz uso suficiente de alta tecnologia?". E continua:

(...) combinações de variedades podem não fornecer todas as respostas aos problemas de controle de doenças e de manter a produtividade estável na agricultura moderna, mas seu desempenho em situações experimentais até agora justifica uma maior disseminação do seu uso. Mais pesquisas são necessárias a fim de encontrar os melhores sistemas para propósitos distintos e criar variedades especificamente para uso em combinações. (...)

8 Não é possível discutir aqui as diferenças entre a agroecologia e outras abordagens que se apresentam também como alternativas tanto à agricultura centrada no uso de transgênicos como à agricultura convencional que faz amplo uso de produtos agroquímicos. Recentemente, um editorial da revista *Agroecologia Hoje* (2, 10, ago.-set., 2001) fez uma distinção entre as abordagens "orgânicas," "ecológicas," "naturais" e "biodinâmicas", propondo agrupá-las sob o rótulo de "bioagricultura". Não estou sugerindo que a agroecologia seja a única abordagem adequada em vista dos valores do FSM. Utilizo-a como um exemplo importante de uma abordagem adequada. Ver também Guerra et al., 1998a.

combinações de espécies fornecem outro nível de diversidade
na lavoura, com vantagens quase esquecidas esperando para serem exploradas nas abordagens contemporâneas (Wolfe, 2000,
p. 681-2).

Um estudo como esse é importante, pois os críticos da agroecologia com frequência afirmam que suas possibilidades produtivas estão essencialmente limitadas às pequenas propriedades
e, portanto, não são suficientes para suprir a demanda alimentar
de grandes cidades como São Paulo – o estudo sugere, no mínimo, que os limites das possibilidades produtivas da agroecologia
são simplesmente desconhecidos (cf. cap. 9 a seguir; Lacey, 2005,
cap. 8, 10).

Os dados empíricos justificam a Premissa 6? Ou a agroecologia
fornece uma alternativa que pode ter pelo menos um papel significativo na produção de alimentos de que o mundo necessita?
Os dados sustentam a afirmação de que a agroecologia pode satisfazer as necessidades de um grande número de pequenos agricultores e suas comunidades, os quais tendem a ser desconsiderados
nos projetos de "desenvolvimento" mais comuns, e deslocados
pelas práticas do agronegócios (cf. Altieri, 1995, 1998; Shiva,
1991, 2001; Lacey & Oliveira, 2001). E mais, o potencial da agroecologia é muito maior do que se imaginou até agora – quão maior
ainda não sabemos – até que sejam feitas pesquisas sistemáticas
segundo estratégias agroecológicas. A Premissa 6, portanto, não
possui as credenciais empíricas necessárias para justificar seu uso
na legitimação do valor universal dos transgênicos ou no questionamento do valor da agroecologia. O fato de os proponentes dos
transgênicos frequentemente falarem como se a Premissa 6 fosse uma certeza reflete não um *status* científico estabelecido, mas
o fato de ela ser uma pressuposição do comprometimento com a
VMC, adicionalmente reforçada pelas instituições e políticas contemporâneas do mercado global que incorporam fortemente es-

ses valores (cf. cap. 6 acima). "A agroecologia é simples demais, não se utiliza suficientemente da alta tecnologia!"

O desafio da agroecologia ao avanço dos transgênicos tem quatro componentes. *Primeiro*, ela fornece uma forma alternativa de agricultura relativamente isenta de riscos diretos à saúde humana e ao meio ambiente, além de ser produtiva e sustentável. *Segundo*, seus progressos estão ligados a movimentos que incorporam valores (os da "participação popular") conflitantes com a VMC e com os valores do neoliberalismo:[9] a solidariedade e a compaixão em vez do individualismo; os bens sociais contrabalançando a propriedade privada e o lucro; a "sustentabilidade" como valor ao qual se subordina o controle dos objetos naturais; a não-violência, na medida em que não envolve qualquer tolerância da injustiça; o bem-estar de todos em vez da primazia do mercado e da propriedade; o fortalecimento da pluralidade dos valores em vez da expansão da mercantilização; a libertação do homem entendida como englobando e qualificando a liberdade individual e a eficiência econômica; o amor à verdade que aspira a uma compreensão abrangente do lugar das nossas vidas no mundo, que busca identificar as possibilidades libertadoras ocultas na ordem predominante, e que não identifica o que é possível com as tendências dominantes dessa ordem; o estar preparado para submeter a críticas e análises as pressuposições que legitimam nossas práticas, em vez de colocá-las como "certezas" tidas como algo que dispensa qualquer investigação; os direitos dos pobres e a primazia da vida, colocada como prioridade acima dos interesses dos ricos; a democracia participativa englobando a formal;

9 A lista a seguir representa minha tentativa de expressar os valores que motivam (a) o FSM, isto é, os valores que se deseja estejam imbuídos no novo mundo que o FSM sustenta ser possível e (b) as propostas de movimentos como o MST para a redistribuição das terras. Para minha visão geral sobre valores, cf. *VAC*, cap. 2; *SVF*, cap. 2; Lacey, 2001b, cap. 9. A agroecologia também pressupõe uma visão do mundo ("cosmovisão") diferente da visão metafísica e materialista comum nas articulações da ciência moderna. Shiva discutiu de maneira interessante esse tópico, que exige formulações mais elaboradas.

e os direitos políticos e civis em relação dialética com os direitos sociais, econômicos e culturais.

Terceiro, a agroecologia desafia a noção de "conhecimento científico moderno" expressa nas Premissas 1 e 6, não a partir de uma perspectiva anticientífica, mas de outra que questiona se a ciência deveria restringir-se *apenas* ou *principalmente* a uma investigação realizada segundo estratégias materialistas (Premissa 2). A agroecologia apresenta-se como uma alternativa bem informada por conhecimento científico – não um conhecimento limitado ao que pode ser consolidado segundo estratégias materialistas (incluindo a biotecnologia), porém um conhecimento derivado de uma investigação empírica sistemática realizada de acordo com estratégias agroecológicas, na qual o biológico e o social estão indissociavelmente entrelaçados, e onde as possibilidades de "sustentabilidade", e não apenas possibilidades abstraídas, têm a oportunidade de serem identificadas. *Quarto*, a agroecologia deixa claro que um grande risco decorrente da implementação de transgênicos (nem sequer conceituado nas avaliações de risco convencionais) é a destruição de formas alternativas de cultivo, aquelas que têm o potencial de alimentar e nutrir as populações rurais pobres.

5 Relações mutuamente reforçadoras entre estratégias de pesquisa e valores sociais

A pesquisa realizada segundo estratégias agroecológicas rompe com as limitações das estratégias materialistas. Para muitos defensores da Premissa 2, a agroecologia não conta como um caminho alternativo porque, dizem eles, não está *realmente* informada pela "ciência" (é simples demais!); eles identificam a pesquisa "científica" com aquela conduzida segundo estratégias materialistas; e não são os únicos a fazer isso. As ciências naturais mo-

ALTERNATIVAS PARA A TECNOCIÊNCIA E OS VALORES DO FÓRUM SOCIAL MUNDIAL

dernas têm, de fato, sido conduzidas *quase exclusivamente* segundo essas estratégias, e os porta-vozes da sua tradição raramente reconheceram que, em muitos domínios, isso representa uma escolha. Por que a ciência moderna adotou quase exclusivamente (variedades de) estratégias materialistas? Por que, na ciência agrícola atualmente dominante, as estratégias agroecológicas são amplamente ignoradas? Discuti essas questões em detalhe em outro artigo (cf. nota 5), e vou apenas repetir aqui a minha resposta: as estratégias materialistas são adotadas quase exclusivamente porque, além de serem proveitosas, sua adoção tem relações mutuamente reforçadoras com a VMC.

O compromisso com a VMC, reforçado pelas instituições e políticas contemporâneas do mercado global que incorporam fortemente esses valores, explica em grande medida – esta é minha sugestão – a confiança nas possibilidades de os transgênicos resolverem os graves problemas dos pobres e, assim, a prioridade concedida à pesquisa agrícola realizada principalmente segundo estratégias biotecnológicas. Esse compromisso também explica a facilidade com que os proponentes tendem a rotular todos os seus críticos com o rótulo de anticientífico, ou "ludita" – Premissa 1 (cf. Borlaug, 2000; Potrykus, 2001). Entretanto, não existe um imperativo científico de se adotar estratégias biotecnológicas ou, mais genericamente, materialistas; o fator decisivo é o comprometimento com valores sociais específicos (embora hegemônicos): a VMC e/ou os valores do mercado global. Tampouco existe um imperativo *prático*, a não ser que haja razões para a aceitação da Premissa 6; mas esta não pode ser confirmada empiricamente a não ser que os limites da capacidade produtiva da agroecologia sejam estabelecidos com rigor; o que não pode ser feito por meio de pesquisas realizadas apenas de acordo com estratégias materialistas.

A escolha de estratégias biotecnológicas ou agroecológicas depende (de maneira significativa) das relações mutuamente reforçadoras que cada uma delas têm com valores sociais: as biotec-nológicas com a VMC, as agroecológicas com a *participação po-pular*. Isso não altera o fato de que as credenciais científicas de ambas dependem da *capacidade* a longo prazo de gerar resultados firmemente apoiados nos dados empíricos. A adoção de uma des-sas alternativas não fornece bases para contestar as reivindicações de conhecimento estabelecidas no âmbito da outra. Em ambas, a pesquisa pode gerar a compreensão de fenômenos do mundo e suas possibilidades. Ela tem isso como objetivo, além do de obter uma compreensão relevante do ponto de vista dos valores envol-vidos na aplicação: "(...) os determinantes políticos entram em ação já no momento em que perguntas científicas *básicas* são for-muladas, não apenas quando as tecnologias são entregues à so-ciedade" (Altieri, 1998, p. 105).

A competição entre as estratégicas agroecológicas e as biotec-nológicas, enraizada em valores sociais polêmicos, diz respeito ao tipo de conhecimento científico que deveria informar as apli-cações práticas; e, dessa forma, também diz respeito às priori-dades da pesquisa. Onde os valores do mercado e da VMC são contestados, por exemplo, entre aqueles que endossam os valo-res da *participação popular*, não restam objeções, em princípio, à dedicação a pesquisas segundo estratégias concorrentes que, *se frutíferas,* podem informar práticas que irão amplificar a incor-poração social dos valores concorrentes. As estratégias agroeco-lógicas são atualmente frutíferas o suficiente para que se possa afirmar não terem ainda sido atingidos seus limites. As práticas que expressam os valores da *participação popular* são incompatí-veis com o projeto neoliberal e, nos dias atuais, de triunfalismo do mercado as possibilidades alternativas são facilmente descar-tadas. Contudo, numerosos grupos de pequenos agricultores em várias regiões empobrecidas do mundo conseguiram grandes melhorias nas suas vidas e nas suas comunidades por meio da implementação da agroecologia, que se tornou uma parte essencial da luta para manter e desenvolver suas heranças culturais, assim como também para suprir suas demandas materiais (cf. Altieri, 1995, 1998). Nesse contexto, vale observar que o MST (*Movimento dos Trabalhadores Rurais Sem Terra*) tem incorporado cada vez mais as abordagens agroecológicas nos últimos anos (cf. Oliveira, 2001, 2002; Lacey & Oliveira, 2001).

6 Como conduzir a ciência?

Reformulemos a pergunta posta no início: dados os valores do FSM, de acordo com qual estratégia, ou qual multiplicidade de estratégias, devemos conduzir a investigação científica?

Na pesquisa, a questão da escolha de estratégias está sempre presente e, nas instituições científicas, a do estabelecimento da variedade de estratégias a serem apoiadas. Os valores sociais podem ter um papel legítimo nessas escolhas. Quais estratégias exibem relações mutuamente reforçadoras com os valores incorporados nos projetos e movimentos com os quais se está comprometido? Segundo quais estratégias podemos esperar a aquisição e confirmação de conhecimentos que, quando aplicados, serão capazes de informar os projetos almejados?

É crucialmente importante fazer aqui uma distinção entre as estratégias, segundo as quais a pesquisa é conduzida, e as teorias (ou propostas de conhecimento) desenvolvidas e confirmadas sob o regime dessas estratégias.[10] A escolha de estratégias identifica os objetos do conhecimento e os tipos de possibilidades que

10 Isso vale especialmente em vista do fato de que questões como as que levantei encontram resistência nas comunidades científicas dominantes (v. nota 1) porque, para muitos cientistas, elas evocam os fantasmas de Galileu e Lysenko, episódios nos quais a concepção sobre o que deveria ser considerado conhecimento científico era condicionada por poderosas instituições, que faziam prevalecer seus valores e perspectivas metafísicas (cf. Mariconda & Lacey, 2001).

estamos interessados em investigar; essa escolha não nos diz nada sobre como as coisas são, e o que é possível. As teorias confirmadas identificam a classe de possibilidades genuínas no domínio da investigação; os critérios de confirmação nada têm (ou nada deveriam ter) a ver com os valores que tornam interessantes as possibilidades investigadas. Elas envolvem apenas relações entre teorias e dados empíricos relevantes; o conhecimento estabelecido não está subordinado a valores sociais ou perspectivas metafísicas ou religiosas.[11] Isso vale para a pesquisa realizada segundo estratégias tanto agroecológicas como agrobiotecnológicas. No primeiro, caso visamos identificar as possibilidades de agroecossistemas "sustentáveis"; no segundo, por exemplo, as possibilidades abertas pelas técnicas de modificação genética de sementes. Não podemos investigar essas duas classes de possibilidades com as mesmas estratégias.[12] A pesquisa que é conduzida quase exclusivamente de acordo com estratégias materialistas nunca vai se voltar para a primeira.

É por essa razão que, no contexto de como a ciência é feita hoje, não cabe pensar sobre a relevância da ciência para os projetos apoiados pelo FSM simplesmente fazendo a pergunta: "A ciência nos fornece conhecimento; como iremos utilizá-lo para promo-

11 Chamo isso a tese da "imparcialidade" dos julgamentos científicos. Defendi que ela é um valor fundamental das práticas científicas, independentemente das estratégias adotadas (SVF, cap. 10; Lacey, 1999d, 2001a).

12 Consideremos as sementes. Elas podem ser (entre outras coisas) componentes de agroecossistemas sustentáveis ou objetos de modificação genômica. No segundo caso, elas também são (tipicamente) os objetos para os quais direitos de propriedade intelectual podem ser obtidos, e mercadorias. Isto é, os objetos investigados sob estratégias diferentes são tipos diferentes de objetos sociais. Em nenhum dos casos, suas possibilidades podem ser reduzidas às possibilidades abstraídas das sementes. Sementes não podem ser investigadas sem que (pelo menos implicitamente) se escolha que tipo de objeto social queremos que sejam (ou se tornem). Isso aprofunda ainda mais a questão: segundo quais estratégias devemos investigar as sementes? Estratégias diferentes podem servir para pesquisar diferentes objetos sociais. Ver Lacey, 2003a e as referências bibliográficas ali incluídas; também Lacey & Oliveira, 2001, onde os importantes insights de Shiva sobre essa questão são discutidos.

ver os valores e projetos do FSM?". Em geral (considerando que a maior parte da ciência é conduzida segundo estratégias materialistas) é possível contar com essa ciência principalmente para servir a projetos relacionados com a VMC (cf. *VAC*, cap. 1). A questão é não ignorar o conhecimento obtido sob estratégias materialistas nem negar um espaço significativo para a realização de pesquisas regidas por estratégias materialistas; é importante perceber quais dos seus componentes podem informar projetos do FSM (cf. nota 2) e, de fato, (embora me falte espaço para entrar em detalhes sobre isso) a pesquisa segundo estratégias agroecológicas recorre com regularidade e de maneira produtiva ao conhecimento adquirido sob estratégias materialistas (Lacey, 2001a).[13]

Mais propriamente, trata-se de centralizar a atenção no seguinte: como conduzir a ciência, se queremos promover os valores do FSM? Os projetos do FSM precisam estar informados por conhecimento científico. De que maneiras? Com que tipos de conhecimento? Com relação a quais tipos de possibilidades? A não ser que se reconheça que classes importantes de possibilidades (por exemplo, as de ampliar a "sustentabilidade", na medida em que elas não são redutíveis a possibilidades abstratas) não podem ser identificadas sob estratégias materialistas, a tendência será apoiar instituições científicas cuja pesquisa não vai muito além do que a conduzida segundo estratégias materialistas. Embora alguns dos produtos desta pesquisa possam servir aos projetos do FSM, na maior parte dos casos devemos esperar produtos que aumentam a incorporação da *VMC* e, portanto, pelo menos nas

---

13 A adoção de estratégias materialistas em uma determinada investigação (diferentemente de sua quase exclusiva adoção em todas as investigações) pode efetivamente não refletir a VMC; uma grande parte da pesquisa conduzida segundo estratégias materialistas não é realizada com o intuito de fazer avançar a tecnociência. Não quero, em particular, minimizar os interesses puramente cognitivos, que motivam as atividades de pesquisa de muitos cientistas, ou questionar que algumas investigações devam ser conduzidas segundo estratégias materialistas por razões puramente cognitivas.

condições atuais, os valores e instituições da propriedade e do mercado (cf. *SVF*, cap. 8). Mais importante ainda, as condições sociais e materiais normalmente necessárias para a dedicação a essa pesquisa estão disponíveis hoje apenas em vista das relações mutuamente reforçadoras entre a condução dessa pesquisa e os interesses que incorporam a VMC. Existe uma "contradição" entre os objetivos do FSM e a condução da pesquisa científica quase exclusivamente segundo estratégias materialistas. Se esse argumento é ignorado e a ciência continuar a ser conduzida segundo estratégias materialistas como se não existisse, em todos os tipos de domínios, alternativa alguma, corremos o risco de que *ou* os objetivos do FSM ficarão enfraquecidos de maneira a engendrar apenas projetos que possam estar informados pela ciência predominante, *ou* de que a ciência e os movimentos do FSM fiquem sob tensão permanente, respondendo a interesses conflitantes, aumentando as chances de que uma mentalidade "anticientífica" se desenvolva dentro desses movimentos. Isso seria lamentável. Quanto à primeira alternativa, as estruturas da propriedade e do mercado não seriam afinal desafiadas, embora suas consequências negativas possam ser atenuadas. A segunda possibilidade poderia levar a um voluntarismo destrutivo dentro dos movimentos, eliminando gradualmente a percepção de que, para seu desenvolvimento, eles precisam estar informados por conhecimento sólido, na medida em que este é adquirido sob estratégias adequadas.

Dessa forma, recomendo fortemente que se dê espaço (ou mesmo, atualmente, prioridade) para o desenvolvimento de estratégias agroecológicas (e outras estratégias afins) mas não a eliminação completa da pesquisa conduzida segundo estratégias materialistas; e, dentro das instituições, que haja oportunidade para uma multiplicidade de estratégias onde, sob o regime de cada uma, possam desenvolver-se programas de maneira relativamente "autônoma". Meu argumento não propõe a subordinação do conhecimento científico a valores sociais ou projetos políticos; ele afirma que podem existir relações mutuamente reforçadoras entre a pesquisa conduzida segundo determinadas estratégias e valores sociais e, assim, que comprometimento com a democracia exige o apoio a uma pluralidade de estratégias (cf. *SVF*, cap. 10; Lacey, 2000b). Julgo que, em uma sociedade democrática, constitua uma política científica válida, nas áreas em que isso é apropriado, permitir o desenvolvimento de múltiplas abordagens, com plena consciência de como uma abordagem pode estar ligada a determinados valores, de maneira que (a) os valores não tenham um papel velado na aceitação e rejeição de teorias ou supostos conhecimentos, como acontece com a Premissa 6; (b) uma gama de práticas, tendo por objetivo incorporar valores concorrentes, possa concebivelmente ser informada por conhecimento científico bem estabelecido; (c) as disputas relativas a valores tornem-se parte do discurso nas comunidades de pesquisadores do mundo todo – e os cientistas sejam livres para escolher uma abordagem com a justificativa de que com ela se possa ter a esperança de identificar possibilidades que servirão aos interesses representados no FSM; e (d) que a ciência não se considere livre de algum grau de supervisão democrática.

Uma tarefa prática particularmente importante é a elaboração de uma política científica (por exemplo, para um eventual governo do PT no Brasil) que seja sensível a essas conclusões.[14] Enfatizei a importância de providenciar apoio para uma multiplicidade de estratégias e evitar a tentação de identificar uma abordagem "alternativa" como exclusivamente privilegiada. Várias considerações justificam isso: (a) os interesses da democracia, (b) a necessidade de testar rigorosamente os resultados gerados sob uma estratégia "favorecida" e de estabelecer os limites den-

---

14. Para reflexões interessantes sobre as implicações nas políticas de pesquisa científica e educação das universidades brasileiras, ver Oliveira, 2002a.

tro dos quais é possível esclarecer questões segundo uma dada estratégia, e (c) a aparente necessidade de as pesquisas governadas por todas as estratégias promissoras lançarem mão, de maneiras significativas, dos resultados obtidos por estratégias materialistas (cf. nota 13). Resta como objeto de maiores debates e investigações a determinação de prioridades estratégicas, e de como os recursos devem ser distribuídos entre a multiplicidade de estratégias. Desde que estas questões sejam reconhecidas, é apropriado estruturar a investigação a partir da questão colocada no início deste artigo. Certamente não tem mérito a crítica de que reflexões sobre a ciência em relação a esta questão são apenas motivadas ideologicamente, porque não priorizam a pesquisa gerada sob estratégias materialistas, uma vez que se reconheça que a contínua priorização dessa pesquisa está ligada à VMC.

Quanto aos transgênicos e à biotecnologia, é importante mudar a pauta das discussões nas deliberações políticas, de maneira que a questão da produção segura de suficiente comida nutritiva para alimentar (e continuar a alimentar) a todos torne-se o foco da discussão e da investigação empírica e sistemática que recorre a uma variedade de estratégias, sem abstração de inúmeras perguntas (formuladas em diferentes partes do mundo) do tipo: como produzir comida de modo que a "sustentabilidade" seja fortalecida? Não podemos descartar, *antes da investigação empírica*, a possibilidade de que os transgênicos talvez tenham um papel nisso (ou mesmo que a Premissa 6 seja correta). Os transgênicos, no entanto, não dominariam a pauta proposta e qualquer papel reivindicado para eles teria que ser confrontado contra os pontos favoráveis de uma alternativa positiva (por exemplo, a agroecologia), sendo ela também objeto de um programa de pesquisa. Apenas lançar críticas negativas aos transgênicos, do tipo, por exemplo, das que se limitam a criticar a Premissa 5 (não importa quão bem estabelecidas cientificamente) não muda realmente a pauta. Provavelmente, não ameaça os interesses do agronegócio (cf. Lacey, 2000a) ou contesta a visão moral que endossa o desenvolvimento de transgênicos. É uma atitude reativa, que deixa os transgênicos no foco das atenções e os mantém na fronteira da pesquisa de ponta, sempre tendo que se adaptar para lidar com os últimos avanços nessa área. É claro que apontar para os riscos dos transgênicos pode motivar a procura de alternativas, mas, a não ser que se identifiquem claramente alternativas positivas, as críticas negativas podem levar *de facto* a não mais que um apoio a formas tradicionais de agricultura. Também pode levar a inadvertidamente investigar objetos sociais carentes de um valor social importante nas instituições que o FSM está lutando para criar (cf. nota 12).

7 QUESTÕES PARA DISCUSSÃO

Minha argumentação vai de encontro à autoimagem predominante na comunidade científica contemporânea, que tende a conceder o monopólio à tecnociência e a considerar seus produtos neutros e disponíveis para usufruto de todos, independentemente das perspectivas de valores. Isso levanta perguntas relativas à prática. Como agir em vista da minha conclusão principal: a necessidade de que a pesquisa seja conduzida segundo uma multiplicidade de estratégias, incluindo (mas não exclusivamente) aquelas que têm relações mutuamente reforçadoras com os valores do FSM?

Meus argumentos pertencem à filosofia da ciência e, assim, não vão por si sós transformar as práticas e instituições científicas;[15] os argumentos filosóficos não têm esse tipo de poder.

15 Evidentemente, o argumento é acaloradamente contestado na disciplina da filosofia da ciência. Para manter alguma credibilidade e criar qualquer base para um diálogo crítico no interior das principais instituições, as críticas precisam ser enfrentadas e refutadas. Essa é uma longa tarefa. Ao mesmo tempo, o significado do argumento está, em última instância,

Entretanto, eles não têm uma natureza abstrata, e suas críticas à ciência dominante não são apenas negativas. Estão enraizados nas práticas alternativas da agroecologia, nos resultados do conhecimento tradicional e da pesquisa recente, incorporam reflexões de outros pensadores (cf. Shiva, 2001), e consistem em uma reflexão crítica sobre práticas já disponíveis e muito significativas onde os valores do FSM são adotados. Eles estabelecem a significância científica do conhecimento que informa tais práticas e do valor da pesquisa que o toma como ponto de partida, e contribuem para a construção de uma "teoria" filosófica para interpretar e apoiar essas práticas e para defender suas credenciais contra as críticas que as rotulam de não científicas. Trata-se, portanto, de uma argumentação que confronta a autoimagem predominante da ciência contemporânea com a realidade de uma bem estabelecida prática alternativa. A força desse argumento depende do valor e da viabilidade de práticas alternativas[16] e au-

ligado a sua capacidade de informar as práticas que incorporam valores como os do FSM. A tentação, altamente reforçada por aqueles entre nós que são acadêmicos, é afastar-se da prática e concentrar-se exclusivamente nos argumentos filosóficos. Entrementes, enquanto a argumentação filosófica continua aparentemente sem fim, o implacável movimento da tecnociência prossegue incansável. Tratar das questões práticas envolverá (em parte) abordar (com grande urgência) as formas que o ensino da ciência assumirá dentro das universidades (cf. Oliveira, 2002a). Dadas as limitações da universidade, na forma como está atualmente constituída, é difícil (mas existe todo tipo de iniciativas que vale a pena explorar!) conceber maneiras de gerar formas construtivas de interação entre os acadêmicos e as pessoas envolvidas em movimentos populares e práticas progressistas (por exemplo, a agroecologia). Lembremos que as instituições incorporam valores e, portanto, são um lugar de interesses enraizados, sem falar de grandes investimentos financeiros; não podemos esperar que mudanças sociais (incluindo mudanças nas universidades e instituições científicas) aconteçam simplesmente por argumentações ou convencendo pessoas a mudar seus valores.
16 Sem as práticas alternativas, meu argumento é apenas "idealista", limitando-se a sustentar abstratamente *ser possível* que existam estratégias, além das materialistas, para estruturar a pesquisa. Esse argumento abstrato não pode ser a base do meu ponto de vista de que as estratégias materialistas são adotadas quase exclusivamente devido às suas relações mutuamente reforçadoras com a VMC. Para tal, é preciso mostrar que *em algumas áreas de pesquisa* foram adotadas estratégias materialistas *em vez de* outras que poderiam estruturar uma pesquisa fecunda mas que foram marginalizadas. Nos meus escritos, menciono frequente-

ALTERNATIVAS PARA A TECNOCIÊNCIA E OS VALORES DO FÓRUM SOCIAL MUNDIAL

mentará com o desenvolvimento de diálogos e interações entre as pessoas que se dedicam à teoria e as engajadas na prática, incluindo também todos os envolvidos nos movimentos que promovem as práticas alternativas.

Vou concluir levantando uma série de questões que precisam ser abordadas:

Como desenvolver uma interação mais rica entre os "teóricos" das práticas alternativas, a comunidade científica dominante e os praticantes da agroecologia? Existem, é claro, muitos cientistas que questionam o papel cada vez maior dos direitos de propriedade intelectual na pesquisa científica; muitos dentre eles também rejeitam os valores e instituições do liberalismo e endossam os valores do FSM. Como consolidar o diálogo com esses cientistas? Como trazer os resultados de práticas científicas "alternativas" para o centro das discussões e livrá-los da sua marginalidade? Como conquistar espaço para realizar mais pesquisas segundo estratégias agroecológicas? Como esboçar programas de pesquisa (por exemplo, com o intuito de testar a Premissa 6) cuja realização exige a contribuição de estratégias materialistas e outras, assim como a participação ativa de agricultores colaborando com cientistas profissionais (tendo os agrônomos um papel central como intermediários bem informados)? Como institucionalizar os vários tipos de interação? Quais as implicações para a universidade?

Quais são os limites de generalidade da argumentação desenvolvida neste artigo? Em quais outros domínios da ciência (relacionados à medicina, à energia, às comunicações etc.) pode-

mente estratégias agroecológicas como exemplos alternativos. Também utilizei "estratégias feministas" como exemplo (cf. *SVF*, cap. 9). Ao fundamentar o argumento em práticas alternativas dois "erros" são evitados: chegar simplesmente à conclusão "precisamos encontrar outra abordagem para a pesquisa científica que não esteja ligada à VMC "sem especificar alternativas; e definir uma "alternativa" idealista ou voluntaristicamente (ou demagogicamente). Observemos que o melhor trabalho na filosofia da ciência é sempre uma reflexão crítica sobre as práticas científicas e seus produtos.

mos encontrar práticas alternativas com papéis comparáveis ao da agroecologia?

Como desenvolver instituições de âmbito internacional, de tal modo que a grande variedade de abordagens alternativas ao conhecimento científico, informadas de diferentes maneiras por avanços do conhecimento local, possa tornar-se mais amplamente conhecida como um corpo de conhecimento coerente a que os movimentos populares possam recorrer? Como fazê-ló de maneira que as ligações sistemáticas da pesquisa gerada conforme estratégias materialistas e os valores e instituições do neoliberalismo possam ser questionados mais eficazmente? Quais são as possibilidades de conseguir uma cooperação internacional maior no que diz respeito ao desenvolvimento de abordagens alternativas, e à tarefa de distinguir o que é valioso e o que é questionável nos desenvolvimentos tecnocientíficos?

Que tipo de política científica permitiria uma avaliação democrática sólida, confiável e justa da condução da ciência? Que tipos de estratégias deveriam ser apoiados? Com quais prioridades? Como fazer para desenvolver tal política (que poderia ser implementada por exemplo, por um eventual governo nacional do PT)? Com quais participantes? Como assegurar que tal política seja atraente para um conjunto significativo de cientistas profissionais? Que tipo de diálogo entre os que endossam os valores do FSM, os cientistas profissionais e outros ajudarão a assegurar isso? Existem modelos disponíveis para tal política social que já se encontrem em prática?

Formulo essas questões com a esperança de estimular discussões e trazer à tona comentários de pessoas de diferentes países que já tenham tido experiências na tentativa de resolvê-las.

CAPÍTULO 8

Alternativas para a tecnociência: as ideias de Vandana Shiva

Coautoria de Marcos Barbosa de Oliveira

Biodiversidade, proteção do meio ambiente, agricultura sustentável, agronegócio e alimentos geneticamente modificados – tais
são os temas que cada vez mais ocupam o centro das controvérsias atuais sobre a agricultura, no mundo inteiro. O Brasil não é
exceção, e entre os movimentos que dão a eles maior destaque
encontra-se o MST. Imbuído de forte consciência ecológica desde sua fundação, e ciente das implicações dessa postura para a
agricultura e a questão da terra, o MST tem adotado, no ideário e
na prática, posições muito firmes, e com muitos pontos de contato em relação àquelas defendidas neste livro.[1] Esta é uma das
razões que faz tão oportuna a publicação entre nós de *Biopirataria* (cf. Shiva, 2001), na qualidade de primeiro livro da autora
indiana Vandana Shiva a aparecer em português.

Vandana Shiva é formada em física, e trabalhou nesta área antes de passar à filosofia da ciência, abraçando as causas do meio
ambiente e do feminismo, como militante e organizadora política. Em numerosos fóruns internacionais, como a *Conferência das
Nações Unidas sobre Ambiente e Desenvolvimento*, realizada no Rio
de Janeiro em 1992 (a Rio-92), ela tem se destacado como uma
das mais contundentes vozes críticas da Revolução Verde (RV),
das culturas transgênicas e do processo de globalização neoliberal
em que estes projetos se inserem, defendendo a biodiversidade,

---

1 Para detalhes das ligações entre as ideias de Shiva e as do MST, ver Lacey & Oliveira, 2001,
artigo do qual o presente capítulo é um extrato. Discussão adicional das ideias de Shiva encontra-se em *VAC*, cap. 6.

Hugh Lacey

as práticas alternativas na agricultura e formas de conhecimento exteriores à tradição da cultura ocidental. Na Índia, comandou protestos contra a introdução de culturas transgênicas que envolveram a queima de cereais tirados dos estoques da Monsanto Corporation. É líder de um movimento inspirado em Gandhi – o Satyagraha ("luta pela verdade") da Semente – que tem por objetivo promover práticas agrícolas tradicionais e sustentáveis, e a reserva e troca de sementes selecionadas pelos lavradores sem recurso aos mecanismos do mercado. Entre outras ações, Shiva já questionou na justiça as patentes concedidas a produtos baseados em conhecimentos tradicionais da Índia, na tentativa de reverter alguns dos piores abusos da "biopirataria",[2] e entrou com um mandado no Supremo Tribunal da Índia para que fossem suspensos os experimentos de campo com algodão transgênico, com base em que sua segurança não havia sido suficientemente estabelecida pelos dados empíricos disponíveis (cf. Normile, 2000). Dirige a Fundação de Pesquisa em Ciência, Tecnologia e Ecologia, em Nova Delhi, trabalha como consultora para questões científicas e ambientais na Rede do Terceiro Mundo (Third World Network), e é uma figura de proa no movimento que procura desenvolver uma estrutura legal para os direitos de propriedade coletivos, como alternativa para os sistemas de direitos de propriedade intelectual atualmente em vigor (cf. Tilahun & Edwards, 1996). Recentemente Shiva participou nas reuniões do II Fórum Social Mundial.

Há três temas aos quais Shiva sempre retorna em seus escritos,[3] e que fornecem a chave para a compreensão de suas análises

2 Shiva (2001) discute a biopirataria envolvendo a árvore neem e as patentes concedidas a alguns de seus produtos. O questionamento legal, submetido ao Serviço Europeu de Patentes, conseguiu a anulação das patentes para produtos do neem concedidas ao Departamento de Agricultura dos Estados Unidos, e à multinacional W. R. Grace Corporation (cf. Shiva, 2000c).
3 Temas feministas são também recorrentes na obra de Shiva, entre os quais os efeitos específicos sobre as mulheres da introdução de modelos tecnológicos na agricultura, na medicina etc., e a contribuição dos movimentos de mulheres na luta em torno da semente e questões conexas (cf. Shiva, 1989; Shiva & Mies, 1993; Shiva & Moser, 1995).

e propostas. (1) *A semente*: ao ser inserida no sistema de agricultura dominado pelo capital, a natureza da semente transforma-se, de recurso capaz de regeneração em mercadoria. (2) *A ciência reducionista*: o conhecimento que informa os modelos tecnológicos na agricultura – quer os da Revolução Verde, quer os da agrobiotecnologia – representa apenas *um tipo de conhecimento científico*, aquele resultante da ciência reducionista. (3) *Modelos alternativos de agricultura*: existem modelos de agricultura informados por tipos não reducionistas de conhecimento científico, particularmente tipos de conhecimento que estão em continuidade direta com formas tradicionais, locais, de conhecimento.

1 A SEMENTE

Nos parágrafos finais de Shiva (2001), lemos:

> A semente tornou-se o lugar e o símbolo da liberdade nesta época de manipulação e monopólio de sua diversidade. (...) A semente (...) é pequena. (...) Na semente, a diversidade cultural converge com a diversidade biológica. Questões ecológicas combinam-se com a justiça social, a paz, e a democracia.

O que faz da semente uma entidade tão especial é a multiplicidade de facetas de sua natureza. As sementes são, ao mesmo tempo:

(a) Entidades biológicas: em condições adequadas, elas se desenvolvem, dando origem a plantas adultas que produzem coisas úteis para o homem, por exemplo, cereais.

(b) Partes de sistemas ecológicos.

(c) Entidades desenvolvidas e produzidas por práticas humanas e que possuem, assim, um papel em práticas e instituições humanas.

(d) Objetos de conhecimento humano e investigação empírica: (i) como entidades biológicas, elas estão sujeitas a análises genéticas, fisiológicas, bioquímicas, celulares etc.; (ii) como partes de sistemas ecológicos, de análises ecológicas; e (iii) como produtos de práticas humanas, a análises de seus papéis e efeitos em sistemas socioeconômicos e culturais.

Tais como usadas na agricultura, as sementes são *sempre* todas essas coisas. Entretanto, o que elas são concretamente, isto é, o modo como elas são cada uma dessas coisas varia sistematicamente com o contexto socioeconômico em que a agricultura é praticada.

As sementes usadas na agricultura podem ser, e tradicionalmente têm sido, entidades biológicas que se reproduzem rotineiramente de uma safra para outra. Neste contexto, elas são *recursos regenerativos*, sobre os quais muita coisa se pode afirmar. Elas constituem partes integrais de ecossistemas sustentáveis; geram produtos que satisfazem necessidades locais; são parte da herança comum da humanidade, e compatíveis com os valores culturais e a organização social locais; foram selecionadas por um número enorme de lavradores ao longo dos séculos com métodos informados por conhecimento local. Em um outro contexto, bem mais familiar nas sociedades modernas, as sementes são *mercadorias*: objetos comprados e vendidos no mercado; "propriedade" cujos usuários podem não ser os donos, cujo uso é integralmente ligado à disponibilidade de outras mercadorias (por exemplo, insumos químicos e maquinaria para o cultivo e a colheita), e que, em certos casos, podem ser patenteadas e reguladas de outras maneiras, de acordo com o sistema de direitos de propriedade intelectual; são desenvolvidas por cientistas em laboratórios de universidades, ONGs, e empresas privadas, e normalmente produzidas em grandes empresas capital-intensivas.

Neste contexto, elas não podem ser entendidas *apenas* como o produto "natural" das plantas, *apenas* – e às vezes de forma alguma – como parte da colheita, ou como entidades que se regeneram anualmente na sequência das safras. Recorrendo aos estudos pioneiros de Kloppenburg (1988), Shiva descreve os mecanismos de transformação da semente, de recurso regenerativo em mercadoria. Este processo de mercantilização teve início com o aparecimento dos modelos tecnológicos na agricultura, ou seja, de formas de agricultura baseadas na mecanização e no uso de insumos químicos – fertilizantes, pesticidas, herbicidas etc. Tais modelos ganharam força com a disseminação das monoculturas, com o emprego de sementes híbridas e, mais recentemente, de sementes transgênicas. O funcionamento das sementes como mercadoria é assegurado, no caso das híbridas, pelo fato de elas não se reproduzirem satisfatoriamente como sementes, precisando assim ser adquiridas anualmente no mercado; no caso das transgênicas, pelo sistema de direitos de propriedade intelectual que, em alguns países, permite contratos em que o agricultor fica legalmente impedido de utilizar para semeadura o fruto de uma colheita anterior proveniente de sementes adquiridas da firma vendedora. A mercantilização baseia-se assim na quebra da unidade da semente, de um lado, como geradora de uma colheita, de outro, como reprodutora de si mesma. Liga-se dialeticamente com a transformação das relações sociais na agricultura na direção de um crescente domínio do agronegócio e da agricultura em grande escala voltada para exportação e, em certo nível de análise, está inequivocamente a serviço dos interesses das multinacionais.

Seus defensores, entretanto, sustentam que a mercantilização proporciona um aumento de eficiência na agricultura e, acima de tudo, que os métodos a ela associados permitem uma produção muito maior de cereais necessários para alimentar a crescente população do planeta. Shiva reconhece, naturalmente, que a utilização dos métodos da RV fez com que aumentasse dramaticamente a produção mundial de alimentos nas quatro últimas décadas, tanto assim que agora produz-se comida suficiente para alimentar todas as pessoas do mundo. Mas o fundamental é que, apesar de todo esse avanço, a fome continua a assolar vastas regiões do planeta. A conclusão inelutável é a de que, para assegurar boa alimentação para todos, não é suficiente produzir quantidades adequadas de comida, o verdadeiro problema é como fazer para que ela chegue à boca dos famintos. Nas palavras de um economista da Universidade Federal de Viçosa (MG), José Maria Alves da Silva (2000):

> (...) para acabar com a fome, é preciso antes de tudo aumentar a capacidade de distribuição de renda. Sem aumentar a equidade econômica, sem efetivas medidas de combate à pobreza, o aumento da produção agrícola pode implicar aumento do desperdício alimentar que já ocorre em larga escala nos países subdesenvolvidos, fato que é prudentemente omitido nos discursos dos defensores dos transgênicos.

Shiva (1991) questiona a necessidade da RV, e denuncia suas consequências nefastas. De acordo com ela, a RV não era necessária para aumentar a produtividade, uma vez que desenvolvimentos dos métodos tradicionais teriam sido suficientes (como veremos a seguir), sem falar do exagero nos ganhos de produtividade alegados, dado que se referem a uma única cultura, tendo sido conseguidos em detrimento de outros produtos da agricultura tradicional. Quando o conjunto completo é levado em conta, resulta que os métodos da agricultura tradicional são mais eficientes que os da monocultura. Além disso, a implementação dos métodos da RV levou à extinção da agricultura tradicional de pequena escala, à perda do conhecimento que a informa, e provocou deslocamentos sociais, os quais por sua vez deram origem à fome e à violência entre as comunidades afetadas. O meio ambiente degradou-se, houve perda de biodiversidade, crescendo por outro lado a dependência em relação aos movimentos do capital internacional. Resumindo, diz Shiva:

Em vez de abundância, o Punjab [o estado indiano onde as implementações da RV são amplamente consideradas exemplares] deparou-se com solos arruinados, culturas infestadas por pragas, terras infertilizadas em virtude de alagamento, agricultores endividados e descontentes (...), conflito e violência. (...) A fragmentação e colapso ambientais e étnicos estão intimamente ligados entre si, e são uma parte intrínseca de uma política de destruição planejada da diversidade na natureza e na cultura, com vistas à instituição da uniformidade exigida pelos sistemas de gerenciamento central (Shiva, 1991, p. 12, 24).

De acordo com as previsões de Shiva, consequências desse tipo serão exacerbadas pela disseminação de culturas transgênicas, além dos riscos que estas trazem para a saúde humana, a biodiversidade e o meio ambiente (cf. Shiva, 1999). Sua argumentação tem como pano de fundo a tese de que existem, ou podem existir, formas de agricultura altamente produtivas, ecologicamente sustentáveis, protetoras da biodiversidade e compatíveis com a estabilidade e diversidade sociais e culturais. A semente é a chave para aquilo que é possível. As formas alternativas de agricultura dependem da semente como recurso regenerativo, e são incompatíveis com sua mercantilização. Isto explica a combatividade em seus escritos (especialmente em Shiva, 2001), e nas atividades na luta contra os direitos de propriedade intelectual aplicados a seres vivos, incluindo as sementes, e contra a biopirataria, a apropriação livre e gratuita, legalmente sancionada, de sementes e conhecimentos tradicionais para a exploração comercial que, por sua vez, contribui para solapar a manutenção das sementes enquanto recursos regenerativos.

A semente é, assim, um símbolo fundamental nas lutas contemporâneas. Como mercadoria, ela simboliza a disposição e o poder do mercado, reforçados pelas inovações técnicas e mecanismos legais, de penetrar domínios que até agora haviam resistido a tal invasão (cf. Lewontin & Berlan, 1990; Lewontin, 1998; Shiva, 2000a). Como recurso regenerativo, ela simboliza as possibilidades do fortalecimento local, da autogestão, de toda a população ser bem alimentada, da preservação da diversidade cultural e biológica, da sustentabilidade ecológica, de alternativas à uniformidade das instituições neoliberais, e da genuína democracia.

Aqui no Brasil, a introdução dos transgênicos vem suscitando intensa controvérsia (cf. cap. 4), e são poucos os dias em que os jornais não trazem alguma notícia, análise ou artigo de opinião sobre o tema. Na argumentação dos opositores, predominam, de maneira geral, as considerações sobre os riscos para a saúde humana e o meio ambiente. Tais considerações, como vimos, estão presentes também na crítica de Shiva que, entretanto, pode-se dizer, é mais radical, naquele sentido etimológico de ir às raízes. É mais radical porque vê a disseminação dos transgênicos como apenas um elemento de um processo socioeconômico muito mais amplo, centrado na mercantilização da semente, e da agricultura de maneira geral. Os resultados nefastos desse processo já ficaram evidentes com a RV (bem antes, portanto, do aparecimento dos transgênicos), e não deverão mudar enquanto a criação e comercialização das sementes transgênicas estiver nas mãos das grandes empresas, quer se concretizem, quer não, os riscos para a saúde humana e ambiental.

2 A ciência reducionista

As práticas que envolvem a semente como recurso regenerativo, seus desenvolvimentos e usos e a maneira como os agricultores relacionam-se com ela são informadas por um tipo de conhecimento diferente daquele associado à semente como mercadoria e, mais amplamente, aos modelos tecnológicos na agricultura. Quer se trate da RV, quer da agrobiotecnologia, esse conhecimento exemplifica, segundo Shiva, apenas *um tipo de conhecimento científico*, denominado por ela "ciência reducionista".

Uma característica da ciência reducionista é fornecer compreensão dos fenômenos *exclusivamente* em termos de suas estruturas subjacentes e componentes moleculares, de seus processos e interações, e das leis que os governam, abstraindo de suas relações com a vida e a experiência humanas, bem como de suas relações sociais e econômicas. Dessa forma, seus objetos são em si mesmos, nas palavras de Shiva, "mortos, inertes, sem valor" (Shiva, 2001, cap. 2). O "exclusivamente" é fundamental nesta caracterização, sendo a ciência reducionista criticada não pelo que inclui, em termos de conhecimento, mas pelo que deixa de fora. No que diz respeito às sementes, ela investiga aquilo que pode ser conseguido por manipulações de seus componentes moleculares e suas interações com outros objetos de seu domínio, como os herbicidas, mas ignora os efeitos na saúde humana e no meio ambiente possivelmente causados com a introdução de tais sementes modificadas na agricultura, e os efeitos sociais decorrentes do contexto socioeconômico de tal introdução. A ciência reducionista tende também a tratar os fenômenos de maneira fragmentada, como conjunto de aspectos que podem ser investigados individualmente. Uma colheita, por exemplo, é considerada fonte de um produto (um cereal), e investigada enquanto tal, ignorando a possibilidade de que possa ser também fonte de forragem para o gado, expressão de valores culturais, meio de fomentar a biodiversidade etc. Finalmente, na medida em que articula o entendimento abstraindo das relações sociais entre os fenômenos, reduzindo a semente a suas estruturas subjacentes, a ciência reducionista contribui para ocultar a transformação fundamental por que passa a semente ao ser mercantilizada.

Há uma ligação fundamental deste tipo de ciência, diz Shiva, com a lógica da expansão do mercado. Sua prática não tem outra justificativa, e ela carece de aplicabilidade fora da lógica do mercado. A aplicação da ciência reducionista dá origem a uma "quádrupla violência" (cf. Shiva, 1988):

Primeiro, a violência contra os supostos beneficiários do conhecimento (lavradores pobres e suas famílias). As condições em que eles podem manter suas formas de agricultura são solapadas, de tal maneira que eles deixam de ser produtores dos próprios alimentos, tornando-se consumidores que precisam adquiri-los, frequentemente, sem dispor dos meios para isso, em virtude do deslocamento social.

Segundo, contra os portadores de formas não reducionistas de ciência. A concessão de "monopólio" ao conhecimento obtido pela ciência reducionista e de proteção especial por meio dos direitos de propriedade intelectual aos produtos por ela informados desvaloriza o conhecimento dos portadores de outras formas, tradicionais e agroecológicas de conhecimento, bem como as atividades por elas informadas. A ciência reducionista também não coloca barreira alguma aos projetos sociais e econômicos que exploram livremente tais formas de conhecimento (biopirataria), ou que diminuem sua relevância prática e, assim, a autonomia de seus portadores.

Terceiro, "a pilhagem do conhecimento", ou violência contra o próprio conhecimento. Esta forma liga-se diretamente à segunda e consiste na afirmação de que o conhecimento não reducionista simplesmente não é conhecimento. Em nome do "conhecimento científico" bem estabelecido, o conhecimento tradicional é não apenas desvalorizado, mas também explorado, suprimido, distorcido e considerado não merecedor de investigação empírica e aperfeiçoamento. Quarto, "a pilhagem da natureza", ou violência contra o objeto do conhecimento. Projetos informados pela ciência reducionista tendem a "destruir a integridade inata da natureza e, assim, despojam-na de sua capacidade regenerativa" e a destruir a biodiversidade e a herança genética das regiões onde são aplicados. Nas palavras da autora:

A agricultura sustentável baseia-se na reciclagem dos nutrientes do solo. Isso implica devolver ao solo parte dos nutrientes que dele se originam e que sustentam o crescimento das plantas. A manutenção do ciclo nutritivo e, com isso, da fertilidade do solo, baseia-se na inviolável lei do retorno, que reconhece a terra como fonte de fertilidade. O paradigma da Revolução Verde na agricultura substituiu o ciclo de nutrientes regenerativo por fluxos lineares de insumos na forma de fertilizantes químicos adquiridos das fábricas e produtos representando mercadorias agrícolas comercializadas. A fertilidade não era mais uma propriedade do solo, mas de produtos químicos. A Revolução Verde esteve essencialmente baseada em sementes milagrosas que requeriam fertilizantes químicos e não geravam retorno das plantas ao solo (Shiva, 2001, cap. 3).

Shiva é uma crítica radical dos modelos tecnológicos dominantes na agricultura e do conhecimento que os informa. As quatro violências por ela denunciadas são decorrência não de formas particulares de utilização desse conhecimento, mas de sua própria natureza. O conhecimento reducionista serve necessariamente aos interesses da agricultura capital-intensiva, e mesmo em condições socioeconômicas favoráveis não pode contribuir para projetos favoráveis à justiça social. Observando não

Hugh Lacey

apenas a persistência da fome e da desnutrição em grande escala, apesar da produção de comida suficiente para todos, além das outras consequências descritas acima, Shiva sugere ser a motivação da RV (e agora, da introdução dos transgênicos) não tanto a solução do problema da fome, agravada pelo aumento da população, mas sim a transformação capitalista da agricultura.

3 FORMAS ALTERNATIVAS DE AGRICULTURA E OS TIPOS DE CONHECIMENTO QUE AS INFORMAM

A ciência reducionista fornece apenas um tipo de conhecimento científico, diz Shiva. Há outros tipos, associados à semente enquanto recurso renovável, e estes informam diversos métodos de agricultura, frequentemente agrupados sob o rótulo "agroecologia" (cf. cap. 2, 6, 9; Altieri, 1998). A investigação agroecológica, por um lado, não despreza a contribuição da ciência reducionista, recorrendo de inúmeras maneiras ao conhecimento das estruturas subjacentes, à química e à bioquímica das plantas, solos e insumos da produção agrícola. Mas, por outro lado, situa os fenômenos da agricultura e, portanto, a semente, integralmente em seu contexto específico ecológico e social. Ela investiga as relações e interações entre os organismos e seu meio ambiente, considerado como um todo mais ou menos autoregulador do qual o organismo é parte integral. Dessa forma, ela permite identificar as potencialidades que as coisas (por exemplo, sementes) têm em virtude de seu lugar em agroecossistemas. Diferentemente da ciência reducionista, a agroecologia não abstrai as dimensões sociais, humanas e ecológicas das coisas. Seu foco reside em objetos – agroecossistemas produtivos e sustentáveis e suas partes constituintes (sementes, plantas, microorganismos etc.) – cujas potencialidades não podem ser reduzidas àquelas identificadas por métodos reducionistas. Produzir uma colheita é visto como parte de um processo de gerar e manter agroecossistemas produtivos e sustentáveis.

O sucesso empírico da agroecologia é um fundamento essencial para a contestação do monopólio do conhecimento feito em nome da ciência reducionista. Em sua análise, Shiva destaca os pontos fortes do conhecimento tradicional que, em contraste com o universalismo da ciência reducionista, tem uma natureza local, isto é, responde às peculiaridades de cada agroecossistema em que está inserido, assumindo assim diferentes formas em diferentes lugares. A agricultura tradicional, informada por tais conhecimentos, desenvolveu práticas quase sempre ecologicamente adequadas, mantendo, por exemplo, solos férteis por milênios, e incorpora métodos de controle de pragas e moléstias que funcionam por meio de arranjos e combinações de diferentes culturas, bem como processos de seleção que deram origem a um reservatório genético ricamente diversificado, e modos de organização social em harmonia com os processos naturais. Claramente, ao longo dos séculos, sementes autóctones, obtidas por meio de polinização em campos abertos, foram aperfeiçoadas como resultado das práticas de seleção adotadas pelos lavradores locais. O conhecimento tradicional, além do mais, é passível de aperfeiçoamento, por meio de pesquisas visando sua articulação, sistematização e avaliação empírica, das quais os lavradores locais participam, ao lado de "especialistas", que contribuem com o conhecimento das estruturas, processos e interações subjacentes aos agroecossistemas.[4]

---

4 Desenvolvimentos recentes no Brasil confirmam essa alegação, por exemplo, a utilização de métodos de melhoramento participativo de culturas (*participatory plant breeding*), para selecionar variedades de milho tolerantes a solos com deficiência de nitrogênio, nos quais, além de agrônomos profissionais, pequenos produtores tomam parte na pesquisa, selecionando e plantando as sementes (Machado & Fernandes, 2001; ver também Gomes & Rosenstein, 2000).

CAPÍTULO 9

Estimando o valor
das culturas transgênicas

1 INTRODUÇÃO

A acusação de "falta de ética" tem sido feita nos últimos tempos
contra grandes empresas multinacionais do agronegócio empenhadas na pesquisa e no desenvolvimento de transgênicos. Por
que "falta de ética"? Porque, alegam os críticos, o agronegócio
coloca seus interesses no lucro acima de qualquer preocupação
com os riscos que podem ser ocasionados pelos transgênicos para
a saúde humana, a sustentabilidade do meio ambiente, a preservação da biodiversidade, os requisitos da democracia e as necessidades dos pequenos agricultores. Embora essa crítica seja em
parte justificada, o que está em jogo, a meu ver, é melhor entendido como um conflito entre visões morais opostas. Essas empresas consideram-se portadoras de uma visão moral progressista. Na verdade, trata-se de uma visão que valoriza o interesse
próprio (os valores individualistas têm prioridade), porém ar-
ticulando-o como parte de uma concepção de liberdade individual equilibrada pelo reconhecimento do valor dos direitos civis
e políticos e de uma sociedade democrática. Nesse contexto, o
agronegócio vê-se como sujeito às restrições éticas apropriadas.
De seu ponto de vista, não é o agronegócio, mas seus oponentes
que carecem de uma adequada preocupação ética. Seus porta-vozes afirmam que, dentro de *qualquer* visão moral digna de consideração, os transgênicos devem ser considerados objetos de alto
valor moral: seu desenvolvimento e implementação é não apenas
legítimo, de forma que o direito de utilizá-los deve ser respei-

tado (cf. Thompson, 1997), mas virtualmente obrigatório (cf. Borlaug, 2000; Human Development Report, 2001; Nuffield Council on Bioethics, 1999; Persey & Lantin, 2000; Potrykus, 2001; Serageldin, 1999; Specter, 2000).

Meu objetivo neste capítulo limita-se principalmente ao questionamento dessa visão mais radical. Identificarei seis proposições que, na minha opinião, representam de maneira adequada premissas-chave dos argumentos de que o desenvolvimento dos transgênicos possui valor virtualmente universal. Elas constituem versões anteriores das premissas *pró* transgênicos expostas no Capítulo 4. Não vou tratá-las de maneira abrangente, mas apenas levantar algumas questões – não para contestar todos os usos dos transgênicos e muito menos todas as aplicações possíveis da biotecnologia na agricultura – mas para mostrar que, em perspectivas de valor importantes, adotadas especialmente em certos movimentos rurais nos países do "terceiro mundo", outras formas de agricultura (por exemplo, a agroecologia) são devidamente mais valorizadas. Finalmente, tirarei algumas conclusões sobre o que deveria caracterizar uma discussão ética séria sobre agricultura baseada nos transgênicos e suas alternativas.

2 O suposto valor universal dos transgênicos

As seis premissas do suposto valor universal dos transgênicos são:

1 A tecnologia, informada pelo moderno conhecimento científico, fornece uma possibilidade única de resolver grandes problemas mundiais como a fome e a desnutrição.

2 O desenvolvimento dos transgênicos é informado pelo conhecimento biotecnológico; é, portanto, informado de maneira exemplar pelo conhecimento científico moderno.

ESTIMANDO O VALOR DAS CULTURAS TRANSGÊNICAS

3 Esse conhecimento pode ser aplicado, em princípio, equitativamente, para servir aos interesses e para melhorar as práticas de grupos portadores de uma vasta gama de perspectivas de valor – incluindo, em princípio, todas as perspectivas de valor plausíveis hoje em dia.

4 Pode-se obter grandes benefícios no uso dos transgênicos na agricultura *agora*, e eles serão largamente expandidos *com desenvolvimentos futuros*, que prometem culturas transgênicas com superiores qualidades nutritivas, que podem facilmente ser cultivadas por agricultores pobres do "terceiro mundo".

5 As culturas transgênicas que no momento estão sendo plantadas, colhidas, processadas e consumidas, bem como as previstas, não causam riscos conhecidos ou previsíveis para a saúde humana e o ambiente, que não possam ser administrados de maneira satisfatória por meio de regulamentos responsavelmente elaborados.

6 O uso amplo de transgênicos na agricultura é necessário para assegurar que a esperada população mundial nas próximas décadas possa ser adequadamente alimentada e nutrida; não existem outros meios informados pelos resultados corretamente aceitos da investigação científica que garantam a produção do alimento necessário (ou, até mesmo, que tenham um papel importante nesse processo).

Dadas tais premissas, é difícil resistir à conclusão de que os transgênicos devem ser considerados como portadores de um valor praticamente universal. A *Premissa* 6 será o tema principal deste capítulo, mas primeiro farei alguns comentários sobre as demais. Outros aspectos da argumentação foram discutidos em outros capítulos deste livro.

219

Hugh Lacey

Maneiras modernas de valorizar o controle dos objetos naturais

A *Premissa 1* tem o objetivo de expressar uma proposição justificada por uma retrospectiva histórica. Ela reflete também *meios especificamente modernos de valorizar o controle dos objetos naturais*, que se manifestam em uma série de valores que estão no âmago da visão moral, antecipada por Bacon, que motiva os desenvolvimentos dos transgênicos e outros produtos tecnocientíficos. Esses valores dizem respeito à questão do controle, à sua centralidade na vida cotidiana, e à não subordinação sistemática de seu valor a outros valores morais e sociais. Dessa forma, o tipo de perturbação social e ecológica causada por muitas inovações industriais passa a ser visto simplesmente como o preço do progresso, sendo especialmente valorizada a expansão de tecnologias avançadas em cada vez mais esferas da vida, como meio para resolver um número cada vez maior de problemas. Têm-se alegado frequentemente que os problemas de saúde e ambientais causados pelas próprias inovações tecnológicas podem ser resolvidos dessa maneira. Discuti esses valores e seus pressupostos em outros lugares (cf. cap. 1 acima; *SVF*).

Estratégias materialistas

A *Premissa 2* expressa uma visão amplamente aceita sobre a natureza da investigação científica, que inclui, em particular, a ideia de que, na investigação científica exemplar, a pesquisa é conduzida segundo o que denomino *estratégia materialista*: as teorias são restringidas, de modo que as coisas possam ser representadas em termos de suas estruturas subjacentes e seus componentes, processos e interações, bem como das leis que os governam. Além disso, é preciso que suas possibilidades possam

ESTIMANDO O VALOR DAS CULTURAS TRANSGÊNICAS

ser identificadas em termos do poder gerador da ordem subjacente, isoladas de qualquer lugar que possam ocupar na experiência humana e na atividade prática e de qualquer vínculo com valores sociais e com as possibilidades humanas, sociais e ecológicas que elas possam também afetar (cf. *SVF*). Assim, por exemplo, na investigação biotecnológica, as sementes são efetivamente redutíveis aos seus genomas e à expressão bioquímica dos genes componentes e, por conseguinte, suas possibilidades são encapsuladas em termos da possibilidade de serem geradas a partir de sua estrutura molecular subjacente (e de suas possibilidades de modificação) e de processos bioquímicos regidos por leis. Entender as sementes biologicamente *dessa maneira* separa radicalmente a realização de suas possibilidades de qualquer impacto que elas possam ter nos arranjos sociais, na vida e experiência humanas, sobre as condições sociais e materiais da pesquisa e sobre o extenso impacto ecológico a longo prazo e, portanto, de qualquer ligação com valores.

Os RISCOS

A *Premissa 5* tem dominado as recentes controvérsias sobre os transgênicos. A razão para isso é simples: nenhuma evidência científica confiável foi obtida que tenha de fato identificado algum risco sério, não administrável, para a saúde humana e o ambiente, como resultado dos usos atuais, planejados e previsíveis de determinados transgênicos. Isso pode muito bem ser verdade (cf. Lewontin, 2001). Mas os críticos perguntam: não seria a atual falta de evidência devida ao fato de as pesquisas relevantes não serem realizadas? (cf. Altieri, 2001; Ho, 2000a; Rissler & Mellon, 1996). Objetou-se que os procedimentos-padrão de avaliação de riscos (por exemplo, o endossado pelo National Research Council (cf. *NRC*, 2002) não contempla supostas ameaças, tais como a possibilidade dos efeitos adversos da transferência horizontal de genes, que pode ser facilitada pelo material genético vindo do vírus mosaico da couve-flor (*cauliflower mosaic virus*), utilizado como promotor em muitos transgênicos (cf. Ho, Ryan & Cummins, 1999), e danos para os centros de biodiversidade no mundo. A lista de supostas ameaças também inclui a destruição das condições para outras formas de agricultura, a subversão de "fins agroecológicos dirigidos a tornar a agricultura mais socialmente justa, economicamente viável e ecologicamente correta" (cf. Altieri, 2000), a negação de recursos para os pobres, e o impacto adverso nos sistemas ecológicos tropicais (cf. Nodari & Guerra, 2001). Outros objetam que avaliações-padrão de risco aplicam-se somente ao produto da modificação genética e não aos riscos que podem ocorrer no processo, que elas se baseiam principalmente nos dados fornecidos pelo agronegócio e não em dados obtidos independentemente (cf. Lewontin, 2001), além dos testes não levarem em conta as variações entre as linhagens de cada cultura transgênica (cf. Bergelson & Purrington, 2000). Sustenta-se também que a pesquisa relevante não tem sido conduzida, alegando que isso representa uma falha ética do agronegócio e dos órgãos reguladores do governo, que provoca o risco de sérios danos às pessoas e ao ambiente, o qual poderia ser evitado se tivéssemos o conhecimento relevante.

Seus defensores dizem que pesquisas suficientes sobre possíveis riscos têm sido feitas; os críticos negam isso. O que é "suficiente"? No tratamento de questões de risco como essas, é inevitável haver contestações que têm um componente de valor essencial. O que conta como evidência suficiente depende de quão sérios (do ponto de vista ético) são os riscos potenciais, e quão significativos (do mesmo ponto de vista) são os ganhos esperados, bem como dos riscos e benefícios das alternativas. Alguns sustentam que os riscos dos transgênicos são tão sérios que seguir o "princípio da precaução" é obrigatório (cf. Raffensperger & Barrett, 2001; Cesar & Abrantes, 2003). Outros retrucaram que os benefícios são tão significativos, e os riscos que tem sido de fato demonstrados tão pouco sérios (havendo mecanismos reguladores adequados), que é apropriado realizar avaliações de risco de acordo com o pressuposto da "equivalência substancial", que atribui o ônus da prova aos críticos (cf. Thompson, 1997), especialmente (alguns acrescentam) tendo em vista os benefícios potenciais altamente significativos para os povos empobrecidos (*Premissa 4*), e os perigos de fato presentes nas formas de agricultura "convencionais" baseadas em produtos químicos (cf. Human, 2001). Todos esses argumentos, por sua vez, dependem em grande medida de se a *Premissa 6* é empiricamente sustentada ou não. Se, de fato, não estão disponíveis alternativas sérias ao uso dos transgênicos que garantam alimentação e nutrição para toda a população mundial, então seguramente maiores riscos podem ser (eticamente) tolerados. Por esta razão, para fazer julgamentos éticos corretos sobre os riscos supostamente vinculados ao uso dos transgênicos, deve-se levar em conta a evidência que sustenta a *Premissa 6*. Este ponto é reforçado pelas reflexões sobre as *Premissas 3 e 4*.

A NEUTRALIDADE DA CIÊNCIA

A *Premissa 3* reflete a tão frequentemente afirmada neutralidade da ciência (cf. *SVF*; cap.1 acima). A neutralidade da ciência que sustenta os transgênicos (biotecnologia) pode ser colocada em questão. Dos dois tipos de transgênicos atualmente mais usados largamente, um utiliza genes que conferem resistência a herbicidas de marca registrada (por exemplo, o *Roundup* da Monsanto), e o outro um gene (da bactéria *Bt*) que permite que as plantas liberem uma toxina que funciona como pesticida. Isso contribui para os lucros do agronegócio e seus clientes e é, por isso, que foram introduzidos (cf. cap. 6), o que não é de surpreen-der. A maioria das pesquisas em transgênicos é patrocinada pelo agronegócio; e por meio dos direitos de propriedade intelectual (DPI), que incluem as patentes, o agronegócio ganhou controle não somente sobre as próprias plantas transgênicas, mas também sobre técnicas de engenharia genética e, até mesmo, sobre certos genes e características de plantas. Além do mais, a disseminação da agricultura transgênica nos países do "terceiro mundo" favorecida pelas medidas protecionistas dos DPI, que são apoiadas pela OMC, é parte essencial dos atuais programas de globalização. Nesse contexto, ao que parece, os produtos da pesquisa biotecnológica, que exploram as possibilidades encapsuladas nos genomas (modificados) das sementes, podem ter pouca utilidade fora dos espaços onde predominam as relações de mercado. Se for assim, então a própria dedicação à pesquisa sobre os transgênicos já contribui simultaneamente para os interesses do agronegócio e do mercado. Pode contribuir também para amenizar as preocupações com a agricultura "convencional" em larga escala. Nas palavras de Thompson:

> (...) as ferramentas e a ciência que conhecemos como biotecnologia dos alimentos podem ser empregadas para aumentar a produtividade agrícola, reduzir os impactos ambientais negativos, garantir e aumentar a segurança dos alimentos (Thompson, 1997, p. 18).

Não obstante, elas podem ter pouca relevância para os projetos dos agricultores que tentam aperfeiçoar agroecossistemas produtivos, sustentáveis e biodiversos, usando, por exemplo, métodos agroecológicos.

Não se pode negar que a tecnologia dos transgênicos é informada por evidências empíricas confiáveis. Embora seja importante, tal afirmação não significa que, em sua aplicação, esse conhecimento possa servir equitativamente as diversas perspectivas de valor (cf. Lacey, 2001a). Ele pode favorecer especialmente o agronegócio e as perspectivas de valor que compartilham as maneiras modernas de valorizar o controle dos objetos naturais mas, apesar da *Premissa 4* ter pouca relevância para suprir as necessidades de alimentação e nutrição dos pobres ou, como explicado na Seção 6 a seguir, para as práticas agrícolas da maioria dos pequenos agricultores do "terceiro mundo".

A *Premissa 4*, por outro lado, estabelece a distinção entre os transgênicos já existentes e os previstos para o futuro. A promessa futura é enorme e ilimitada, e afirma-se que com sua redenção os transgênicos poderão ser usados para satisfazer muitas das necessidades de alimentação e de saúde dos povos empobrecidos, para servir aos *valores humanitários* de maneira importante.

3 O ARROZ DOURADO

O "arroz dourado" (*golden rice*) tornou-se a peça-chave do argumento de que a tecnologia dos transgênicos proporciona benefícios aos pobres. É uma variedade de arroz geneticamente modificada para conter betacaroteno, uma fonte de vitamina A quando ingerido pelos seres humanos (cf. Ye *et al.*, 2000). Seu desenvolvimento é proposto como uma contribuição no sentido de aliviar a desnutrição e seus terríveis efeitos especialmente em crianças dos países pobres. Questionar o valor do arroz dourado parece, para os seus criadores, ser algo absurdo e perverso (antiético), que reflete somente sentimentos "anticientíficos" e "antimercantis" (cf. Borlaug, 2000; Potrykus, 2001; McGloughlin, 2000). Mas o arroz dourado ainda não está disponível para uso agrícola; as primeiras plantas experimentais foram produzidas apenas recentemente. Sua disponibilidade para pequenos agricultores é uma promessa que enfrenta diversos obstáculos cuja superação virá (se vier) dentro de alguns anos. Enquanto os testes de campo e as determinações de riscos são realizados, pretende-se desenvolver o arroz dourado, cruzado com variedades atualmente cultivadas por pequenos agricultores do "terceiro mundo", de modo que possa ser usado por eles, sendo fornecido *gratuitamente* pelas instituições que o estão desenvolvendo. Temos, portanto, nas palavras de seu criador, um exemplo do "puro uso altruístico da tecnologia da engenharia genética [que] potencialmente resolveu um problema de saúde urgente e anteriormente intratável dos pobres dos países em desenvolvimento" (Potrykus, 2001, p. 1161). Os criadores do arroz dourado enfatizam o valor "humanitário" de seu projeto. Isso parece sustentar, no mínimo, certo grau de neutralidade na pesquisa sobre transgênicos (valor humanitário, assim como valor para o agronegócio e seus clientes), e talvez o seu valor universal. Os porta-vozes do agronegócio enfatizam a universalidade. Dado o valor humanitário de algumas de suas aplicações, eles sugerem que o desenvolvimento dos transgênicos *em geral* é desejável, incluindo a contribuição do agronegócio – o valor ético do projeto de transgênicos como um todo é sustentado pelo valor humanitário do arroz dourado e uns poucos casos similares. O agronegócio naturalmente busca o lucro mas, ao mesmo tempo, coopera com projetos humanitários que não têm nada a ver com o lucro licenciando, sem cobrar nada, o uso de seu material patenteado para o desenvolvimento de sementes a serem usadas nesses projetos humanitários (cf. Potrykus, 2001; Borlaug, 2000). Portanto, ainda que as inovações imediatas do agronegócio não sejam projetadas para suprir a necessidade de alimento e nutrição dos pobres do mundo, a pesquisa que as sustenta é essencial para (e parte de) os projetos que têm esse objetivo. Dessa maneira, o valor universal de inovações como o arroz dourado é usado para sustentar o valor da tecnologia dos transgênicos em geral. Os "humanitários" questionam às vezes a adequação de ênfases particulares do agronegócio (cf. Serageldin, 1999), mas não a política de crescimento da agricultura transgênica promovida através dos mecanismos associados aos DPI – pois seu próprio desenvolvimento depende dos produtos (e da caridade) daqueles realizados pelo agronegócio. Portanto, os projetos "humanitários" têm papel subordinado e dependente no processo de "globalização" orientado pelo mercado, do qual o agronegócio é um líder. Essa conclusão parece chocar-se com a alegação dos criadores do arroz dourado de que este pode ser cultivado ano após ano a partir de sementes da colheita precedente; o presente inicial de sementes, doado uma só vez pelos institutos humanitários de pesquisa permitiria, portanto, aos agricultores que continuassem a produção sem ulterior dependência de instituições externas. Os críticos (por exemplo, Ho, 2000b) são céticos quanto a essa alegação, contra-argumentando: (a) com a provável instabilidade do arroz dourado através das várias gerações; (b) em virtude da improbabilidade de o arroz dourado tornar-se parte de um agroecossistema sustentável, com a provável dependência regular dos institutos de pesquisa para novas sementes necessárias para lidar com pragas e outros problemas; (c) com a necessidade (para que os transgênicos venham a contribuir para a solução de importantes problemas de saúde) de um fluxo regular de novas sementes oriundas dos institutos de pesquisa para culturas que respondam a outras deficiências nutritivas (por exemplo, deficiência de ferro); e (d) que a sustentabilidade não se constrói a partir da dependência da "caridade" do agronegócio. Eles no arroz dourado veem uma fórmula para a dependência crescente do agronegócio, ou para a criação de condições que facilitarão a expansão do controle do agronegócio sobre a produção de alimentos nos países pobres.

Além disso, alguns críticos sustentam que essa é uma dependência acompanhada por todos os riscos discutidos na Seção 2, mas sem a garantia de que a vitamina A, produzida no corpo através da ingestão do arroz dourado, será suficiente para fazer uma diferença nutricional, e de que a presença de outros fatores (por exemplo, certas gorduras, ou um corpo de maneira geral bem nutrido) que supostamente são necessários juntamente com o betacaroteno para que o corpo produza vitamina A (cf. Ho, 2000b). Outros alegam que o arroz dourado foi proposto como solução para a deficiência de vitamina A entre grande número de crianças em países empobrecidos, mas sem que uma cuidadosa investigação empírica sobre a história causal da deficiência tivesse sido realizada (cf. Rosset, 2001). Isso é importante, pois um problema desse tipo não pode ser solucionado sem a eliminação dos fatores que o perpetuam. Porém, na pesquisa do arroz dourado, o problema foi caracterizado de uma maneira que, *a priori*, o torna passível de uma solução científica (nesse caso, derivada unicamente da biotecnologia). A causa da deficiência de vitamina A é *a priori* representada como insuficiência de betacaroteno no alimento ingerido, como se a razão pela qual as pessoas sofrem de deficiência de vitamina A fosse a carência da tecnologia relevante que possibilitaria a produção do tipo correto de arroz. A "ciência" promete uma solução através da engenharia genética por meio da adição de betacaroteno em um alimento básico. Mas se a pobreza é a causa, e o problema é a desnutrição, da qual a deficiência de vitamina A é apenas um componente, então solucionar a deficiência de vitamina A da maneira "científica" pode, ao mesmo tempo, promover a pobreza e consequentemente a desnutrição em geral. Promoverá tal pobreza se (como muitos críticos afirmam, mas os defensores negam) o desenvolvimento do arroz dourado ocorrer como parte integrante do sistema socioeconômico que causa ou mantém a pobreza em primeiro lugar.

Não considero nenhuma das alegações nos dois parágrafos anteriores como conclusivas, mas elas demandam investigação e análise suplementares. No entanto, são suficientes para a conclusão de não ter ainda sido provado que o advento do arroz dourado fortalece o argumento de que os transgênicos têm um valor

ESTIMANDO O VALOR DAS CULTURAS TRANSGÊNICAS

significativo fora do contexto socioeconômico regido pelas relações de mercado. Isso não teria importância, claro, *se não houvesse outras alternativas*. Mais uma vez, a *Premissa 6* desempenha um papel na argumentação.

4 ALTERNATIVAS AOS TRANSGÊNICOS

A existência (potencial) de alternativas é a questão-chave na disputa: alternativas isentas dos riscos que podem ser ocasionados pelos transgênicos, que utilizem métodos agrícolas (considerarei a agroecologia) informados por um conhecimento científico bem estabelecido, e tendo especial relevância para os pequenos agricultores do "terceiro mundo"; alternativas voltadas para os problemas como a desnutrição como um todo, ao invés de como um conjunto de questões isoladas esperando cada uma sua solução individual – em um contexto que não separa as soluções propostas da análise detalhada da história causal do problema, que procura soluções ecologicamente sustentáveis, que fomentem o bem-estar e aumentem a capacidade de agir dos membros da comunidade local. Caso haja alternativas sérias, então não é suficiente trabalhar apenas no sentido da desejada redenção da promessa do arroz dourado (e culturas semelhantes). A questão importante passa a ser: quais são as opções no momento para se lidar com a desnutrição, e quais são as mais promissoras? Os críticos argumentam que os outros meios que defendem (ao menos como candidatos a serem investigados) podem lidar com a deficiência de vitamina A como uma fonte de desnutrição entre várias; pois esses meios envolvem lavouras em uma diversidade de agroecossistemas que incluem várias verduras, hortaliças e plantas produtoras de óleo que são fontes de muitos dos minerais necessários à nutrição humana – sendo bem conhecidos, e sendo as plantas disponíveis localmente. Sua implementação poderia começar imediatamente com pesquisa e desenvolvimento relativamente pouco dispendiosos em comparação com os necessários para desenvolver o arroz dourado (cf. Altieri, 2000a; Ho, 2000b; Rosset, 2001).

AGROECOLOGIA

A agroecologia refere-se *não somente* a um tipo de agricultura, mas *também* a uma abordagem científica para investigar agroecossistemas (cf. Altieri, 1995). Seu foco principal reside na *sustentabilidade*, envolvendo a "sustentabilidade", na definição de Altieri, no mínimo quatro atributos:

- *capacidade produtiva*: "manutenção da capacidade produtiva do ecossistema";
- *integridade ecológica*: "preservação da base dos recursos naturais e da biodiversidade funcional";
- *saúde social*: "organização social e redução da pobreza";
- *identidade cultural*: "empoderamento das comunidades locais, preservação da tradição, e participação popular no desenvolvimento do processo" (Altieri, 1998, p. 56-7; cf. Altieri *et al.*, 1996).

A agroecologia é agricultura que visa à sustentabilidade. Como um campo da investigação científica, ela desenvolve estratégias, que denomino *estratégias agroecológicas*, segundo as quais se pode confirmar generalizações acerca das tendências, das capacidades, do funcionamento e das possibilidades dos agroecossistemas, seus componentes, relações e interações entre eles, inclusive generalizações nas quais, por exemplo, "ciclos minerais, transformações de energia, processos biológicos e relações socioeconômicas" são considerados em relação à totalidade do sistema; generalizações ligadas ao objetivo não de "maximizar a

ESTIMANDO O VALOR DAS CULTURAS TRANSGÊNICAS

produção de um sistema particular, mas ao invés, de otimizar o agroecossistema com um todo" e "as complexas interações entre as pessoas, as lavouras, o solo e os animais de criação" (Altieri, 1987, p. xiv-xv). A agroecologia não pode ser praticada com uma distinção precisa entre o pesquisador e o agricultor; as observações do agricultor são essenciais na realização da pesquisa. Como diz um agroecologista:

(...) as sementes possuem múltiplas características que não podem ser capturadas somente por uma simples medida da colheita, por importante que seja, e os agricultores têm múltiplas necessidades específicas do local para as suas sementes, não apenas a alta produtividade em condições controladas. (...) a conclusão inevitável é a de que é essencial uma abordagem diferente, a da criação participativa de variedades de sementes levada a cabo pelos próprios agricultores, levando em consideração as múltiplas características tanto das variedades quanto dos agricultores (Rosset, 2001).

Dados empíricos relevantes na pesquisa agroecológica são frequentemente obtidos a partir de estudos de sistemas de agricultura que utilizam *métodos tradicionais informados pelo conhecimento local* (cf. Altieri, 1995, 1998). Tais sistemas podem, com adaptações sugeridas pelas descobertas científicas, ser melhorados no que diz respeito às quatro características de "sustentabilidade"; e são com frequência unicamente apropriados para a atividade dos pequenos agricultores pobres. Os métodos usados nesses sistemas têm sido testados empiricamente na prática e têm sido particularmente efetivos através dos séculos na "seleção de variedades de sementes para ambientes específicos" (Altieri, 1995, cap. 5), que com frequência constituem a fonte original das variedades de sementes a partir das quais os transgênicos são produzidos (cf. Kloppenburg, 1987).

231

A pesquisa agroecológica tem sido frutífera e são dignas de nota as pesquisas recentes desse tipo. Por exemplo, pesquisas feitas por Zhu e colaboradores sobre plantações de arroz na China demonstraram que "uma abordagem simples e ecológica para o controle de doenças pode ser efetivamente usada em uma ampla escala espacial para atingir um profundo controle ambiental da doença" sem perda de produtividade, em comparação com a agricultura baseada em monoculturas, que envolve o uso intensivo de produtos químicas (Zhu *et al.*, 2000, p. 720). Comentando esses resultados, após observar que há muito tempo Darwin já sabia que a cultura misturada (de trigo) era mais produtiva que as monoculturas, Wolfe pergunta: "por que a abordagem mista não é amplamente adotada?", e responde com a seguinte pergunta retórica: "é simples demais, não fazendo uso suficiente de alta tecnologia?" (Wolfe, 2000). Em seguida, ele continua:

> (...) misturas de variedades podem não fornecer todas as respostas para os problemas de controle das doenças e da manutenção de produtividade estável na agricultura moderna. Mas seu desempenho até agora em situações experimentais justifica que sejam mais amplamente adotadas. Mais pesquisas são necessárias para encontrar o melhor conjunto de métodos para cada objetivo, e para criar variedades especificamente para o uso em misturas. (...) Misturas de espécies fornecem uma outra camada de diversidade nas plantações, com vantagens meio esquecidas esperando serem exploradas em abordagens contemporâneas (Wolfe, 2000, p. 682).

Tilman fornece exemplos adicionais de como "maior diversidade (com os componentes "certos" da diversidade) leva a uma maior produtividade em comunidades de plantas, a uma maior retenção de nutrientes e maior estabilidade nos ecossistemas" (Tilman, 2000, p. 208; cf. Tilman, 1998).

A Premissa 6 e os dados empíricos

A questão que precisa ser colocada é: a agroecologia fornece uma alternativa que pode ter um papel significativo na produção dos alimentos de que o mundo necessita? O potencial produtivo da agroecologia é muito contestado. Entre os que argumentam ser a agroecologia necessária para o pequeno produtor e, por isso, indispensável para realmente alimentar a todos, alguns duvidam da capacidade dos seus métodos para produzir comida suficiente para alimentar as grandes populações urbanas. Na visão de outros, o maior potencial da agroecologia está relacionado à "agricultura orgânica", que atende a minorias abastadas; assim, a agroecologia serviria para um nicho do mercado, mas não o mercado de massas (Human, 2001). Questões empíricas estão claramente em jogo aqui e devem ser tratadas por meio de investigações bem planejadas. O estudo de Zhu é relevante para as duas opiniões, embora um estudo apenas não seja decisivo, ele é o único estudo em larga escala de que tenho conhecimento (cf. Tilman, 1999). Pode-se conjecturar quais seriam os resultados empíricos, se a agroecologia fosse apoiada por recursos comparáveis aos alocados à pesquisa sobre o arroz dourado. De todo modo, aqui encontramos opiniões conflitantes baseadas na experiência prática de pesquisadores sérios. Neste contexto, as palavras de Tilman soam sensatas:

> (...) são necessárias pesquisas sobre todas as abordagens razoáveis para o problema. A aparente desconfiança entre as escolas tradicionais e "ecológicas" de pensamento sobre a agricultura não deve cegar qualquer um dos lados para os novos *insights*, nem retardar o desenvolvimento de soluções para o problema global (Tilman, 1999, p. 14).

Simplesmente não sabemos quais são os limites do potencial da agroecologia, tampouco se a promessa dos transgênicos como o arroz dourado pode ser cumprida. Não obstante, as evidências indicam que a agroecologia pode satisfazer às necessidades de muitos pequenos agricultores e suas comunidades, que tendem a ser desconsiderados pelos projetos de "desenvolvimento" dominantes, e desalojados pelas práticas do agronegócio. E o potencial da agroecologia é muito maior do que o reconhecido até hoje. A *Premissa 6*, portanto, carece das credenciais empíricas necessárias para apoiar seu uso na legitimação do valor universal dos transgênicos, ou no questionamento do valor da agroecologia.

Aqueles que fazem uso da *Premissa 6* irão suspeitar desse argumento. Eles podem usar um contra-argumento baseado no ônus da prova: a agroecologia não demonstrou suficientemente o seu grande potencial; ou podem descartar as alegações como ideologicamente motivadas (cf. McGloughlin, 2000). Por quê? Porque, em primeiro lugar, o questionamento da *Premissa 6* pode levar ao questionamento da *Premissa 1*. Em segundo lugar, o compromisso com as modernas formas de valorizar o controle dos objetos naturais, cada vez mais reforçadas pelas instituições e políticas do mercado global contemporâneo que incorporam tais valores, explicam em grande parte a confiança nas possibilidades dos transgênicos para resolver os problemas da pobreza (cf. cap. 6 acima). Parafraseando Wolfe: "a agroecologia é simples demais, não faz uso suficiente de alta tecnologia"! Consideremos duas questões: "como podemos construir geneticamente plantas resistentes aos herbicidas?" e "como podemos praticar a agricultura de modo a promover a sustentabilidade dos agroecossistemas?". A meu ver, ambas são questões científicas, passíveis de uma investigação empírica sistemática, mas apenas a primeira está envolvida com a alta tecnologia. Convicções muito firmes em relação às *Premissas 1* e *6* são explicadas não por sua concordância com a evidência disponível, mas por referência ao seu papel enquanto pressuposições da moderna forma de valorização do controle dos objetos naturais.

5 O DESAFIO DA AGROECOLOGIA

O desafio da agroecologia à utilização rápida e disseminada dos transgênicos tem quatro componentes.

Primeiro, ela proporciona uma forma alternativa de agricultura que é produtiva, sustentável, e relativamente livre dos riscos diretos imediatos à saúde humana e ao meio ambiente.

Segundo, a agroecologia está fortemente enraizada em práticas contemporâneas, ligadas a movimentos que incorporam valores (por exemplo, da "participação popular") que se chocam com a visão moral esboçada no início deste artigo – valores de solidariedade e compaixão ao invés de individualismo; dos bens sociais equilibrados com os lucros e a propriedade privada; da sustentabilidade (como definida na Seção 4) subordinando o controle dos objetos naturais; da não violência na medida em que não envolva a tolerância da injustiça; o bem-estar de todas as pessoas ao invés da primazia do mercado e da propriedade; o fortalecimento da pluralidade de valores ao invés do aumento da mercantilização; libertação humana que inclui e qualifica a liberdade individual e a eficiência econômica; veracidade que aspira ao entendimento abrangente do lugar das nossas vidas no mundo, que procura identificar as possibilidades libertadoras escondidas no interior da ordem predominante, e que não identifica o que é possível com as principais tendências dessa ordem; disposição para submeter as pressuposições legitimadoras das práticas à crítica e à investigação ao invés de colocá-las entre as "certezas" situadas além do alcance da investigação; os direitos dos pobres postos acima dos interesses dos ricos; a democracia participativa englobando a democracia formal; e os direitos civis e políticos em relação dialética com os direitos sociais, econômicos e culturais. Esta lista representa minha articulação dos valores que estão envolvidos na noção de "participação popular" que é largamente usada entre os movimentos sociais latino-americanos, e que recentemente foi adotada pelo Fórum Social Mundial no encontro de Porto Alegre, no Brasil, em fevereiro de 2002 (cf. cap. 7). Cabe notar que um desafio baseado apenas neste segundo componente, sem o primeiro, é simplesmente ideologia. A motivação para adotar a agroecologia pode derivar do segundo, mas qualquer valor (para além do limitado valor local) que a agroecologia tenha depende do primeiro componente.

Terceiro, a agroecologia sugere que talvez o principal risco colocado pela implementação dos transgênicos seja a destruição das formas alternativas de agricultura, aquelas que têm o potencial de alimentar e nutrir a população rural pobre.

Quarto, ela desafia a noção de "ciência" ou "conhecimento científico moderno" que está presente nas *Premissas 1 e 6* — não a partir de uma perspectiva "anticientífica", mas de uma perspectiva que nega que a ciência deva ser restrita à investigação realizada segundo estratégias materialistas, as quais visam representar os fenômenos e suas possibilidades em termos do poder gerador da estrutura e lei subjacentes, separados da dimensão ecológica, humana e social. A agroecologia apresenta-se como uma alternativa bem informada pelo conhecimento científico — conhecimento derivado segundo estratégias agroecológicas. Isto é, investigação — não limitada, como a pesquisa biotecnológica, pelas estipulações das estratégias materialistas — na qual a biologia e a ciência social estão inseparavelmente interligadas e na qual a tecnologia mais recente e sofisticada nem sempre é pertinente. Embora sem negar que os transgênicos sejam um produto de um conhecimento científico bem estabelecido, questiona-se a alegação da *Premissa 2* de que esse tipo de conhecimento inclui todo o conhecimento possível. É somente quando a ciência é concebida dessa maneira ampliada, como uma prática que pode ser realizada segundo uma pluralidade de estratégias, das quais as estratégias materialistas são apenas uma (embora importante, e com um certo papel subordinado em todas as estratégias), que

ESTIMANDO O VALOR DAS CULTURAS TRANSGÊNICAS

todas as premissas do argumento podem ser submetidas à investigação científica (cf. *SVF*). Em particular, a *Premissa 6* não pode ser adequadamente submetida ao teste empírico sem que a investigação seja conduzida segundo uma variedade de estratégias, inclusive as agroecológicas.

6 Condições para uma discussão ética séria sobre os transgênicos

O apelo à *Premissa 6* não é suficiente para fundamentar um argumento conclusivo para o valor universal dos transgênicos. Ao contrário, uma vez que a introdução rápida e disseminada dos transgênicos é incompatível com o desenvolvimento sustentado da agroecologia, ela pode solapar as condições necessárias para o teste da *Premissa 6*; ela pode inviabilizar formas alternativas de agricultura e os movimentos que querem desenvolvê-las. Isso seria uma grande tragédia moral e representa o maior risco da introdução dos transgênicos (um risco não contemplado nos estudos usuais de avaliação de risco). Minha *primeira conclusão* é de que a *Premissa 6* precisa de um sério escrutínio empírico; e isso requer (no presente) que condições estejam disponíveis para a avaliação do potencial produtivo da agroecologia. Na ausência de tal estudo empírico, uma discussão ética dos transgênicos irá degenerar na mera adoção de posturas, com os proponentes apelando para a *Premissa 6* porque ela "legitima" seus projetos e não desafia o seu poder, enquanto os oponentes a negam em uma atitude de bravata ética.

O discurso ético, para ser autêntico, precisa recorrer aos resultados da pesquisa científica. Quando os resultados relevantes não estão disponíveis, é necessário pressionar para que a pesquisa seja realizada. Na prática, a força deste ponto é obscurecida pela aceitação da *Premissa 2*, a identificação usual da "ciência" com a "pesquisa conduzida segundo estratégias materialistas e o conhecimento obtido por meio dela". Isso torna os termos do discurso ético ainda mais difíceis. Sendo aceito que a ciência não está limitada à pesquisa realizada segundo estratégias materialistas, torna-se aparente que, quando a ciência é restrita a essas estratégias, não é por causa de suas necessidades (pesquisa empírica sistemática) *per se*, mas porque a ciência associou-se (conforme o modelo Baconiano) com a forma moderna de valorizar o controle dos objetos naturais. Os valores estão lá, desde o início, na pesquisa biotecnológica: os valores não determinam quais são as possibilidades abertas à engenharia genética, mas explicam a ênfase predominante voltada para a exploração de tais tipos de possibilidades. Não é suficiente, portanto, limitar a avaliação ética da pesquisa científica a suas aplicações; ela deve também tomar como objeto as prioridades estratégicas da pesquisa científica. A biotecnologia está, desde o início, ligada às formas modernas de valorização do controle e hoje, consequentemente, aos valores mercantis da economia global (cf. cap. 4, 6 acima). *Dentro* dessa visão moral, o agronegócio está, de maneira geral, disposto a considerar seriamente questões éticas, especialmente as relacionadas com os riscos à saúde e ao ambiente. Mas, para os críticos, o ponto em disputa pode ser a própria adoção dos modernos valores do controle e seu papel na legitimação de obstáculos para formas alternativas de agricultura.

Tanto a biotecnologia quanto a agroecologia proporcionam conhecimento científico — conhecimento que informa diferentes projetos ligados a diferentes visões morais, entre as quais existem enormes desigualdades de poder. Minha *segunda conclusão* — generalizando a primeira — é que o discurso ético não deveria ser abstraído das visões morais que estão por trás dele, que podem impedir o envolvimento sério com as questões em jogo; além disso, os pressupostos legitimadores das visões morais devem ser submetidos à pesquisa empírica com a maior abrangência pos-

ESTIMANDO O VALOR DAS CULTURAS TRANSGÊNICAS

sível. A visão moral que propõe a atribuição de um valor universal aos transgênicos sustenta que eles contribuem para satisfazer às necessidades mundiais de alimentos, e servem ao bem-estar humano em geral. Mas as instituições que os produzem têm um papel importante nas estruturas socioeconômicas no interior das quais um enorme número de pessoas não são alimentadas, embora comida suficiente seja produzida globalmente, de modo que há no momento comida suficiente para alimentar a todos. Pode-se esperar que a expansão do uso dos transgênicos resulte na expulsão de mais pequenos agricultores de suas terras e, assim, no aumento dos problemas da fome e do desajustamento social. Claro, se a *Premissa 6* for verdadeira, poderá não haver possibilidades fora dessas instituições, então o foco deve dar prioridade à questão da distribuição. Assim, a autenticidade de tal visão moral requer a investigação dessa premissa e, assim, que se conceda (ao menos temporariamente) espaço para o desenvolvimento da agroecologia. O interesse próprio pode levar alguém (ou uma corporação, ou um governo) a ignorar essa constatação, mas ela permanece sendo uma condição de autenticidade – ainda mais porque essa visão moral enfatiza a racionalidade de agir de acordo com os melhores resultados da investigação científica apropriadamente realizada.

A visão moral que endossa a agroecologia deve ser mantida em padrões similares. O valor de solidariedade com os movimentos das populações pobres ou a afirmação dos valores da participação popular não elimina a necessidade da investigação empírica das possibilidades da produção agroecológica. Certamente, não se sabe hoje em dia o suficiente para garantir que os transgênicos não serão necessários, de modo que a investigação empírica dos riscos dos transgênicos permanece importante. Mas, como já assinalado, a importância dos riscos é menor ou maior dependendo de existirem formas alternativas viáveis de agricultura. A agroecologia é muito promissora. Explorar tal promessa deveria ser uma alta prioridade, mas isso não pode ser feito sem o desenvolvimento dos movimentos rurais comprometidos com os valores, como aqueles da participação popular, e o apoio aos já existentes. Minha *terceira conclusão* é de que prover recursos para os movimentos rurais comprometidos com a participação popular é uma necessidade não somente para satisfazer as necessidades da população rural pobre, mas também para testar a *Premissa 6* empiricamente, sendo assim capaz de fazer avaliações éticas decisivas da agricultura transgênica.

Enquanto isso, é eticamente legítimo proceder com a pesquisa e o desenvolvimento dos transgênicos, sujeitando-os a estudos de risco cuidadosos, abrangentes e bem informados, introduzindo o uso prático dos transgênicos passo a passo — depois que a avaliação adequada de risco tiver sido realizada, e sendo o uso submetido a um monitoramento cuidadoso e contínuo; reconhecendo, além disso, que a avaliação de risco adequada precisa levar em consideração diferenças importantes nos ambientes onde os transgênicos possam ser usados. O agronegócio, entretanto, pode não ter interesse na introdução em pequena escala dos transgênicos. Ainda assim, a agricultura transgênica em grande escala não pode ser eticamente legitimada como uma política "global", antes de a *Premissa 6* ser empiricamente testada a fundo; o que pode ser feito apenas se modos de produção não voltados para o mercado, como aqueles da agroecologia, ganharem a oportunidade de serem desenvolvidos mais completamente. A menos que isso seja reconhecido, as perspectivas do fortalecimento da democracia em muitos países empobrecidos serão remotas.

CAPÍTULO 10

Investigando os riscos ambientais das culturas transgênicas

Nos últimos anos, o cultivo de culturas transgênicas (TGs) vem aumentando em um ritmo impressionante. Isso claramente não teria acontecido, se os agricultores que as utilizam não as vissem como fontes de benefícios significativos. Ao mesmo tempo, formou-se um coro de oposição ao uso de TGs na agricultura. Embora frequentemente ele questione a existência de benefícios significativos a serem ganhos, especialmente para os consumidores, agricultores pobres e comunidades rurais em países "em desenvolvimento," seus temas principais são os "riscos" e as "formas melhores de praticar a agricultura". A base da crítica é o princípio de que os benefícios esperados por si só não são suficientes, quer para *legitimar* o direito dos agricultores de usar TGs e o das corporações de desenvolvê-los e comercializá-los, quer para *justificar uma política pública* que encoraje seu uso disseminado, especialmente, se esta almejar fazer do uso de TGs um componente prioritário da agricultura do futuro (cf. cap. 4, 7). Uma condição necessária para a legitimação é que haja suporte (presumível) para uma alegação tal como:

O *risco ambiental é administrável* (RA). Não há perigos ambientais decorrentes do uso de TGs que causem riscos sérios, de magnitude e probabilidade de ocorrência significativas, que não possam ser adequadamente administrados por regulamentações responsavelmente elaboradas.

241

A legitimação requer também uma tese análoga sobre a ausência de riscos sérios para a saúde humana, que não será discutida neste capítulo. Além disso, uma condição necessária para justificar uma política pública de encorajamento e apoio ao uso dos TGs é que seja válida uma alegação tal como:

Nenhuma forma melhor (NFM). Não há formas alternativas de agricultura que possam ser adotadas no lugar das formas baseadas em TGs sem ocasionar riscos inaceitáveis, e das quais se possa razoavelmente esperar que produzam benefícios maiores quanto à produtividade, sustentabilidade e satisfação das necessidades humanas.

Quando os críticos apontam para a importância de RA e NFM, estão situados em um terreno firme. Muitos defensores mantêm, entretanto, que — de acordo com o que eles consideram interpretações apropriadas — argumentos plausíveis a favor de RA e NFM têm sido satisfatoriamente estabelecidos, na opinião da maior parte da comunidade científica. Os críticos retrucam questionando a adequação do suporte empírico apresentado. Eles também têm uma agenda política, mais precisamente, um variado conjunto de agendas políticas, mas isso não significa que seus juízos acerca dos riscos ou alternativas careçam de suporte empírico, da mesma forma como o fato de que muitos dos defensores têm ligações com o agronegócio — ou alegam valorizar a "ciência" como um importante e indispensável recurso para a solução de grandes e urgentes problemas como a fome e a desnutrição — *per se* não coloca em questão sua objetividade científica. Embora agendas políticas, corporativas e valorativas contribuam para a aparente intratabilidade das disputas sobre os TGs e para a hostilidade que elas geram, tais agendas não devem obscurecer a importância das questões empíricas envolvidas.

Meu objetivo neste capítulo limita-se às três seguintes questões: o papel da investigação empírica no endosso (ou não endosso) de alegações como RA e NFM, as interações lógicas entre os juízos que são feitos a respeito dessas duas alegações e o papel aparentemente indispensável de juízos de valor social no embasamento de juízos de aprovação.

1 Os transgênicos e os valores modernos de controle dos objetos naturais

A controvérsia sobre os TGs não é uma disputa isolada. Eu a concebo como representante de uma controvérsia mais ampla, que envolve questões não somente sobre a natureza da investigação científica, mas também sobre suas relações com valores especificamente modernos, relativos ao controle dos objetos naturais (cf. *VAC*; *SVF*; especialmente o cap. 6 acima). Certamente, para seus defensores, os desenvolvimentos dos TGs (de forma mais geral, da biotecnologia) são informados de maneira exemplar pelo conhecimento científico, sendo conhecimento "científico" o representado por teorias que postulam a estrutura, os processos e interações subjacentes aos fenômenos, e que exibem sua regularidade (*lawfulness*). Trata-se do tipo de conhecimento que incrementa os poderes humanos de exercitar controle sobre os objetos naturais (cf. cap. 6, 8, 9; Lacey, 2003a). Valorizar o incremento desses poderes está no cerne das formas modernas de valorizar o controle, pois tais poderes são vistos como indispensáveis para tratar de problemas como a fome e a desnutrição; e os valores a isso relacionados são profundamente incorporados nas instituições predominantes dos países industriais avançados.

À luz dos valores modernos relativos ao controle dos objetos naturais e suas pressuposições, presume-se não haver alternativas (significativas, em larga escala) fora do âmbito das que possam ser informadas pelo conhecimento científico moderno. (Pode haver alternativas para nichos especiais.) Este é o porquê da tendência a dedicar muito pouca atenção a NFM nas discussões sobre TGs nos países industriais avançados, onde domina a propensão, por parte de agricultores que pretendem usar TGs, e pelas corporações que desejam comercializá-los, a considerar suficiente a demonstração dos benefícios da agricultura com transgênicos em contraste com as formas convencionais de agricultura intensiva. Embora agricultores individuais possam fazer diferentes estimativas de custo/benefício (ao compartilhar RA), questões de avaliação da evidência não têm grande probabilidade de serem centrais para essas diferenças, ao menos a longo prazo. Neste contexto, a segurança é a chave da legitimação, baseada na comparação dos riscos potenciais dos métodos agrícolas que usam TGs com os métodos convencionais. A sustentação dos valores modernos relativos ao controle dos objetos naturais fornece, sugiro, uma fonte primordial de legitimidade *prima facie*, que os defensores dos TGs frequentemente sentem-se habilitados a reivindicar (cf. Seção 3 a seguir). Isso é reforçado por outra pressuposição largamente sustentada da forma moderna de valorização do controle: é provável que qualquer efeito colateral indesejável da aplicação do conhecimento científico possa ser tratado adequadamente à luz de mais aplicações do conhecimento científico, mobilizadas para criar novas tecnologias. Na verdade, para muitos de seus defensores, a própria tecnologia dos TGs é retratada como uma nova tecnologia que — como ela supostamente irá, por exemplo, envolver uma utilização de quantidades menores de herbicidas e pesticidas — pode aliviar os danos ambientais causados por uma tecnologia mais antiga, a agricultura convencional com uso intensivo de produtos químicos (cf. Coyne, 2003; Rauch, 2003).

Para seus defensores, *os TGs representam um novo poder de controlar os objetos naturais, mais um na longa série dos triunfos da pesquisa científica, uma nova oportunidade para promover a incorpo-*

ração dos valores modernos relativos ao controle, e mobilizar o conhecimento científico para a solução dos grandes problemas humanos. Questionar a legitimidade e o valor da utilização de TGs é, então, equivalente a questionar, mais geralmente, o valor da ciência moderna e de suas aplicações tecnológicas. A meu ver, é neste nível mais profundo que reside o cerne da controvérsia. Embora os críticos reconheçam o novo poder e as oportunidades ensejadas pelos TGs, bem como sua origem em desenvolvimentos científicos, eles tendem a contestar os valores modernos relativos ao controle dos objetos naturais.[1] Eles interpretam a retórica positiva, não obstante a sinceridade dos que a utilizam, como uma capa para encobrir a subordinação do bem-estar dos pobres aos interesses dos que se beneficiam com o fortalecimento adicional dos valores modernos relativos ao controle: as corporações, o mercado global, os militares e os investidores (cf. Cayford, 2003). Especificamente, os críticos não acham que os TGs ofereçam algo de muito significativo para se lidar com os problemas dos pobres, como a fome e a desnutrição, e julgam que sua disseminação provavelmente tornará as coisas ainda piores.[2] Isso em parte porque eles sustentam que a implementação adicional dos TGs (mesmo

[1] Aqui não pretendo falar em nome de todos os críticos dos TGs. Alguns deles recorrem a argumentos precários, fazendo companhia nesse aspecto a alguns dos defensores. Estou esboçando uma postura crítica, digna de atenção, que a meu ver representa o sentido geral, se não os detalhes, de muitos dos argumentos dos críticos. Alguma variante dessa postura encontra-se usualmente implícita quando os críticos levantam questões sobre as evidências nas discussões sobre riscos. Não creio que alguém tenha proposto um argumento expresso com certo cuidado, no qual uma postura crítica dos TGs seja adotada tendo como ponto de partida a afirmação da existência de riscos inadmissíveis. Da mesma maneira, não acho que a legitimação oferecida pelos defensores chega a conclusões sobre a segurança independentemente de seus compromissos com valores sociais. Isso não significa que questões crucialmente passíveis de investigação empírica não estejam em jogo nas disputas acerca dos riscos.
[2] Nos capítulos 7 e 9 acima, desenvolvi essas ideias na forma de uma crítica das pressuposições da forma moderna de valorizar o controle, alegando que elas dissociam soluções propostas "baseadas na ciência" das redes causais que criam e perpetuam os problemas. Frequentemente isso tem o efeito de tornar invisíveis as condições socioeconômicas necessárias para implementar efetivamente uma solução.

das celebradas variedades tal como o "arroz dourado" atualmente em desenvolvimento), bem como as condições requeridas para tanto, refletem os interesses do sistema global de mercado, o próprio sistema dentro do qual a pobreza, vista como a causa fundamental da fome e da desnutrição, persiste atualmente (cf. cap. 7, 9). Os críticos, cuja argumentação estou tentando sintetizar, estão ligados principalmente a movimentos de pequenos agricultores (e trabalhadores rurais) em países pobres (incluindo o Brasil), que contestam os valores modernos relativos ao controle e as instituições e políticas que os incorporam, a partir da perspectiva de um conjunto de valores frequentemente denominados valores da "participação popular" (cf. cap. 7; Lacey, 2002a).

Esses críticos têm em mente alternativas que podem ser informadas pelo conhecimento científico, mas não exclusivamente pelo conhecimento científico do tipo acima especificado, o qual é considerado apenas um dos tipos (embora muito importante) de conhecimento científico, que por si só é significativamente incompleto. Pesquisas sobre *as estruturas, processos e interações subjacentes aos fenômenos* (por exemplo, sementes e culturas), assim como sobre *as leis que as governam*, podem fornecer conhecimento e evidências sobre as possibilidades técnicas da engenharia genética, mas elas dissociam esses fenômenos de seus ambientes agroecológicos e, assim, são incapazes de lidar com a inteira gama de possibilidades abertas às sementes e às plantações, e os efeitos de seu uso sobre o ambiente, as pessoas e os arranjos sociais. Digo que o primeiro tipo de pesquisa é realizado segundo *estratégias materialistas* (cf. cap. 1; *VAC*; *SVF*); e a outra, que não dissocia os fenômenos e suas possibilidades de seus ambientes, segundo *estratégias agroecológicas*. Há muitas variedades de estratégias agroecológicas e outras estratégias afins que frequentemente estão em continuidade com o conhecimento tradicional dos agricultores locais (cf. *VAC*, cap. 6; *SVF*, cap. 8; Lacey, 2001a; cap. 1, 7 acima). Considero como *investigação cien-*

típica qualquer forma de investigação empírica sistemática realizada segundo uma estratégia, de modo que a investigação científica não pode ser reduzida àquelas realizadas segundo estratégias materialistas (cf. cap. 3; *SVF*, cap. 5; Lacey, 2001a). O conhecimento adquirido segundo estratégias agroecológicas, além de ser pertinente a juízos sobre os efeitos colaterais da utilização de TGs, informa as práticas agrícolas da *agroecologia*, que podem ser e estão sendo desenvolvidas de modo a gerar uma produtividade muito maior dos produtos agrícolas (e de pecuária) essenciais e, ao mesmo tempo, criar agroecossistemas sustentáveis, promovendo, assim, a emancipação social (cf. Altieri, 1998). Embora seu potencial produtivo a longo prazo permaneça aberto a investigações adicionais, há forte evidência de que elas são particularmente bem adequadas (talvez sejam as únicas) para garantir que populações rurais em países "em desenvolvimento" sejam bem alimentadas e nutridas, de modo que, sem o seu desenvolvimento, os padrões atuais de fome provavelmente continuarão.

Tais críticos, convém enfatizar, propõem um programa alternativo sistemático na agricultura (parte de um conjunto de propostas que também dizem respeito a outros domínios da vida social), em primeira instância não por causa de preocupações sobre os riscos dos TGs, ou porque defendam o *status quo*, mas porque desejam promover os valores da participação popular, que incluem uma visão diferente da interação humana com a natureza (cf. Lacey, 2002a; cap. 7 acima). Suas objeções são primordialmente contra os valores modernos relativos ao controle dos objetos naturais, e (talvez mais fundamentalmente) contra muitos dos valores, relacionados à propriedade e ao mercado, que os alimentam; eles não se opõem *em princípio* a tecnologias que constituem novas formas de controle (cf. Guerra *et al.*, 1998a; Gomes & Rosenstein, 2000), mas avaliam-nas do ponto de vista de como elas contribuem para promover os valores da participação popular e, assim, na prática (de maneira perfeitamente coerente), eles endossam algumas dessas tecnologias. Muitas de (talvez todas) suas objeções à utilização de TGs são também objeções à utilização de métodos agrícolas altamente intensivos e vistos como tal; para eles, os TGs representam simplesmente as mais recentes inovações da agricultura de alta intensidade, cujas forças propulsoras são as instituições do neoliberalismo global, que podem também gerar novos problemas (talvez não secundários).

2 "Os riscos podem ser administrados": o que exatamente está em disputa?

Considere-se RA. Alguns críticos dos TGs mantêm que *há* riscos sérios; outros que *pode haver*, que ainda não se conhece o suficiente sobre o problema a ponto de chegar a uma conclusão sólida a respeito dele. Para os presentes objetivos, assumirei que na opinião dos críticos:

R: RA não é suficientemente apoiado pela evidência empírica disponível.

Ao endossar RA, os defensores naturalmente sustentam que ela é bem apoiada pela evidência disponível ou, mais cuidadosamente, que à luz da evidência disponível há uma presunção a seu favor. Nesse contexto, eles recorrem frequentemente à autoridade da ciência e algumas vezes sugerem que os críticos não têm um interesse genuíno pelas evidências, sendo motivados unicamente por suas agendas políticas. Ao mesmo tempo, entretanto, eles com frequência superestimam o apoio das evidências disponíveis para RA, sugerindo a seus críticos que eles se precipitaram ao reivindicar a legitimação, talvez por causa de seus vínculos com interesses comerciais, cujos investimentos poderiam ser prejudicados por atrasos nas inovações dos TGs ou, porque a promoção dessas inovações fornece um ímpeto para mais pesquisas científicas e para novas possibilidades de financiamento dos tipos de pesquisa favorecidos. Há aqui bastante oportunidade para lançar ao oponente a pecha de interesses particulares ou ideológicos. Não obstante, isso não deve obscurecer o fato de que, como veremos, resta uma questão profunda sobre o que deve contar como *evidência suficiente* para uma proposição tal como RA.

Normalmente, não se deve esperar que sejamos capazes de obter evidências para RA tão conclusivas quanto a evidência de que, por exemplo, "um gene da bactéria *Bt* pode ser inserido no genoma do milho de modo que ele passe a conter uma toxina letal para muitas variedades de insetos". Contudo, não é razoável recusar assentimento a RA e, assim, negar a legitimidade das inovações agrícolas por ela informadas, pelo menos até que adquiramos evidências *comparativamente conclusivas*. Mais geralmente, a evidência para a eficácia da tecnologia TG é mais nítida do que a evidência para as pressuposições de legitimidade. Normalmente, a mesma pesquisa que produz evidência para a eficácia é, com-parativamente, silenciosa a respeito das pressuposições de legitimidade: a pesquisa que produz os resultados positivos da engenharia genética, realizada segundo uma variedade de estratégias materialistas, abstrai o contexto ecológico e social de seu uso e, assim, não trata das consequências ecológicas e sociais de tal uso. Que tipos de pesquisa são pertinentes para o juízo sobre RA? O que deve contar como "suficientemente bem apoiada pela evidência disponível"? Na minha opinião, as partes em disputa, na medida em que pretendem fazer juízos cientificamente respeitáveis, comprometem-se a dar respostas explícitas sobre essas questões. Em particular, quando alguém questiona a adequação da evidência do oponente, cabe àquela pessoa caracterizar que tipo de pesquisa poderia ser realizada para superar suas dúvidas.

Quando os críticos afirmam R, eles podem estar afirmando uma ou mais das (talvez todas) as seguintes proposições:

R (a) São insuficientes as pesquisas que têm sido feitas para identificar os possíveis perigos dos TGs; embora muitos perigos possíveis sejam conhecidos, os ainda não conhecidos podem ser mais problemáticos. (b) São insuficientes as pesquisas que têm sido feitas sobre a severidade, a magnitude e a probabilidade dos riscos ocasionados pelos perigos conhecidos. (c) Não há evidência suficiente de que os riscos possam ser administrados de modo a evitar danos sérios ao ambiente; ou, sob as circunstâncias predominantes, é improvável que sistemas reguladores adequados venham a ser implementados.

Nesses termos, o detalhamento de R expõe nitidamente as complexidades envolvidas na avaliação de RA. Primeiro, termos como "severidade" e "danos sérios" requerem uma interpretação e, conforme o contexto, algum tipo de definição operacional. O modo como são interpretados refletirá necessariamente estimativas dos benefícios que se espera obter (um risco ao ambiente será julgado menos severo, se for contrabalançado por outros benefícios ambientais) e comparações com os riscos ocasionados por outras práticas agrícolas. Em última análise, as avaliações de RA e NFM estão profundamente interconectadas. Em relação às práticas agrícolas convencionais, baseadas no uso intensivo de produtos químicos, o uso dos TGs pode ocasionar menos riscos; em relação aos métodos das abordagens agroecológicas, os riscos podem ser maiores, e assim, a avaliação de risco estará vinculada a questões sobre as possibilidades produtivas da agroecologia e, também, sobre a possibilidade de seu uso disseminado. Segundo, especialmente à luz de (c), é claro que a questão não pode ser resolvida por meio de pesquisa que se limite aos métodos da biotecnologia (biologia molecular, fisiologia etc.) e da ecologia. Há uma dimensão social irredutível na análise; assim, os procedimentos de avaliação de riscos que abstraem tal dimensão não podem ser decisivos. Terceiro, quando a situação é colocada nesses termos, ainda cabe aos críticos apresentar razões para suas alegações de que há insuficiente evidência sobre tais questões. De que forma a evidência citada pelos defensores é insuficiente? E quais projetos adicionais de pesquisa deveriam ser projetados para superar suas reservas?

Pode-se esperar que os defensores repliquem que os críticos estão pedindo demais, pois eles tendem a interpretar RA de maneira tal que a legitimação do plantio de uma cultura particular de TGs, por exemplo, uma variedade de milho *Bt*, não requer a legitimação geral e irrestrita da tecnologia transgênica. Que os riscos variam com os TGs e o ambiente de cultivo, os defensores prontamente reconhecem. Alguns TGs podem apresentar sérios riscos, outros (a maioria?) não. Os riscos de uns, não os de outros, talvez possam ser administrados. A análise de riscos é, e deve ser, realizada caso a caso. Dessa forma, os defensores podem querer interpretar RA de maneira mais restrita, *talvez mais ou menos assim*:

RA' (i) os TGs, que têm sido liberados para utilização nos Estados Unidos e nos países com agências reguladoras comparáveis às desse país – algumas vezes tendo seu uso restrito a certas regiões geográficas e certas condições – não ensejam perigos que constituam riscos sérios de magnitude e probabilidade de ocorrência significativas, que não possam ser adequadamente administrados por regulamentações responsavelmente elaboradas;

(ii) os procedimentos reguladores atuais são adequados para identificar riscos sérios concernentes aos novos TGs que possam ser introduzidos e, assim, evitar a liberação dos TGs que apresentam riscos (e limitar os danos, caso um risco torne-se aparente depois da introdução); e esses procedimentos encontram-se sob revisão constante, de modo a garantir que continuem a ser aperfeiçoados.

Se os críticos admitissem que RA' é bem apoiada pelas evidências, então eles não teriam como negar legitimidade ao plantio de TGs liberados *com base na alegação de que* essas culturas particulares apresentam riscos ambientais. Mas, para os críticos que desejo representar, a questão dos riscos não se reduz a uma problemática caso a caso. Eles consideram que os TGs atualmente liberados representam os primeiros passos de uma trajetória que envolve a transformação radical da agricultura em todo o mundo. Eles podem admitir RA' mas negar legitimidade ao plantio dos TGs liberados *com base na alegação de que* são parte essencial (inicial) de uma trajetória que pode ocasionar sérios riscos. Não se trata de uma argumentação *ad hoc*. Afinal, as companhias que estão desenvolvendo os TGs os anunciam como tal em sua publicidade (e se não fosse assim, eles nem teriam sido desenvolvidos). Assim também procedem as Fundações e ONGs empenhadas em desenvolver variedades de TGs que, segundo elas, podem servir para satisfazer as necessidades dos países pobres (cf. cap. 7, 9). Projetos de pesquisa e desenvolvimento a longo prazo têm sido planejados com base nessa concepção. Para os críticos, a legitimidade dos plantios de determinados TGs está profundamente ligada à legitimidade da trajetória planejada de pesquisa e desenvolvimento de TGs. Para os defensores, não é assim. Não obstante, para eles, o valor dessas culturas está ligado à legitimidade esperada da trajetória, bem como ao que é visto como desejável nela, de modo que os interpreto aqui como incorporando a seguinte conjunção a RA':

(iii) a tecnologia dos TGs — regulamentada pelos procedimentos mencionados em (ii) — pode seguramente ser expandida a ponto de, tal como a trajetória atual de seu desenvolvimento sugere, as práticas por ela informadas virem a ser um importante e disseminado componente da agricultura ou, pelo menos, virem a ter uma importância muito maior do que têm hoje.

Será que as avaliações de risco, que têm sido realizadas de acordo com os procedimentos regulamentares, fornecem evidência suficiente para RA', ou boas razões para conceder uma presunção a seu favor, de modo que o ônus da prova seja atribuído totalmente aos críticos?[3] No contexto dos países com órgãos reguladores que funcionam bem, este é um ônus difícil de ser assumido (conforme as intenções dos defensores). Dado (ii), assumir com sucesso tal ônus consistiria presumivelmente em identificar um perigo que, de acordo com as avaliações de risco usuais, enseja um risco sério para o qual há evidência de que é difícil ser contido, dadas as regulamentações atuais e as previstas. Estudos recentes na Inglaterra sugerem, segundo alguns, que os críticos já teriam desincumbido com sucesso do ônus da prova (cf. Giles, 2003). O ônus é forçoso para os críticos, entretanto, somente depois de os próprios defensores terem satisfeito um "ônus prévio": mostrar que os TGs liberados passam nas avaliações de risco e que há uma supervisão reguladora, garantindo que não se liberam TGs que não tenham passado por avaliações de risco adequadamente elaboradas e implementadas. É importante que isso seja enfatizado. Os resultados da avaliação de risco podem variar de maneira crítica dependendo do tipo e variedade específica, de TGs e do ambiente de plantio. Por exemplo, "ausência de risco" em um ambiente não implica "ausência de risco" em outro; TGs liberados

---

3 Não é incomum entre os defensores dos transgênicos apelar para a suposta "equivalência substancial" entre as plantas transgênicas e as convencionais e a partir daí argumentar que não são necessários testes especiais para os transgênicos. Para um argumento convincente contra tal equivalência, ver Mariconda & Ramos, 2003.

Hugh Lacey

para plantio nos Estados Unidos, aprovados em avaliações de risco consideradas adequadas pelas agências reguladoras desse país, ainda podem ocasionar riscos sérios em um outro ambiente agrícola (cf. NRC, 2002, p. 247). Essa é a razão pela qual minha formulação de RA' é tão pesadamente qualificada. Embora os juízos corretamente estabelecidos sobre a eficácia da tecnologia TG cruzem facilmente fronteiras regionais e nacionais, o mesmo não vale para os resultados das avaliações de risco. A esse respeito, convém observar que os críticos dos TGs no Brasil dispõem uma forte base empírica. O "ônus prévio" não foi assumido no Brasil. Os testes (relativos aos riscos ambientais) de variedades transgênicas cuja liberação foi solicitada não foram realizados no contexto dos agroecossistemas brasileiros. Quando a CTNBio (Comissão Técnica de Biossegurança) aprovou a liberação de variedades de soja transgênica *Roundup Ready*, julgando que seu plantio não acarretaria riscos inaceitáveis ao ambiente, isso foi feito com base na avaliação de risco realizada nos Estados Unidos. Portanto, de acordo com minha análise, quando um Tribunal Federal, respondendo a ações judiciais movidas por várias críticos de ONGs, anulou tal julgamento, suspendendo a liberação das variedades até que fossem realizados estudos de impacto ambiental no Brasil, agiu de maneira correta e totalmente de acordo com padrões científicos apropriados (cf. Cezar, 2003; Leite, 2000; Marinho, 2003). Com certeza, para satisfazer o ônus prévio, o ônus da prova passaria para os críticos.

Será que o "ônus prévio" foi adequadamente assumido pelos que sustentam poder-se assumir serem seguras todas as variedades de TGs liberadas nos EUA? O famoso caso da borboleta-monarca ilustra porque os críticos não estão convencidos. Estudos de laboratório realizados em 1999 mostraram que o pólen obtido do milho *Bt* cultivado comercialmente e, em pleno acordo com as regulamentações, é tóxico para as larvas de borboletas-monarca (cf. Losey *et al.*, 1999), detectando assim um perigo que não havia sido investigado nas avaliações de risco anteriores à aprovação do uso dessa variedade de milho. Em seguida, avaliações de risco foram feitas. A conclusão foi a de que esse perigo não constituía um risco sério na prática, exceto talvez no caso de uma variedade de milho *Bt*, a qual, notaram os pesquisadores, vinha sendo retirada do mercado (cf. Sears *et al.* 2001; e outros cinco artigos no mesmo volume do *Proceedings of the National Academy of Sciences*). As avaliações *post hoc* mostraram que esse perigo não constituía um risco sério para a população de borboletas-monarca. A toxidade observada no laboratório era aparentemente, no entender dos investigadores, um artefato da quantidade de pólen à qual as larvas tinha sido expostas. Este resultado tem sido interpretado pelos defensores como um suporte empírico adicional para a segurança ambiental dos TGs e o bom funcionamento do sistema regulador: nenhum dano foi causado pelas variedades que tinham sido aprovadas pelos procedimentos regulamentares; quando um novo perigo foi posteriormente observado, as autoridades reguladoras responderam de maneira apropriada e bem-sucedida a ele.

Os críticos interpretam a questão de maneira diferente, apontando que: (i) esse perigo não foi detectado anteriormente à aprovação dessa cultura, e uma variedade que tinha impacto significativo (embora não catastrófico) sobre as larvas foi utilizada por vários anos. (ii) Isso sugere possíveis deficiências no processo de detecção de perigos e dá origem à questão — de grande importância para a avaliação de riscos de culturas *Bt* cultivadas em outros países — sobre quais outros insetos, não identificados, poderiam ser adversamente afetados pelas culturas *Bt*. Esses processos de avaliação parecem estar constituídos de meros palpites ou talvez de uma indução descuidada ou muito casual, baseada em estudos anteriores. (iii) Quando o perigo foi identificado, não havia procedimentos para sua investigação imediata; a resposta foi *ad hoc* (recursos especiais foram arranjados e colocados à disposição para a realização da investigação solicitada), refletindo o fato de não haver mecanismos sérios de escrutínio contínuo dos riscos que só podem aparecer *post hoc*. Em particular, há a necessidade de "testes pós-comercialização" contínuos (cf. NRC, 2002, p. 192 ss.). (iv) O recurso a uma resposta *ad hoc*, e os gastos envolvidos na realização das avaliações de risco, sugerem ser improvável esperar que avaliações de risco inteiramente abrangentes sejam em geral realizadas, especialmente quando aumenta a quantidade, variedade e complexidade dos TGs.

3 É LEGÍTIMO PRESUMIR QUE OS RISCOS SERÃO ADMINISTRÁVEIS?

Vários críticos sustentam que o processo de avaliação de riscos é marcado por palpites, carecendo de meios sistemáticos de identificação de perigos, dependente de mecanismos de resposta *ad hoc*, e com procedimentos inadequados para impor o cumprimento das regulamentações (cf. Pollack 2003) – e cujas investigações são frequentemente, mas não sempre (cf. Gilles, 2003), realizadas e mantidas em sigilo pelas corporações que, na maior parte das vezes, realizam essas investigações interessadas em resultados positivos. Os críticos podem então questionar porque haveria de ser racional esperar que eles se responsabilizassem pelo ônus da prova, enquanto o ônus prévio só foi assumido perfunctoriamente (cf. Powell, 2003). Dessa maneira, eles questionam a presunção a favor de RA'. Mas os defensores tendem a não recuar. Para eles, as queixas dos críticos estão mal colocadas e exageradas, ignorando não apenas os benefícios dos TGs já demonstrados e os atualmente previstos dos TGs, mas também NFM. Por que se haveria de dar passos adicionais no tocante aos riscos em grande parte não identificados, argumentam os defensores, quando há tantos benefícios evidentes a serem obtidos, quando os tipos de riscos que podem surgir não são diferentes daqueles associados

à agricultura "convencional" e quando não há nenhuma abordagem alternativa séria? Na Seção 1, indiquei que os críticos apontam a agroecologia como uma tal alternativa séria. Sem endossar
NFM, a presunção a favor de RA' é consideravelmente enfraque-
cida, muito embora possa obter algum apoio a partir dos dados
de avaliações de risco. Há algum argumento para a presunção a
favor de NFM?

Paul Thompson (Professor Titular de Filosofia e Ciências
Agrícolas da *Michigan State University*), ao arguir que deveria haver uma presunção a favor da "biotecnologia alimentar" e, portanto, a favor do endosso de RA', recorre efetivamente aos dados
obtidos em avaliações de risco, a seu parecer de que tais procedimentos de avaliação de risco são fundamentalmente corretos, e
também ao "viés social de fins do século 20 a favor da tecnologia
(...) [o fato de que] as sociedades industriais se organizam em
modos que institucionalizam o viés tecnológico" e, assim, que
qualquer abordagem alternativa será extremamente custosa (cf.
Thompson, 1997, p. 23-5; 2003a, 2003b). Interpreto o argumento
como dando suporte razoável a uma presunção a favor de NFM,
entendendo-se "razoável" no sentido de "razoável diante das
realidades sociais nas quais a agricultura é hoje praticada".

Assim, presume-se NFM tendo por base não uma evidência
empírica acerca das possibilidades de formas alternativas de agricultura, mas sim uma avaliação das inclinações sociais que não
permitem que formas alternativas ganhem espaço significativo.
Julgam-se as possibilidades de formas alternativas levando em
conta o contexto social da agricultura contemporânea (é apenas
"realismo"!). Pois bem, o "viés" que Thompson cita é uma parte
essencial da adoção do que denominei, na Seção 1, de "valores
modernos relativos ao controle dos objetos naturais". As inclinações sociais, que permitem pouco espaço às formas alternativas de agricultura, incorporam em alto grau os valores modernos
do controle, bem como os valores ligados à propriedade e ao mer-

Hugh Lacey

cado, os quais moldam as instituições que atualmente são portadoras primárias de tais valores e, *por fazer isso*, permitem apenas
esse espaço exíguo. Posta dessa forma, a presunção a favor de NFM
deriva de uma análise social empiricamente baseada e não necessita que os defensores, de fato, adotem os valores estabelecidos.[4] Mas tal análise das reais inclinações não pode excluir a
existência de possibilidades, que poderiam ser realizadas por movimentos que incorporam valores rivais, os quais se contrapo-
nham àquelas inclinações (cf. Lacey, 2002a). Não levá-las em
conta significa efetivamente adotar os valores estabelecidos.
Certamente, quando movimentos que incorporam valores rivais
crescem nos países "em desenvolvimento", e ganham alguma força política, e a presunção de NFM se coloca em oposição a seus
esforços, então a manutenção dos valores estabelecidos é o su-
porte-chave da presunção. Os "benefícios" agora são interpretados de modo a fazer com que a promoção desses valores seja vista
como a definidora de "benefícios", de modo que nenhuma alternativa pode competir genuinamente. Entre aqueles que mantêm os modernos valores de controle, altos padrões de "prova"
seriam requeridos para refutar NFM, e não é de esperar que haja
grande interesse em levar adiante as investigações relevantes sobre a questão (cf. cap. 6, 7, 9).

Os críticos não endossam NFM. Na verdade, eles até poderiam argumentar que a evidência disponível dá suporte à presunção FM: *há uma forma melhor*, por exemplo, a agroecologia, pelo
menos em certos espaços sociais. Eles também questionam a inevitabilidade e os valores (enunciados acima) das instituições, as

---

4 A presunção em favor de NFM, assim defendida, poderia sustentar-se em alguns lugares
(Estados Unidos), mas não em outros (países pobres). O próprio Thompson parece sustentar tal visão. Certamente, ele não acha que valores como sustentabilidade e empoderamento
dos pobres devem ficar rotineiramente subordinados à promoção do controle humano sobre os objetos naturais, especialmente se tal controle é mediado por mecanismos de mercado (cf. Thompson, 1995, 1997, 2003a).

quais estão reestruturando o mundo de acordo com o "viés do favorecimento da tecnologia", da perspectiva, por exemplo, dos valores da participação popular. Eles não negam a realidade das inclinações sociais mencionadas e das forças poderosas que as impulsionam e, assim, reconhecem que nenhuma alternativa pode ser implementada sem luta (cf. Lacey, 2002a). Eles também enfatizam que as possibilidades de formas alternativas de agricultura são questões para investigação empírica, por exemplo, investigação a respeito do potencial produtivo da agroecologia. Não reconhecer isso seria subordinar a investigação científica a interesses sociais (cf. Thompson, 2003a, p. 212). Tal investigação — visto que a agroecologia se preocupa, simultaneamente e interativamente, com a produtividade, com a sustentabilidade, com a preservação da biodiversidade e com o empoderamento das comunidades locais — não separa nitidamente o biológico e o social (cf. Altieri, 1998). Para a agroecologia, culturas agrícolas e suas sementes *são* elementos de agroecossistemas; sendo uma abstração considerá-los simplesmente como entidades biológicas; e isso vale também para os TGs (cf. cap. 8; Lacey, 2003a). Eles interpretam RA de modo que "TGs" são entendidos como "TGs inseridos nos sistemas agroecológicos, nos quais serão realmente utilizados" e, então, para os críticos, são seriamente incompletas as análises de risco que não levem em conta o contexto socioeconômico da utilização, nem os riscos indiretos ao ambiente, que podem ser ocasionados pelo solapamento das condições para o desenvolvimento da agroecologia (cf. cap. 6, 7, 9).

Já indiquei como os críticos podem questionar que a presunção a favor de RA' tenha sido adequadamente estabelecida. Usualmente, entretanto, eles vão mais longe questionando a identificação de RA' com RA e, assim, negando que RA' seja suficiente para desempenhar o seu pretendido papel na legitimação da utilização dos TGs em larga escala. Aqueles que sustentam uma perspectiva tal como RA interpretam em geral os "perigos ambien-

Hugh Lacey

tais" como danos potenciais *diretamente* decorrentes do plantio das culturas transgênicas, sendo "diretamente" interpretado como explicáveis em termos de mecanismos biológicos celulares, moleculares, genéticos, bem como mecanismos da fisiologia das plantas, mecanismos ecológicos "naturais" (cf. NRC, 2002, p. 56 ss.). Consistentemente com isso, as avaliações de risco usuais consideram as implicações causais das sementes e plantas transgênicas enquanto entidades biológicas (entidades estudadas nas ciências biológicas), mas não suas implicações causais enquanto elementos de um agroecossistema que tem uma dimensão irredutivelmente social (cf. cap. 8; Lacey, 2003a). Por um lado, eles abstraem os danos ecológicos potenciais que podem ter origem no contexto socioeconômico da pesquisa/desenvolvimento/utilização dos TGs e, por outro lado, abstraem a ecologia da ecologia social, por não considerar os danos sociais potenciais, por exemplo, os que podem ter origem no controle, por parte das grandes empresas, do suprimento de comida, o qual é incrementado pela concessão de direitos de propriedade intelectual para plantas transgênicas e procedimentos de engenharia afins (cf. cap. 6, 8). Os críticos tendem a ver com suspeição os juízos feitos quando essas duas abstrações são feitas, e a interpretar RA de uma maneira que não faz a primeira abstração.[5] Mas tal suspeição deve ser formulada explicitamente, não devendo ser simplesmente transformada em uma exigência de evidência adicional para RA'. Isso obscureceria a questão em pauta que, para tais críticos, não é a de "mais evidência" (mais do mesmo tipo), mas sim a de "diferentes tipos de evidência".[6]

---

5 Isso é relevante para compreender porque os críticos dos TGs tendem a não se impressionar com um argumento que recentemente ganhou considerável aceitação: uma vez tendo RA' sido endossada (de acordo com a avaliação de risco-padrão), os agricultores têm o direito de utilizar TGs (aprovados nos testes).

6 Não obstante, nem sempre é possível separar a noção estreita de perigo de considerações sociais, pois o que conta como um perigo *sério* frequentemente não pode ser determinado

4 Valores e questões sociais
Acerca de qual é a evidência adequada e suficiente

Considerar o plantio de culturas TGs, como algo legítimo e de valor, depende de endossar RA e NFM respectivamente. Defensores conscienciosos mantêm que há uma presunção a favor de RA. Outros defensores mantêm que o argumento em prol de RA já foi cientificamente estabelecido. Embora as investigações empíricas (avaliações de risco) forneçam uma parte indispensável da argumentação em favor da presunção, assim também acontece quando se aceita a presunção a favor de NFM. Esta última presunção baseia-se, em grande medida, na avaliação das realidades sociais que, eu sugiro, são em última análise ininteligíveis a menos que se endossem os valores incorporados nas tendências predominantes dessa realidade. Os críticos contestam esses valores e a partir dos valores da participação popular (cf. Seção 1) que endossam, eles extraem uma forte motivação para explorar empiricamente outras abordagens, vistas por eles como sendo aquelas que prometem gerar contraevidências a NFM. Como indicado na Seção 1, eles negam a presunção a favor de NFM e, assim, também aquela favorável a RA. Da perspectiva da agroecologia, por exemplo, ao fazer a presunção a favor de NFM, os defensores não estão levando em conta a evidência empírica disponível de que as possibilidades da agroecologia são consideravelmente mais vastas do que as já realizadas (cf. Altieri, 1998; cap. 9); subordinam, assim, compromissos científicos a compromissos ideológicos. Isso é irônico, já que são os críticos que costumam ser acusados de subordinar seus juízos científicos à ideologia.

abstraindo-se o contexto social. Por exemplo, um perigo ambiental das plantas *Bt* é que as pragas-alvo desenvolverão resistência à toxina *Bt*. Quão sérios se consideram os riscos colocados por esse perigo depende (em parte) do valor que se atribui às práticas agrícolas orgânicas que são prejudicadas quando tais pragas se tornam resistentes. O reconhecimento desse tipo de complexidade está presente em NRC (2002, p. 236 ss.) e Thompson (1997; 2003a).

Do ponto de vista dos próprios críticos, não se segue que os TGs devam ser categoricamente rejeitados, como desprovidos de valor. Eles não possuem evidências conclusivas de que NFM seja falsa, mas apenas linhas de investigação em aberto que prometem chegar a isso; no máximo, eles afirmam no momento que NFM não foi plenamente estabelecido. Talvez aconteça que as abordagens alternativas não possam ser suficientemente desenvolvidas a ponto de satisfazer as necessidades mundiais de alimento; então os TGs poderiam de fato ser indispensáveis, pelo menos em alguns ambientes. E então surgiriam questões acerca do equilíbrio adequado entre os TGs e as alternativas. Assim, os críticos não devem rejeitar terminantemente as pesquisas e desenvolvimentos dos TGs. Não obstante, eles não deixam de ser razoáveis ao questionar a urgência disso, ao insistir que as avaliações de risco precisam ser muito mais abrangentes e de longa duração em comparação com os padrões atuais, e ao sustentar que há prioridades mais urgentes, por exemplo, o desenvolvimento da agroecologia. Embora razoáveis quando considerados à luz do conhecimento científico disponível, os críticos podem não ser julgados pelos defensores dessa forma positiva, por faltar-lhes o adequado "realismo" sobre o estado e as tendências da ordem social vigente, ou por não endossarem os valores hegemônicos e, assim, podem ser descartados de maneira que impede a realização de investigações a respeito de NFM.

5 A INTER-RELAÇÃO ENTRE EVIDÊNCIA E JUÍZOS DE VALOR

Os cientistas, enquanto cientistas, frequentemente precisam fazer juízos acerca de questões como RA e NFM, em relação às quais a evidência disponível é menos que decisiva. Como discutido, tais juízos devem ser claramente baseados em investigações empíricas rigorosas. Mas os padrões de evidência adequados a serem utilizados têm que refletir juízos de valor (social). Endossar RA, por exemplo, requer que se faça um juízo do seguinte tipo:

RA tem suporte empírico suficiente, de modo que, ao aplicá-la (ou agir informado por ela) responsavelmente, não se tem que levar em conta que pesquisas adicionais podem ocasionar sua refutação e que possíveis consequências negativamente valorizadas podem ser produzidas pela sua aplicação (caso RA seja, de fato, falsa).

Este é um exemplo de um princípio geral, que também se aplica a NFM, proposto por Rudner há 50 anos atrás (cf. Rudner, 1953; Lacey, 2003b). O cientista, ao endossar (ou não) RA, faz juízos sobre o valor negativo de certas consequências possíveis. Por sua vez, isso envolverá outros juízos de valor que levam em conta o valor dos benefícios esperados e de outros valores ligados ao contexto de investigação de NFM. E estes podem claramente diferir, dependendo de todos os compromissos do cientista com valores. O endosso ou não de RA, à luz de tais considerações, não pode basear-se unicamente sobre dados empíricos disponíveis (ou sobre sua ausência) obtidos pelas avaliações de risco, ou mesmo a partir de análises de risco expandidas de modo a levar em conta os mecanismos socioeconômicos e suas consequências de larga escala e longo prazo, bem como as possibilidades de métodos agrícolas alternativos. Isso não significa que os dados sobre tais questões não sejam importantes; apenas não são decisivos e, assim, juízos de valor têm influência sobre o que conta como padrão adequado de evidência e, em alguma medida, sobre quais são os dados mais importantes.[7] O compromisso com os valores modernos de

---

[7] Afirmei acima que não devemos esperar adquirir o mesmo grau de suporte empírico para proposições como RA e NFM, e para as que expressam a eficácia de casos particulares da tecnologia dos TGs. Isso está parcialmente conectado com a forma lógica existencial negativa dessas proposições. Com relação a RA e NFM, não se pode evitar a mistura entre fatores em-

controle favorece o endosso de RA (ou a seu favor); já o compromisso com os valores da participação popular aponta no sentido contrário. O reconhecimento disso deixa claro que a disputa acerca dos TGs – em um grau significativo – é uma disputa acerca de aspirações sociais e acerca dos valores que elas refletem, bem como sobre o modo pelo qual as formas de agricultura se relacionam (cf. NRC, 2002, p. 244; Thompson, 2003b). Juízos acerca dos riscos (incluindo sobre quem deve assumir o ônus da prova) são parte essencial das disputas, mas devem ser situados nesse quadro mais amplo.

píricos e valores sociais. Em contraste, com relação à eficácia, a evidência empírica pode ser decisiva. Quando isso acontece, refiro-me à *aceitação* dos resultados, que distingo do *endosso* das alegações. Para mais detalhes da distinção entre aceitação e endosso, ver o cap. 11.

Ao lidar com proposições com forma existencial negativa, questões sobre o ônus da prova inevitavelmente surgem, e a maneira como uma pessoa se posiciona a respeito de a quem ele cabe é inevitavelmente afetada pelos valores que ela sustenta. Com frequência, por exemplo, os defensores dos TGs insistem que não há evidência *científica* contra RA, implicando, portanto, que eles contam com o apoio da ciência. Dada sua forma lógica, a única evidência para tal (a longo prazo) é a ausência de evidência contrária. Mas ausência de evidência contrária não é *per se* evidência a favor – exceto se investigações relevantes tiverem sido realizadas, sem gerar contraevidência alguma, isto é, exceto se o "ônus prévio" for assumido. Assumir o "ônus prévio" significa fornecer evidência de que nenhum perigo específico já identificado ocasiona riscos sérios; a evidência deve ser fornecida contra alegações específicas (baseadas ou em estudos experimentais, ou em observações de campo, ou em análises teóricas) de que há evidências contra RA. Assumir tal ônus com sucesso depende de uma supervisão reguladora *apropriada, disponível localmente*. Dentro do quadro que estou considerando, tendo o "ônus prévio" sido levado a cabo, o ônus da prova então passa aos críticos. Assumir esse "ônus posterior" requer a identificação de perigos específicos adicionais para avaliação de risco. Envolve (de acordo com a interpretação em pauta) a identificação de projetos de pesquisa específicos adicionais a serem realizados – mais pesquisas do tipo que leva ao juízo de que o "ônus prévio" foi assumido com sucesso. A lógica aqui é bastante clara: Dada a forma lógica de RA, a evidência nunca pode ser conclusiva, e isso sempre permite ao oponente (se suficientemente motivado), a despeito da evidência acumulada contra alegações específicas de risco, continuar a dizer, indefinidamente – sem cair em contradição – "que a evidência não é suficiente!", pois quem sabe quais poderiam ser os riscos desconhecidos? Oponentes com esse tipo de atitude efetivamente estão colocando a questão para além do escopo da pesquisa científica; para eles, considerações de valores sociais resolvem a questão sem a necessidade de investigação empírica. Eles não endossam R; eles se abstêm de investigar. Se houvesse uma evidência conclusiva para FM, esta poderia ser uma atitude razoável a ser adotada.

Parte 3

Imparcialidade e autonomia

CAPÍTULO 11

Existe uma distinção relevante entre valores cognitivos e sociais?

INTRODUÇÃO

Existe uma distinção entre valores cognitivos e sociais. Rigorosamente: os valores cognitivos são características que as teorias e hipóteses científicas devem ter para o fim de expressar bem o entendimento; ou, como afirma Laudan, são atributos que "representam as propriedades de teorias que supomos serem constitutivas de uma 'boa' teoria" (Laudan, 1984, p. xii), enquanto os valores sociais designam as características julgadas constitutivas de uma "boa" sociedade. Essa distinção é relevante? Ela serve para esclarecer as características centrais do conhecimento e das práticas científicos?

A tradição da ciência moderna respondeu normalmente com um sonoro "sim"; e isso reforçou a concepção comumente mantida de que a ciência é "livre de valores". Segundo essa concepção, os valores sociais (ou qualquer outra espécie de valor não cognitivo) não estão entre os critérios de uma teoria aceitável. Eles nada têm a ver com a avaliação do entendimento expresso pelas teorias científicas; a decisão de aceitar uma teoria é *imparcial*. Além disso, as características gerais da metodologia científica devem ser determinadas somente em resposta ao interesse de obter um entendimento aprofundado dos fenômenos, e as prioridades e o direcionamento da pesquisa não devem ser sistematicamente moldados por valores sociais particulares: a metodologia é *autônoma*. A *imparcialidade* e a *autonomia* são tidas como ideais e valores das práticas científicas, que nem sempre podem de fato manifestar-se bem. A *neutralidade* é usualmente mantida juntamente com elas, significando que a ciência *per se* não privilegia valores sociais particulares, que as teorias científicas são *cognitivamente neutras*: os juízos de valor sociais não estão entre suas implicações; e elas são *neutras na aplicação*: na aplicação, em princípio, elas podem informar imparcialmente interesses viáveis de amplo espectro nos dias de hoje. Como uma primeira aproximação, essas concepções resumem o que se entende por "*a ciência é livre de valores*". A integridade, a legitimação, o prestígio e o suposto valor universal da ciência foram frequentemente vinculados à manifestação em grau elevado (e crescente) da *ciência livre de valores* nas práticas da ciência, pois, como se diz, foi a ciência conduzida segundo tais práticas que tornou possíveis as aplicações tecnológicas que tanto transformaram o mundo nos tempos atuais.[1]

Apesar de rejeitar alguns dos componentes da tese de que a ciência é livre de valores (cf. *SVF*; cap. 1 acima), ainda penso que existe uma distinção relevante entre os valores cognitivos e os valores sociais. Argumentarei que a distinção é crucial para interpretar apropriadamente os resultados da pesquisa científica e para promover a reflexão sobre como a *neutralidade* poderia ser defendida enquanto um valor das práticas científicas em uma época em que boa parte de sua vertente principal está cada vez mais se subordinando ao domínio do capitalismo "global". Minha defesa da distinção, diferentemente do ponto de vista tradicional, não sustenta a manutenção dos valores sociais fora do núcleo da atividade científica, embora continue a endossar a *imparcialidade*.

Minha argumentação é complexa. Na próxima seção, distingo formalmente valores cognitivos de sociais e esclareço as relações entre os juízos factuais e os juízos de valor. Na Seção 2, com base

---

1 A concepção esboçada aqui sobre a ciência livre de valores e seus três constituintes (*imparcialidade, neutralidade* e *autonomia*) encontra-se elaborada em *SVF* e no cap. 1 acima; cf. também a Seção 4 deste capítulo.

EXISTE UMA DISTINÇÃO RELEVANTE ENTRE VALORES COGNITIVOS E SOCIAIS?

no que considero ser o fim da ciência, argumento que estar a serviço de interesses favorecidos por valores sociais não pode ser considerado um valor cognitivo. Isso deixa, entretanto, em aberto – como uma questão de fato – a tese de que o fim da ciência é melhor servido quando se aumenta o grau de manifestação dos valores cognitivos, pela condução da pesquisa segundo uma "estratégia" que torna provável que seus produtos teóricos venham a estar especialmente bem sintonizados para servir a alguns interesses especiais. Certas características da ciência moderna podem sugerir que isso é efetivamente um fato. Na seção 3, crucial, mantenho que a ciência moderna é conduzida de maneira virtualmente exclusiva segundo um tipo particular de estratégia (as "estratégias materialistas") e, por sua vez, que isso é explicado e racionalizado por um compromisso amplo com certos modos especificamente modernos de valorizar o controle dos objetos naturais, pelas relações de reforço mútuo entre eles e a conduta da pesquisa segundo as estratégias materialistas. Essa influência é tão forte que frequentemente não se reconhece que podem existir possibilidades de certos domínios de fenômenos (por exemplo, na agricultura) interessantes nos contextos em que os modos modernos de valorizar o controle são contestados, possibilidades que não podem ser encapsuladas nas estratégias materialistas, mas sim em estratégias alternativas. Proponho a agroecologia como uma alternativa importante. O fim da ciência não permite que se ignorem tais alternativas. A partir disso, prossigo para concluir que, a menos que a pesquisa seja conduzida segundo uma variedade de estratégias, o vínculo da ciência moderna com os valores relativos ao controle não pode ser quebrado e, devido a isso, importantes linhas de pesquisa não serão exploradas. Finalmente, na Seção 4, colocando as coisas em ordem, identifico três momentos da atividade científica, a saber: (1) adotar uma estratégia, (2) aceitar teorias e (3) aplicar o conhecimento científico. Os valores sociais podem ter papéis legítimos nos momentos (1)

269

Hugh Lacey

e (3), mas em (2) os valores sociais não possuem um papel legítimo comparativamente aos valores cognitivos. A relevância da distinção entre os valores cognitivos e os valores sociais deriva do lugar central de (2), o momento em que são feitos os juízos acerca do que conta como conhecimento científico correto. Isso não impede que os valores sociais desempenhem papéis importantes em outros momentos.

Minha argumentação frequentemente faz uso de propostas substantivas que elaborei e defendi em outros lugares. Não posso esperar obviamente que o leitor as aprove com base na minha palavra. Minha alegação de que a distinção entre os valores cognitivos e sociais é relevante baseia-se em última análise nos papéis explanatório e justificativo (defendidos em trabalhos citados ao longo de todo o capítulo) que ela pode desempenhar. Como não posso oferecer maior detalhe neste capítulo, o melhor será lê-lo como uma proposta que sustenta uma caracterização da estrutura da atividade científica que, se bem estabelecida, demonstraria a relevância da distinção. Não conheço outro meio mais simples de desenvolver a argumentação.

1 Valores, juízos de valor
e enunciados estimativos de valor

Sustentamos vários tipos de valores: pessoais, morais, sociais, estéticos, cognitivos; eles são sustentados segundo *perspectivas de valor* mais ou menos coerentes e ordenadas, nas quais eles se reforçam mutuamente entre si.[2] A fim de apresentar algumas das características gerais dos valores, suponhamos que Φ designe um tipo particular de valor, v alguma característica que pode (tipica-

---

2 Para uma caracterização mais completa de minha concepção acerca dos valores, cf. *SVF*, cap. 2, e Lacey & Schwartz, 1996.

mente) manifestar-se em maior ou menor grau em Φ, e seja X uma pessoa. Então,

X sustenta v como um Φ-valor, se e somente se
(1) X deseja que v se manifeste em grau elevado em Φ;
(2) X acredita que a manifestação em grau elevado de v em Φ é parcialmente constitutiva de um "bom" Φ; e
(3) X está comprometido *ceteris paribus* a agir para aumentar ou para manter o grau de manifestação de v em Φ.

No caso dos valores sociais, Φ = sociedade (instituições sociais, estruturas sociais), e um valor social (vs) — por exemplo, o respeito aos direitos humanos — é uma característica cuja manifestação em grau elevado é valorizada pela sociedade; no caso dos valores cognitivos, Φ = teoria (hipótese) aceita; um valor cognitivo (vc) é uma característica cuja manifestação em grau elevado é valorizada em teorias (hipóteses) aceitas, isto é, em portadores confirmados de entendimento.[3]

"X sustenta o Φ-valor v" será considerada como equivalente a "X faz o juízo de Φ-valor, V, que consiste em valorizar que v seja uma característica bem manifestada de Φ". (V representa o juízo de valor feito quando v é sustentado como um valor.) Os juízos básicos de valor são em geral de três tipos: "que v é um Φ-valor, uma característica de um 'bom' Φ"; "que v_1 é de nível superior (enquanto um Φ-valor) em relação a v_2" e "que Φ manifesta v 'num grau suficientemente elevado'". Existem também juízos de valor da forma: "que u tem Φ-valor" ou "que u é um objeto de Φ-valor", feitos com base em que u contribui para a manifestação dos Φ-valores.

3 No capítulo 3 de *SVF*, introduzo uma noção mais geral de "valor cognitivo" que se aplica a crenças mantidas na vida comum e que informa as ações de uma variedade de práticas. A noção mais estrita é suficiente para os propósitos deste capítulo; tal como a uso aqui, "valor cognitivo" pode ser considerada como uma abreviação de "valor de uma teoria aceita".

Hugh Lacey

Pode-se dizer que uma regra metodológica tem *valor cognitivo* em virtude de sua contribuição causal para gerar ou confirmar teorias que manifestam em grau elevado os valores cognitivos. Em bases similares, pode-se propor que as práticas científicas organizadas de modo a manifestarem certos valores sociais (cf. Longino, 1991, 2002), ou o cultivo de certas virtudes morais entre os cientistas, têm *valor cognitivo*. É também provável que seja um *vs* para X que o *vc* (que X sustenta) seja *socialmente incorporado*: que existam instituições sociais (científicas) que sustentem práticas nas quais vêm a ser aceitas teorias (em número sempre crescente) manifestando em grau elevado esses *vc*; e uma teoria (T), que manifesta em grau elevado o *vc*, pode também ter valor social (para X), em virtude de fazer uma contribuição – na aplicação ou talvez simplesmente por proporcionar entendimento de alguns fenômenos – para a manifestação do *vs* de X. Assim, "é um objeto de valor social à luz de um conjunto de *vs*" pode designar uma propriedade de T. Ao afirmar que *vc* e *vs* são diferentes, estou comprometido com a afirmação: *existe um conjunto de valores cognitivos e "é um objeto de valor social à luz de um conjunto de valores sociais" não é um deles.*

Existem vínculos estreitos entre os valores que X sustenta e aqueles incorporados nas instituições das quais X participa; e, pelo menos algumas vezes, que eles sejam incorporados nas instituições explica por que X sustenta esses valores ao invés de outros. Para aqueles que consideram os valores como preferências subjetivas, tal explicação é o fim da estória. Em minha caracterização, os valores não são redutíveis a preferências subjetivas. Outra distinção precisa ser levada em conta,[4] a saber, aquela entre o juízo de valor V de X de que *v* é um Φ-valor e um enunciado acerca do grau de manifestação de *v* em Φ. Até que grau Φ mani-

---

4. Mcmullin (1983) e Nagel (1961), usando terminologias diferentes, desenvolvem uma distinção similar.

festa v é uma questão de fato. Chamarei os enunciados que expressam tais questões de fato de *enunciados estimativos de valor*. Eles não são juízos de valor, embora o sejam os enunciados expressando que v manifesta-se em Φ num grau "suficientemente bom"; eles são hipóteses que podem fazer parte de teorias investigadas nas ciências sociais, que podem ser avaliadas à luz dos dados disponíveis e dos vc.

Existem interconexões profundas entre os juízos de valor e os enunciados estimativos de valor. Em primeiro lugar, é ininteligível que alguém faça V e não seja capaz de avaliar e afirmar enunciados estimativos de valor dos tipos: "Φ manifesta v em um grau maior no momento t_1 do que no momento t_2", "uma instituição incorpora v em um grau maior no tempo t_1 do que em t_2, ou em um grau maior do que uma outra instituição" e outros semelhantes. Isso acontece porque, sem tais estimativas, X não poderia saber se o desejo do item (1) é satisfeito ou não, de modo que V não poderia conduzir coerentemente a nenhuma ação (cf. item (3)), persistindo simplesmente uma articulação verbal desprovida de consequência comportamental.

Em segundo lugar, em vista do item (2), é um pressuposto de X, ao fazer V, que X endosse a afirmação de que apoia que é possível que Φ manifeste v em alto grau (ou num grau maior do que o faz agora); pois é ininteligível afirmar: "v é uma característica de um 'bom' Φ, mas v não pode manifestar-se em grau elevado em Φ". *Respeitar os direitos humanos* não é um valor social, a menos que o respeito pelos direitos humanos possa manifestar-se em grau elevado em toda a sociedade a que se pertence. *A eliminação total* (enquanto distinta da redução drástica) *da injustiça* não é um valor social, porque é impossível erradicar totalmente a injustiça. O *poder preditivo* não é um valor cognitivo, a menos que possam existir teorias a partir das quais se possa derivar predições. A *certeza* não é um valor cognitivo, porque não se podem criar teorias que são conhecidas com certeza com os métodos científicos de que dispomos. Evidência a favor ou contra enunciados de possibilidade relevantes pode ser procurada e obtida em investigações científicas; ela estará baseada, em grande medida, em enunciados estimativos de valor confirmados. A evidência que conta decisivamente contra enunciados de possibilidade constitui *ceteris paribus* uma razão para rejeitar V. Assim, os juízos de valor podem ser afetados, segundo modos logicamente permissíveis, pelos resultados da investigação científica.

Em terceiro lugar, no item (2), "bom" funciona como uma espécie de "marcador de lugar" (*place-holder*) que, na prática, tende a trazer consigo um ideal de Φ — um fim, objetivo ou justificativa geral, fundamental, e abrangente para Φ, do qual os Φ-valores são constitutivos (ou ao qual estão subordinados). Tais ideais podem não estar bem articulados. De qualquer modo, eles sempre permanecem abertos a uma articulação ulterior e, sem dúvida, ao desenvolvimento e à revisão. Quando os levarmos em conta (na Seção 2), as interconexões entre os juízos de valor e os enunciados estimativos de valor (e outros enunciados factuais de valor) tornar-se-ão mais extensas.

2 Ideais sociais e ideais cognitivos (o fim da ciência)

Consideremos os valores sociais. X poderia articular (como eu faço), na qualidade de ideal ou justificação fundamental para a sociedade, que ela proporcione estruturas suficientes para permitir que todas as pessoas vivam normalmente de maneira a manifestar valores que, quando integrados em uma vida inteira, geram uma experiência de bem-estar (satisfação, florescimento). Esse ideal, por sua vez, precisa ser complementado por uma caracterização do bem-estar (florescimento) humano (uma concepção da natureza humana), e de como ele se entrelaça com os ideais morais de X. Então v é um vs para X se e somente se X

EXISTE UMA DISTINÇÃO RELEVANTE ENTRE VALORES COGNITIVOS E SOCIAIS?

acredita que a manifestação de v é constitutiva de tais estruturas, ou de instituições ou movimentos que visam instaurá-las (cf. Lacey, 2002b).

Em geral, independentemente do ideal social que é articulado, sustentar v como um vs pressupõe:

(a) uma maior manifestação de v contribui para a realização mais completa do ideal;

(b) uma maior manifestação de v, e a ação para realizá-lo, não inibe manifestações maiores de outros vs sustentados;

(c) não existe outra característica, que não possa manifestar-se em grau elevado nas mesmas estruturas que v, cuja manifestação em grau superior contribuiria mais para a realização do ideal.

Esses três pressupostos acrescentam-se ao anterior:

(d) é possível que v tenha uma manifestação maior (ou que sua manifestação em grau elevado se mantenha) na sociedade em questão;

e isso será verdadeiro somente se:

(e) estão disponíveis (ou podem ser criadas) na sociedade condições que assegurem a disponibilidade de objetos de valor social, que são tais objetos em virtude de sua contribuição causal para a maior manifestação (ou a manutenção) de v.

Todos esses pressupostos estão sujeitos ao *input* da investigação empírica. Embora eles não impliquem V (o juízo de valor feito quando v é tido como um valor), a evidência favorável a eles proporciona suporte para que alguém faça V, e evidência contrá-

275

ria a eles indica a necessidade (racional) de rever ou nossos *vs* ou nossa articulação do ideal social. Isso é relevante, mesmo se alcançar acordo acerca do ideal possa parecer estar fora de questão. Suponha-se, por exemplo, que se apresente evidência empírica forte de que um arranjo econômico valorizado é um fator causal significativo na perpetuação da fome em grande escala, mostrando assim uma incompatibilidade causal entre dois *vs* plausíveis. Um dos lados, então, tem que ceder. Não estamos imobilizados por um conflito intratável. Dialeticamente, a investigação empírica pode ser crucial em disputas acerca dos valores sociais (cf. Lacey, 2002a, 2003b).

2.1 O FIM DAS PRÁTICAS CIENTÍFICAS

Voltemo-nos agora para os valores cognitivos. Um *vc* é uma característica cuja manifestação é valorizada em teorias aceitas; é uma característica de teorias aceitas "boas". X, enquanto participante de práticas científicas nas quais as teorias são aventadas, exploradas, desenvolvidas, revisadas e avaliadas, subscreve um ideal do que faz "boa" uma teoria aceita, isto é, um fim, objetivo ou justificativa geral, fundamental e abrangente para as teorias das quais os *vc* são constitutivos. Embora os indivíduos possam diferir em seus juízos acerca do que é constitutivo de uma teoria aceita "boa" (isto é, acerca dos *vc*), na medida em que exista concordância de que as teorias pretendem ser portadoras de entendimento e de conhecimento acerca dos fenômenos, e de que se pode (frequentemente) esperar que sejam aplicadas com sucesso nas práticas sociais, as diferenças serão consideradas discordâncias que necessitam de uma solução. O que quer que se possa sustentar acerca da "subjetividade" de outros tipos de valores (e minha caracterização dos valores mantém apenas um pouco), está fora de lugar em conexão com os *vc* (cf. Scriven, 1974). Uma vez que as teorias são produtos das práticas científicas, penso ser conveniente localizar o ideal atribuído às teorias contra o pano de fundo de um ideal das práticas científicas. Atribuirei a X o seguinte ideal ou fim das práticas científicas:

F: (i) obter teorias que expressam o *entendimento* empiricamente embasado e bem confirmado de fenômenos; (ii) pertencentes a âmbitos cada vez maiores, e (iii) onde nenhum fenômeno significante para a experiência humana ou para a vida social prática – e, em geral, nenhuma proposição acerca de fenômenos – é (em princípio) excluído do âmbito da investigação empírica.

Considero que o entendimento inclui descrições que caracterizam *o que* são os fenômenos (as coisas); propostas acerca do *por que* eles são como são, encapsulações das *possibilidades* (incluindo aquelas até aqui não realizadas) que eles permitem em virtude de seus próprios poderes subjacentes e das interações nas quais podem entrar; e previsões a respeito de *como* tentar realizar essas possibilidades (cf. *VAC; SVF*, cap. 5). Enunciei o fim de modo a abarcar todas as investigações conhecidas como "ciências" (incluindo as ciências sociais), bem como as que possuem íntimas afinidades com as ciências. Incluo em "ciência" todas as formas de *investigação empírica sistemática*, pois não quero nem excluir por definição, por *fiat*, nem assumir *a priori* que as formas de conhecimento, que estão em continuidade com formas tradicionais de conhecimento, podem ter um estatuto cognitivo (epistêmico) comparável àquela da ciência moderna. Por isso, não restrinjo o que seja uma teoria àquilo que tem estrutura matemático-dedutiva ou que contém representações de leis, mas incluo também todas as estruturas razoavelmente sistemáticas (talvez até estru-

Hugh Lacey

turas ricamente descritivas ou narrativas) que expressam entendimento de algum domínio de fenômenos.[5]

Segue-se que *v* é um *vc* somente se corresponde a uma característica das teorias, cuja correta aceitação promove F; portanto, somente se é constituinte de uma teoria que expressa um entendimento correto, empiricamente fundado, relativo a um domínio de fenômenos. Os *vc* (isto é, a obtenção de teorias que os manifestem) são constituintes dos fins cognitivos das práticas científicas. Então, no mínimo, os *vc* devem de fato — tal como revelado nos estudos interpretativos que, entre outras coisas, explicam por que eles deslocaram as articulações historicamente anteriores dos valores cognitivos (cf. Laudan, 1984) — desempenham o papel de fins cognitivos na tradição (ou tradições) da investigação científica e manifestam-se em teorias cuja aceitação é correntemente incontroversa.[6] Além disso, se se quer manter uma noção robusta de entendimento, então devem existir razões fortes pelas quais outros candidatos que foram propostos, como, por exemplo, "ser um objeto de valor social à luz de algum *vs*", não estão incluídos entre os *vc*.

5 Enunciar o fim como fiz está, obviamente, aberto a controvérsia. Laudan (1977), por exemplo, enuncia o fim em termos de "solução de problemas". Observo simplesmente que grande parte de minha argumentação pode ser rearticulada no contexto de outras caracterizações dos fins da ciência.

6 Outra questão pode aqui ser levantada, de uma forma quase paradoxal: mesmo admitindo que os *vc* são distintos de outros tipos de valores, o mesmo conjunto de *vc* é apropriadamente mobilizado independentemente do domínio de investigação (por exemplo, física ou social) ou da estratégia (cf. a Seção 4) adotada na pesquisa? Ou, seria possível argumentar que os *vc* são em algum sentido relativos à estratégia adotada? Acredito que essa questão precisa ser mais explorada, e a resposta poderia ter impacto em minhas concepções atuais. Peter Machamer, em seu comentário sobre minha conferência, levantou o que penso ser uma questão afim. Ele escreve: "(...) a confiabilidade relevante do conhecimento reside na certificação por normas sociais públicas". Considero que isso implica que um discurso que visa identificar valores cognitivos já expressa certos valores sociais, de modo que — paradoxalmente — qualquer distinção não trivial traçada entre os valores cognitivos e os valores sociais será de fato "relativa a" esses valores sociais particulares. Ambas questões são importantes, mas não posso tratá-las no espaço deste capítulo.

Como já indicamos, *v* é um *vc* somente se é possível que as teorias manifestem *v* em grau elevado; consequentemente, somente se estão disponíveis regras metodológicas que permitem que sua manifestação seja promovida. Existem também contrapartidas dos pressupostos (a)-(c), feitos ao sustentar *vs*, que o fim F torna inteligíveis. Na presente argumentação, entretanto, vou deter-me apenas na contrapartida do pressuposto (b) — não existem efeitos colaterais indesejáveis em sustentar *v* como um *vc*:

P: (a) Obter uma maior manifestação de *v* em uma teoria não é incompatível com outro *vc* também obter maior manifestação de *v* nessa teoria; e

(b) requerer que *v* se manifeste em uma teoria aceita não inibe a consideração (como potencialmente dignas de aceitação) de teorias que poderiam manifestar bem algum dos outros *vc*.

Nada do que foi dito aqui acerca das condições de *vc* — exceto talvez ter incluído (b) em P – vai além do "modelo reticulado" de Laudan, e tudo que afirmei é influenciado por seu modelo (cf. Laudan, 1984).

P é suficiente para eliminar um amplo domínio de candidatos a *vc*.[7] A eliminação não é feita *a priori*, mas é empiricamente embasada e dialeticamente ordenada. Considere-se o candidato que, para mim, é importante eliminar: *ser um objeto de valor social à luz do vs especificado* (que chamarei *OVS*). *OVS* não é um *vc*. A pesquisa científica em alguns campos mobilizou (mais ou me-

---

7 Tal domínio inclui "interferências externas" comumente identificadas como ameaças à autonomia da conduta da ciência: aceitação por consenso, ou por consistir em crenças populares, consistência com os pressupostos de valores sociais particulares, consistência com as interpretações bíblicas ou com os princípios do materialismo dialético. A consistência com as interpretações bíblicas, por exemplo, colide com a adequação empírica, com a redução ao mínimo das hipóteses *ad hoc* e com o poder de encapsular as possibilidades permitidas pelos fenômenos atuais.

nos explicitamente) vários valores desse tipo ao custo da inibição de teorias interessantes, que em outros tempos mostravam manifestar bem os *vc* mais comumente prezados. Esses valores cognitivos incluem: *adequação empírica, poder explicativo, compatibilidade, redução ao mínimo das hipóteses ad hoc, poder de encapsular possibilidades dos fenômenos e posse de recursos interpretativos que permitam a explicação dos sucessos e fracassos das teorias anteriores* (cf. *SVF*, cap. 3). É possível sugerir, entretanto, que pode existir um conjunto particular de *vs* para o qual esse tipo de inibição não ocorreria ou não ocorre. Isso, entretanto, só pode ser estabelecido empiricamente.

2.2 ENTENDIMENTO E UTILIDADE

Desde o nascimento da ciência moderna existe controvérsia acerca da relação entre o entendimento e a utilidade. Houve por vezes uma tendência a incluir a utilidade – ou seja, o objetivo de que as teorias científicas tenham a propriedade O*VS* para certos *vs* concernentes ao controle dos objetos naturais – entre os fins da ciência. (A influência Baconiana nunca esteve ausente da tradição científica moderna.) Entretanto, na maioria das visões, o entendimento é um pré-requisito para a utilidade; uma condição necessária para que uma teoria tenha a propriedade O*VS* é que ela manifeste o *vc* em um alto grau, de modo que a partir do fim, tido como sendo a utilidade, não obtemos critérios que podem ser levados a ter relação com o que constitui entendimento correto. A utilidade conduz a enfatizar certas linhas de investigação, requerendo que sejam tratadas as possibilidades que, por exemplo, podem aumentar nossa capacidade de controlar objetos naturais, enquanto outras linhas sejam negligenciadas, porque não se pode esperar que elas dêem origem a teorias que tenham a probabilidade de serem objetos de valor social à luz do *vs* mantido.

EXISTE UMA DISTINÇÃO RELEVANTE ENTRE VALORES COGNITIVOS E SOCIAIS?

Quando a investigação é conduzida desse modo, todas as teorias que acabam sendo aceitas terão a propriedade OVS para esses vs. Essas teorias possuem OVS porque, desde o início do processo de investigação, somente as teorias que o tinham, se viessem a tornar-se corretamente aceitas, seriam consideradas, ainda que apenas provisoriamente. Para que uma teoria possa efetivamente (e não apenas potencialmente) ter utilidade, é necessário que ela seja aceita (para um certo domínio de fenômenos) em virtude de manifestar os vc num grau elevado.

O papel da utilidade (OVS) na seleção de teorias (quando ele existe) concretiza-se no momento em que se escolhem os tipos de teorias a serem provisoriamente consideradas e exploradas, e não quando se faz a escolha dentre as teorias provisoriamente consideradas e desenvolvidas (cf. a Seção 4). O que se descobre no curso da investigação é que as teorias manifestam os vc em grau elevado; que elas também manifestem OVS é simplesmente uma consequência de restrições impostas à investigação desde o início. Se nenhuma teoria se consolidasse sob essas restrições, descobriríamos desse modo que não há teorias que manifestam OVS. OVS não desempenha um papel juntamente com o vc no momento em que as teorias vêm a ser aceitas (cf. a Seção 4). Mesmo se os cientistas estivessem apenas interessados em investigar teorias úteis, não se seguiria que todas as teorias que podem expressar entendimento devem manifestar OVS. Pode-se incluir a utilidade entre os fins da ciência (e incluir OVS entre os vc) somente entrando em conflito com F. Apresso-me a acrescentar que concluir que OVS não é um vc poderia ser bastante trivial, se a tradição científica não tivesse tornado disponível um domínio de entendimento científico, amplo e em expansão, legitimado em virtude de estar expresso em teorias que foram corretamente aceitas para certos domínios de fenômenos, com respeito aos quais elas manifestam os vc no mais alto grau disponível (cf. SVF, p. 62-6). A "utilidade" foi bem servida por esse conhecimento.

3 Estratégias, regras metodológicas, metafísica e valores sociais

Seria possível retrucar: mesmo se, para todo *vs*, O*VS* não é um *vc*, ainda assim pode existir um conjunto de *vs* tal que a regra metodológica (RM-O*VS*) seja um objeto de valor cognitivo elevado.

RM-O*VS*: Considerar e desenvolver *somente* teorias sujeitas a restrições tais que, se as teorias são corretamente aceitas, elas também manifestem O*VS* (*sejam um objeto de valor social à luz do vs especificado*).

Se o registro histórico apoiasse a tese de que seguir tal regra é a única maneira de promover a realização do fim da ciência F, então a distinção entre *vc* e *vs* não teria muita importância.

Para refutar tal objeção, noto que F nos impulsiona em duas direções que, na prática científica efetiva, podem estar em tensão. Um impulso tem o sentido de colocar o esforço de pesquisa onde podemos esperar, rápida e eficientemente, ter sucesso prontamente reconhecível. O outro, de direcioná-lo para a pesquisa acerca de fenômenos que foram pouco investigados, ou seja – dado que a pesquisa científica se apóia sobre suas realizações passadas – fenômenos a respeito dos quais as teorias parecem estar insuficientemente desenvolvidas, carentes de sofisticação interna, pouco gerais no que se refere ao escopo. Mais adiante argumentarei que é importante que a ciência, enquanto instituição difundida por todo o mundo, reaja a ambos impulsos. A meu ver, entretanto, o primeiro impulso dominou a ciência moderna; e de fato fez com que se tomasse uma regra metodológica do tipo que acabamos de enunciar como sendo um objeto de elevado valor cognitivo. Além disso, a adoção dessa regra metodológica permitiu algumas reações no sentido do outro impulso, tal como se refletiu na emergência regular de novos ramos da ciência "moderna" (Lacey, 2003b). Contudo, argumentarei que o que foi "deixado de lado" é de grande importância.

3.1 As estratégias materialistas e a regra metodológica para conduzir a pesquisa segundo essas estratégias

Antes de enunciar a regra metodológica do tipo RM-OVS que tenho em mente, introduzirei primeiro outra, RM-M, que funciona em íntima conexão com ela, mas que, frente a ela, não vincula a atividade da ciência a nenhum valor social.

RM-M: Considerar e desenvolver *somente* teorias que exemplificam princípios gerais da metafísica materialista acerca da constituição e modo de operação do mundo.

A metafísica materialista, de acordo com minha concepção, afirma que o mundo (os fenômenos e as possibilidades que eles permitem) pode ser adequadamente representado por categorias desenvolvidas segundo variedades apropriadas do que denomino *estratégias materialistas*, E_M (cf. *VAC*; *SVF*; cap. 2 acima) e, assim, adotar RM-M é equivalente a adotar a regra metodológica RM-E_M:

RM-E_M: Considerar e desenvolver *somente* teorias que satisfazem as restrições das E_M, isto é, que representam os fenômenos e encapsulam possibilidades em termos que expõem sua regularidade (*lawfulness*) e, assim, usualmente em termos de serem geradas ou geráveis a partir da *lei e/ou estrutura, processo e interação subjacentes*, dissociando-se de todo lugar que possam ter em relação aos arranjos sociais, às vidas e experiências humanas, de todo vínculo com os valores e de quaisquer possibilidades sociais, humanas e ecológicas, que também possam estar abertas para eles; e (reciprocamente): selecionar e procurar dados empíricos que podem ser expressos usando categorias descritivas geralmente quantitativas, aplicáveis em virtude de operações de medida, instrumentais e experimentais – de modo que eles possam ser levados a ligarem-se enquanto evidências com teorias aventadas e desenvolvidas de acordo com as restrições.

De acordo com essa caracterização, a metafísica materialista não implica o fisicalismo, qualquer forma de reducionismo ou determinismo, e seu conteúdo concreto não está fixado. Suas articulações acompanham o desenvolvimento e as mudanças das E_M e, portanto, acompanham também as decisões (que se ajustam ao "modelo reticulado" de Laudan) acerca de qual versão de RM-E_M seguir num dado momento e num determinado campo – não estando, assim, vinculada a versão particular alguma das E_M, nem, com certeza, a versões mecanicistas ultrapassadas.

Embora a ciência moderna tenha sido conduzida quase exclusivamente segundo variedades das E_M (cf. *SVF*), sugiro que elas correspondem exatamente a um tipo (embora especialmente importante) dentre a multiplicidade de tipos de estratégias que poderiam ser adotadas na investigação empírica sistemática. Não se segue de F que em geral se deva dar prioridade a qualquer um desses tipos. A referência a F não proporciona uma direção à pesquisa, não define o que conta como pesquisa útil ou relevante, nem proporciona respostas concretas para: quais questões colocar, quais quebra-cabeças resolver, quais classes de possibilidades tentar identificar, que tipo de explicações explorar, que categorias desenvolver tanto nas teorias (hipóteses) quanto nos relatos observacionais, que fenômenos observar, medir e experimentar, quem são os participantes apropriados nas atividades de pesquisa e quais qualificações, experiências de vida e virtudes devem ter? Nenhuma dessas questões pode ser respondida sem

EXISTE UMA DISTINÇÃO RELEVANTE ENTRE VALORES COGNITIVOS E SOCIAIS?

a adoção de uma *estratégia* (cf. *SVF*, cap. 5; cap. 2 acima),[8] cujo principal papel é restringir os tipos de teorias que podem ser consideradas num dado domínio de investigação (de modo a permitir a investigação) e as categorias que podem ser empregadas, especificando, assim, *os tipos de possibilidades que podem ser explorados no curso da investigação* e *selecionando* os tipos relevantes de dados empíricos a buscar e as categorias descritivas apropriadas a usar na elaboração de relatos observacionais. Classes diferentes de possibilidades podem requerer estratégias diferentes para sua investigação (ver abaixo).

Uma vez que, nas E_M, as categorias intencionais e baseadas em valores são deliberadamente excluídas na formulação de teorias, hipóteses e dados, onde estes são mobilizados não pode haver juízo de valor algum entre as implicações formais das teorias e hipóteses. Seguir RM-E_M é suficiente, portanto, para assegurar a neutralidade cognitiva (cf. a Introdução deste capítulo). Essa é uma característica do projeto das E_M. Não há dúvida de que conduzir a pesquisa segundo tais estratégias foi frutífero, e de que F foi ampliado numa extensão extraordinária; existem muitas teorias, que expressam o entendimento de um número e variedade cada vez maiores de fenômenos, desenvolvidas segundo as E_M, que manifestam os *vc* em grau elevado. Além disso, as E_M provaram ser amplamente adaptáveis, e novas variedades foram desenvolvidas com os avanços das pesquisas: essas variedades encontram expressão no mecanicismo, na regularidade (*lawfulness*) expressa matematicamente, nas mais variadas formas de leis matemáticas (pressupondo o espaço e o tempo newtoniano e o espaço--tempo relativista; deterministas e probabilísticas; com e sem reducionismo fisicalista; funcionais e composicionais), modelagem computacional, estruturas moleculares e atômicas etc.

8 O que eu chamo "estratégias" tem muito em comum com as "tradições de pesquisa" de Laudan (1977), com os "sistemas de referência" de Kitcher (1993, p. 57) e com a "forma do conhecimento" de Hacking (1999, p. 170-1).

285

Hugh Lacey

Assim, pode haver pouca dúvida de que a pesquisa de acordo com RM-E_M é indefinidamente ampliável e podemos esperar que F continuará a ser promovido por ela. No mínimo, então, RM-E_M tem valor cognitivo elevado, sendo RM-E_M a formulação que se obtém omitindo o "somente" da formulação de RM-E_M.

3.2 Os limites da pesquisa conduzida segundo as estratégias materialistas

Entretanto, não se segue que – mesmo em princípio – todos os fenômenos possam ser entendidos com as categorias permitidas por RM-E_M. Isso acontece porque, nas E_M, os fenômenos são investigados em dissociação de todo contexto de valor e, assim, nenhuma possibilidade que possa derivar de tais contextos é considerada. Explicações rotineiras da ação humana (incluindo as ações envolvidas na pesquisa científica e nas práticas aplicadas), e tentativas de antecipá-la, evitam tal dissociação. Elas desenvolvem categorias (por exemplo, categorias intencionais e valorativas, incluindo aquelas usadas nos enunciados estimativos de valor) que são inadmissíveis nas E_M, e as teorias que as contêm podem manifestar os *vc* em grau elevado (cf. Lacey, 2001b, cap. 9; 2003b).

Correntemente, embora não exista evidência conclusiva de que essas teorias são redutíveis ou substituíveis por teorias construídas segundo as E_M, as ciências do comportamento, a ciência cognitiva e as neurociências adotaram variedades de E_M antecipando que reduções ou substituições serão encontradas. Esse é um exemplo de como a ciência que segue RM-E_M é responsável pelo impulso (o segundo impulso de F) de apreender novos tipos de fenômenos. Embora teorias nesses campos tenham sido aceitas para alguns domínios de fenômenos (principalmente experimentais), a possibilidade de estendê-las para fenômenos característicos da ação humana permanece simplesmente como uma antecipação com fraca garantia empírica (mas frequentemente fomentada por teorias metafísicas materialistas da mente). A conjectura de que o entendimento adequado da ação humana pode ser produzido segundo as E_M é digna de ser explorada e não excluo *a priori* sua eventual confirmação, mas ela somente pode ser rigorosamente testada contra os produtos de pesquisas conduzidas segundo estratégias (vamos denominá-las "estratégias intencionais", E_I) que não fazem a dissociação feita por E_M. Limitar a pesquisa àquela conduzida segundo E_M inibiria a exploração de teorias nas quais, por exemplo, a *adequação explicativa* poderia tornar-se manifesta em grau elevado. Assim, a promoção de F – por exemplo, em conexão com a investigação de fenômenos de valor – requereria o desenvolvimento de estratégias (por exemplo, E_I) segundo as quais tais teorias poderiam ser consideradas e avaliadas (cf. *SVF*, cap. 9; Lacey, 2001b, 2003b).

Por que, então, a pesquisa conduzida segundo as E_M tem sido tão dominante – tanto que adotar essas estratégias é frequentemente visto como sendo essencial para a pesquisa científica, enquanto a pesquisa que não as adota (como em algumas ciências sociais) é vista como não muito "científica"? O que explica isso? E que justificativa racional pode ser dada para isso? O apelo à metafísica materialista não o justifica (mas cf. Bunge, 1981), pois faltam-lhe as credenciais cognitivas (empíricas) necessárias. Poderia ser que o primeiro impulso de F é tão forte que, enquanto as E_M continuarem a expandir-se para novos campos, os cientistas se contentarão em ficar limitados a obter o entendimento que eles confiam estarem agora obtendo, deixando para o futuro os fenômenos que agora ainda não foram explorados segundo essas estratégias (antecipando que outras versões ainda mais sofisticadas das E_M estarão disponíveis)? Há claramente algum conteúdo explicativo nessa sugestão, mas – argumentarei agora – ela não pode ser mantida como uma justificativa quando se leva em conta a aplicação das teorias científicas.

Hugh Lacey

3.3 A importância de considerar as aplicações

Já indiquei que as teorias podem ser avaliadas não apenas por seu valor cognitivo mas também por seu valor social. Podem elas, na aplicação, informar projetos valorizados em vista de *vs* especificados? A resposta tradicional é que toda teoria que é de algum modo aplicável pode informar projetos de qualquer *vs* viável e, assim, também aquelas de *vs* especificados – as teorias são *neutras* (cf. a Introdução deste capítulo).[9] Isso não pode ser sustentado. Como se mostrou acima, as teorias desenvolvidas segundo as E_M são de fato *cognitivamente neutras*. Mas nem por isso elas são necessariamente *neutras na aplicação*. Para exemplificar, as sementes transgênicas são incorporações de conhecimento teórico corretamente aceito, desenvolvido segundo versões (biotecnológicas) das E_M. Enquanto objetos tecnológicos, entretanto, elas não possuem papel significativo nos projetos das comunidades cujo objetivo é cultivar agroecossistemas sustentáveis e produtivos, nos quais a biodiversidade é protegida e simultaneamente o empoderamento da comunidade local é promovido. Consequentemente, elas têm pouco valor social para os diversos movimentos rurais de base por toda a América Latina (e em outros lugares) que sustentam esses valores. Suas aplicações não são equitativas. Entretanto, não falta aos projetos que visam promover esses últimos valores *input* científico. As teorias que os informam são consolidadas por pesquisa conduzida de acordo com *estratégias agroecológicas* (E_{AE}), estratégias nas quais uma multiplicidade de variáveis (concernentes à produção de sementes, à

9 Kitcher e Longino questionam a *neutralidade* de modos diferentes. Kitcher o faz levantando questões acerca de como a ciência se liga ao florescimento humano (Kitcher, 1993, p. 391; 1998, p. 46), tendo desenvolvido essas ideias em suas recentes reflexões sobre os aspectos cognitivo e social da *significância* dos resultados científicos (cf. Kitcher, 2001, cap. 8); Longino (1990, 2002b) faz isso, em parte, questionando a existência de uma distinção relevante entre valores cognitivos e sociais.

EXISTE UMA DISTINÇÃO RELEVANTE ENTRE VALORES COGNITIVOS E SOCIAIS?

correção ecológica, à biodiversidade e ao bem-estar e capacidade de agir (*agency*) da comunidade local) são investigadas simultânea e interativamente.[10]

O que deve ser incluído no âmbito dos *vs*, para os quais uma teoria pode ter valor social, é uma questão de fato, aberta à investigação empírica. Apesar de acreditar que existe uma medida da *neutralidade na aplicação* entre as teorias confirmadas segundo as E_M, tomadas como um todo, quando as E_M são desenvolvidas de modo virtualmente exclusivo, elas possuem valor social de modo geral e especialmente à luz de perspectivas de valor que iluminam um conjunto de valores sociais concernentes aos *modos especificamente modernos* de valorizar o controle dos objetos naturais (*mvc*). Esses valores dizem respeito ao escopo do controle, a sua centralidade na vida diária, e a que os *mvc* não estejam relativamente subordinados a outros valores morais e sociais – de modo que, por exemplo, a expansão de tecnologias em cada vez mais esferas da vida, tornando-se meios de resolver cada vez mais problemas, é especialmente valorizada em alto grau, e os tipos de desordem ecológica e social causados por isso são considerados simplesmente como o preço do progresso.[11] As teorias confirmadas segundo as E_M tendem a ser especialmente pertinentes para informar projetos valorizados à luz dos *mvc* (e, em muitos casos, como no caso dos transgênicos, somente eles).

10 As alegações apenas expostas neste parágrafo são todas elaboradas e documentadas em detalhe nos capítulos 6, 7 e 9 acima; Lacey, 2001a, 2003a; *VAC*; *SVF*, cap. 8). Minha caracterização das E_{AE} deve muito a Altieri (1995). O papel dessas alegações é aqui ilustrativo; o sentido de minha argumentação não depende da concordância com elas. As ilustrações poderiam ser extraídas com a mesma rapidez de considerações envolvendo as E_t (cf. Lacey, 2003b) e a pesquisa nas ciências sociais (cf. Lacey, 2002b).

11 Cf. *SVF*, cap. 6; cap. 1 acima, para completar os detalhes desta exposição sumária. Nesses trabalhos, relaciono explicitamente os valores que em conjunto constituem *mvc*, exploro os pressupostos de sua legitimação e forneço evidência para todas as asserções feitas a seguir em 3.4.

289

3.4 As estratégias materialistas e seus vínculos com os modos especificamente modernos de valorizar o controle

Esse fato contribui para *explicar* a predominância da pesquisa conduzida segundo as E_M e o tipo de privilégio epistêmico atribuído às teorias corretamente aceitas segundo essas estratégias, pois os *mvc* são amplamente sustentados nas sociedades modernas e reforçados por suas relações com outros valores que se manifestam em grau elevado em instituições sociais contemporâneas poderosas (geralmente, no momento presente, vinculadas ao capital, ao mercado e ao aparato militar). A explicação que proponho, entretanto, não é aquela simples de acordo com a qual as E_M são adotadas com o fim de gerar as aplicações que promovem os interesses cultivados por *mvc*. (Nas investigações particulares, elas são frequentemente adotadas por razões bastante diferentes.) Ao contrário, é porque existem vários modos em que as posições de sustentar *mvc* e adotar E_M são *mutuamente reforçadoras* (cf. *SVF*, cap. 6; cap. 1 acima). Eles envolvem:

(i) A promoção de *mvc* é satisfeita pela, e depende da, expansão do entendimento obtido segundo E_M.

(ii) Existem estreitas afinidades entre o controle experimental e o controle tecnológico (cf. Dupré, 2001, p. 10-1), e o entendimento, obtido segundo as E_M, é dependente da obtenção do controle experimental.

(iii) Engajar-se em pesquisa segundo as E_M fomenta um interesse na manifestação mais completa de *mvc*, uma vez que seu desenvolvimento depende frequentemente da disponibilidade de instrumentos que sejam produtos de avanços tecnológicos ligados a *mvc* e, algumas vezes, os próprios objetos tecnológicos proporcionam modelos ou mesmo tornam-se objetos centrais para a investigação teórica. Finalmente,

EXISTE UMA DISTINÇÃO RELEVANTE ENTRE VALORES COGNITIVOS E SOCIAIS?

(iv) Dadas as formas correntes de institucionalização da ciência, nas quais as instituições que proporcionam as condições materiais e de financiamento para a pesquisa tendem a prover essas condições porque esperam que as aplicações "úteis" para elas virão em breve, todos os valores promovidos pela pesquisa segundo E_M (por exemplo, a satisfação da curiosidade e outros valores associados com a pesquisa "básica") tendem a manifestar-se hoje em dia no interior de perspectivas de valor que também incluem mvc.

É em virtude dessas relações mutuamente reforçadoras que as teorias corretamente aceitas segundo as E_M tornam-se objetos de valor social à luz dos mvc. (Desenvolvendo a notação anterior, essas teorias manifestam $OMVC$; e com respeito a outros vs – por exemplo, aqueles dos movimentos rurais referidos acima – elas podem não manifestar OVS significativamente.) É uma condição para que manifestem $OMVC$ em grau elevado e uma base para a expectativa da *eficácia* de suas aplicações, obviamente, que seu valor cognitivo seja confirmado segundo as E_M.

Que as E_M tenham se tornado as estratégias de pesquisa dominantes assenta em que as teorias corretamente aceitas segundo as E_M também manifestam $OMVC$[12] e, assim, são efetivamente produtos da seguinte regra metodológica (um caso particular de RM-OVS):

RM-$OMVC$: Considerar e desenvolver *somente* (de modo praticamente exclusivo) teorias que seguem restrições tais que, se as teorias são corretamente aceitas, elas também manifestam $OMVC$.

12 Cf. *SVF*, cap. 5, 6; cap. 1 acima, para a argumentação detalhada a favor dessa explicação, e contra outras explicações propostas.

RM-OMVC é a regra metodológica que foi referida no início desta seção, e que é amplamente considerada um objeto de elevado valor cognitivo entre os adeptos da ciência moderna.

O vínculo entre as E_M e mvc não só explica, mas também fornece a parte principal das bases racionais (se é que existem) para a predominância dada à pesquisa segundo as E_M. Assim, sugiro que adotar RM-M não só é equivalente a adotar RM-E_M, mas também que adotar RM-E_M é equivalente a adotar RM-OMVC. Dar primazia à pesquisa conduzida segundo as E_M não deriva simplesmente do compromisso de promover F. A pesquisa conduzida dessa maneira permitiu que F fosse promovido até um grau notável enquanto, ao mesmo tempo, seus resultados informaram os processos que muito fortaleceram a manifestação dos mvc nas principais instituições socioeconômicas contemporâneas. A racionalização da predominância da pesquisa conduzida segundo as E_M depende da aprovação racional de mvc, reforçada talvez pelo compromisso com outros vs, tais como aqueles do mercado (cf. cap. 7 acima).

3.5 A necessidade de uma
MULTIPLICIDADE DE ESTRATÉGIAS

Muitas pessoas, talvez surpresas pela manifestação crescente de mvc, que parece estar integrada às tendências econômicas predominantes no presente momento histórico, assumem irrefletidamente que mvc contém um conjunto de valores universais, de modo que não reconhecem diferença entre ser aplicável a serviço de mvc e estar a serviço de todas as perspectivas de valor viáveis. Tanto mvc como a metafísica materialista estão nas profundezas da consciência irrefletida das pessoas educadas das nações industriais avançadas e seus aliados em outras nações, a ponto de terem dificuldade em conceber que qualquer uma delas possa ser seriamente questionada. Assim, parece patente que a pesquisa

EXISTE UMA DISTINÇÃO RELEVANTE ENTRE VALORES COGNITIVOS E SOCIAIS?

científica é idêntica àquela conduzida segundo as E_M, e que a promoção de F fica reduzida à realização de pesquisas segundo as E_M. Contrariamente a isso, mostrei acima que algumas vezes, por exemplo, com relação à pesquisa na agricultura, existe uma escolha de estratégias a fazer, pois faltam nas E_M os recursos necessários para explorar certas classes de possibilidades. Em tais situações, a promoção de F exigiria que a pesquisa fosse feita, no interior do conjunto das instituições científicas, tanto segundo as E_M quanto segundo estratégias rivais, cuja fecundidade potencial tenha algum suporte empírico. Quando as estratégias rivais não são desenvolvidas, então, como acabei de sugerir, o fator--chave é o endosso à *mvc*. Obviamente, para aqueles que rejeitam *mvc*, isso não conta como uma legitimação e não constitui uma barreira racional para a adoção de estratégias diferentes com possibilidades de proporcionar conhecimento e identificar possibilidades que podem informar projetos enraizados em seus próprios valores (por exemplo, adotar as E_{AE} em vista de seus vínculos com os valores das organizações rurais).[13]

3.6 EFICÁCIA E LEGITIMAÇÃO

De modo bem claro, as pesquisas realizadas segundo as E_M identificam possibilidades tais que, quando realizadas em objetos tecnológicos ou outras intervenções, provavelmente favorecem os interesses de *mvc* e os *vs* ligados a eles (mas nem sempre somente a eles). Em geral, a aplicação pressupõe a *eficácia*, ou seja, que uma certa intervenção ou um objeto tecnológico com um projeto específico funcionará efetivamente, tendo o desempenho

---

[13] Para os que aderem a *mvc*, os valores dos movimentos contestatórios não são comumente tidos como viáveis, considerando que eles representam ou visões sociais detestáveis ou ideais insustentáveis – e os contestadores fazem acusações semelhantes (cf. Lacey, 2002b; cap. 9 acima).

pretendido. Pode-se contar com as teorias corretamente aceitas segundo as E_M como uma fonte abundante de aplicações eficazes e valiosas à luz de *mvc*, enquanto as teorias desenvolvidas segundo as estratégias alternativas, qualquer que seja a eficácia que possam engendrar, tendem a promover *vs* rivais. O papel de *mvc* é ainda mais amplo, entretanto, como ficará claro quando levamos em conta que a aplicação envolve a aceitação de hipóteses não apenas acerca da *eficácia*, mas também acerca de questões subjacentes à *legitimação*.

A legitimação envolve a consideração não apenas do valor social que será diretamente promovido por uma aplicação eficaz, mas requer também o respaldo de hipóteses como as seguintes:

Nenhum efeito colateral negativo (*NEN*): não existem efeitos colaterais negativos do ponto de vista do valor social decorrentes da aplicação, de magnitude, probabilidade de ocorrência e intratabilidade significativas.

Nenhuma forma "melhor" (*NFM*): não existe outra forma, com valor social potencialmente maior, de realizar os fins imediatos da aplicação (ou fins rivais com valor social maior).[14]

Na prática, a importância de *NEN* é geralmente reconhecida e nenhuma aplicação é introduzida sem alguma atenção a ela. Con-

---

14 Todos os detalhes desta seção foram ilustrados em detalhe em meus trabalhos recentes sobre as interações entre a ética e a filosofia da ciência nas controvérsias atuais sobre os transgênicos e sobre as promessas da agroecologia. Ver as referências na nota 10. Com relação à eficácia: a pesquisa e a prática de aplicação mostram que algumas safras transgênicas são produtivas (são equivalentes ou maiores do que as alternativas convencionais), resistentes a herbicidas e pragas específicas etc. E os adeptos dos transgênicos mantêm e os críticos negam, com relação a *NEN*, que o cultivo e o consumo de safras e produtos transgênicos não fará diretamente mal à saúde humana e ao ambiente; e com relação a *NFM*, que não existem outras formas de agricultura (não baseadas em transgênicos) que podem ser suficientemente produtivas para satisfazer as necessidades mundiais de alimento nas próximas décadas.

EXISTE UMA DISTINÇÃO RELEVANTE ENTRE VALORES COGNITIVOS E SOCIAIS?

vém notar três aspectos inter-relacionados. Primeiro, seu tratamento é usualmente atribuído a estudos de análise de risco. Isso
envolve a formulação de conjecturas (baseadas em considerações
teóricas ou sugeridas por observações) acerca de possíveis efeitos colaterais negativos, seguida do planejamento de estudos, nos
quais problemas específicos, normalmente abertos à investigação segundo as E_M, são colocados, para determinar sua probabilidade, tratabilidade etc. Esses são problemas cujas respostas não
são estabelecidas simplesmente por estimativas de valor cognitivo
à luz dos dados empíricos disponíveis; questões de valor social
estão também essencialmente envolvidas (cf. a Seção 4, que trata
da "aprovação" de hipóteses). Além disso, as questões acerca da
generalidade das respostas apresentadas e dos riscos desconhecidos estão sempre pairando no cenário; e esse tipo de estimativa
de risco não tem os meios para explorar os efeitos das aplicações,
enquanto objetos de valor social sob condições socioeconômicas
específicas. Em segundo lugar, *NEN* tem uma forma lógica existencial negativa. A evidência para ela é, em grande medida, o insucesso em identificar empiricamente contra-exemplos bem estabelecidos. (*NEN* pode também extrair apoio de teorias nas quais
ela pode estar incorporada.) Mas a *ausência* de contraexemplos
identificados não é a mesma coisa que o *insucesso em identificá-
los*. Um insucesso relevante é um insucesso *após a realização de
uma investigação apropriada*, e "apropriada" é um termo impreg-
nado de valor. Como *NEN* não pode ser formulada usando apenas
as categorias das E_M, a ausência de investigação empírica sistemática que desenvolva as teorias nas quais ela está contida pode
fazer da tentativa de identificar contraexemplos uma tarefa bastante aleatória. Em terceiro lugar, sendo os *mvc* sustentados, e a
pesquisa segundo a E_M privilegiada, após ter sido realizada a estimativa de risco padrão, o "ônus da prova" é cabalmente transfe-
rido para os críticos. Entretanto, com frequência, em vista da maneira como a ciência é institucionalizada, não estão disponíveis

Hugh Lacey

as condições para que esse ônus seja assumido pelos críticos. Em consequência, *NEN* pode continuar sem ser questionada, embora, se estivessem disponíveis as condições, uma crítica cognitivamente bem fundamentada teria a possibilidade de ser desenvolvida. Contudo, *NEN* entra na agenda, e as estimativas de risco padrão são a resposta – em numerosos casos, isso é bastante adequado.

Onde as E_M são predominantes, *NFM* nem mesmo faz parte da agenda relativamente a algumas inovações tecnológicas. Onde um modo alternativo proposto está ligado a *vs* que estão em tensão com *mvc*, a tensão tende a ser tomada como suficiente para rejeitar esses *vs* e afastar completamente a alternativa. Quando isso ocorre, não se faz nenhuma consideração séria quanto à possibilidade de a condução da pesquisa segundo estratégias vinculadas com esses *vs* gerar conhecimento que abriria proficuamente novas possibilidades que (diferentemente daquelas identificadas em E_M) podem servir para promover os interesses nutridos pelos *vs*.[15] Isso é inconsistente com aceitar F como expressão do fim da ciência. F não se ajusta facilmente a limites impostos ao escopo da *neutralidade na aplicação* – mesmo quando aquela *neutralidade* está subordinada somente a um valor de tão ampla aceitação como *mvc*. Nem a *neutralidade na aplicação*, nem a avaliação adequada de *NEN* e *NFM* podem ser realizadas sem que se conduza a pesquisa segundo uma variedade de estratégias, vinculadas respectivamente a diferentes *vs*.

---

15 Isso acontece nas polêmicas sobre os transgênicos, nas quais as possibilidades da agroecologia são frequentemente descartadas exatamente nessas bases; e isso, obviamente, vai contra a *imparcialidade*. (Para a documentação, ver as referências da nota 10; ver também a nota 12.) Sobre o aspecto profícuo das E_{AE}, ver especialmente Altieri, 1995 e as referências no cap. 9 acima. Um dos maiores riscos gerados pela ampla implementação da agricultura transgênica é que ela iniba as condições necessárias tanto para a pesquisa como para a prática da agroecologia. Agir vigorosamente, afirmando a legitimidade com base em *NEN*, pode *fazer com que NFM se torne* verdadeira.

3.7 Imparcialidade da aceitação de teorias, mas não autonomia da metodologia

Uma regra metodológica tem valor cognitivo se ela contribui para promover F. Como foi mostrado acima, $RM-E_M$ tem claramente valor cognitivo em conexão com a exploração de muitos fenômenos e possibilidades. $RM-E_M$, na medida em que engloba $RM-E_M$, contribui para promover F (i-ii); mas, na medida em que a ultrapassa em virtude do "somente", tende a debilitar F (iii). Por outro lado, a adoção das E_{AE} promove (iii) e também (i) e (ii), mesmo se quantitativamente numa extensão menor do que quando as E_M são adotadas.[16] Existem certas classes de possibilidades que, até onde sabemos no momento presente e podemos esperar no futuro previsível, se forem genuinamente realizáveis, não podem ser identificadas por pesquisa conduzida segundo as E_M — por exemplo, objetos potenciais de valor social com relação a determinados *vs* (por exemplo, os *vs* dos movimentos rurais), e as possibilidades que poderiam ser identificadas segundo outra estratégia (E_{AE}). É a adoção de tais *vs* que torna especialmente interessante adotar essas estratégias, assim como (se eu estiver certo) é a adoção de *mvc* que justifica a aceitação exclusiva das E_M. O conflito acerca dos *vs* influencia, portanto, quais são as regras metodológicas a seguir e, assim, a *autonomia* da metodologia (cf. a Introdução deste capítulo) não pode ser sustentada. Mas a *imparcialidade*, como um ideal atingível pelas teorias aceitas, não é afetado. Muitas teorias, desenvolvidas seguindo-se $RM-E_M$, foram corretamente aceitas para classes bastante amplas de fenômenos

---

16 Acredito que as E_M têm uma importância especial nas práticas científicas (cf. *SVF*, cap. 10); mas, com o objetivo de promover F, elas devem ser complementadas por outras estratégias. Estratégias como as E_{AE} valem-se dos resultados da pesquisa conduzida segundo as E_M de numerosos modos indispensáveis. Elas não devem ser vistas como alternativas completas às E_M, porém mais como um conjunto encadeado de abordagens locais cada uma das quais valendo-se dos resultados das E_M onde isso é conveniente.

em virtude de manifestarem os *vc* em grau elevado. Isso não é afetado pela virtual equivalência entre RM-E_M e RM-O*MVC*. Uma lógica similar aplica-se quando se escolhem outras estratégias.

4 Os momentos da atividade científica

A partir dessa discussão emerge um modelo de atividade científica, no qual é útil distinguir (analítica e não temporalmente) três momentos da atividade científica:

M_1 – adotar uma estratégia;
M_2 – aceitar teorias; e
M_3 – aplicar o conhecimento científico.

Aceitar uma teoria (T) é julgar que T não precisa de testes subsequentes, e que T pode ser tomada como um dado nas pesquisas em andamento e na prática social. De acordo com a *imparcialidade* (complementando agora, com conteúdo positivo, a caracterização negativa dada na Introdução deste capítulo), T é *corretamente aceita* para um domínio específico de fenômenos se e somente se manifesta os *vc* em grau elevado e se, dados os "padrões" correntes para a "mensuração" do grau de manifestação dos *vc*, não existe perspectiva plausível de obter um grau maior (cf. *SVF*, cap. 10; cap. 1 acima). Dado F como o fim da ciência, e dado que são as teorias que expressam o entendimento dos fenômenos, não existe papel racionalmente destacado para *vs* em M_2; o fato de T poder manifestar em grau elevado algum O*VS* não conta racionalmente a favor nem contra sua aceitação correta.

Em M_1 e M_3, entretanto, os *vs* desempenham papéis legítimos e, com frequência, racionalmente indispensáveis. Em M_3, uma aplicação é obviamente feita porque se entende que serve a interesses específicos e, assim, promove a manifestação de *vs* espe-

EXISTE UMA DISTINÇÃO RELEVANTE ENTRE VALORES COGNITIVOS E SOCIAIS?

cíficos, e os juízos de sua legitimação dependem de uma multiplicidade de juízos de valor. Em M_1, uma estratégia pode ser adotada
(como vimos) – sujeita, a longo prazo à condição de que a pesquisa
se revele frutífera na geração de teorias que se tornam corretamente aceitas em M_2 – em vista das relações de reforço mútuo
entre sua adoção e a sustentação de certos vs, bem como o interesse em promover aqueles valores. (Algumas vezes a estratégia pode
ser adotada por outras razões). A adoção de uma estratégia define os tipos de possibilidades que podem ser identificados na pesquisa; em casos importantes, possibilidades que, se identificadas
e realizadas, serviriam os interesses associados aos vs relativos à
adoção da estratégia. A adoção de uma estratégia não implica por
si só que possibilidades desses tipos existam e, se existirem, o
que elas são concretamente; tais questões somente podem ser
resolvidas em M_2, onde a *imparcialidade* deve ser mantida.

Assim, não se pode em geral contar com que a *neutralidade na
aplicação* seja mantida; na aplicação, em M_3, as teorias tendem a
servir especialmente bem os vs ligados à estratégia segundo a qual
são aceitas. Contudo, penso que a *neutralidade na aplicação* deveria permanecer uma aspiração das instituições científicas, mas
agora entendida como: F deve ser buscado de maneira a produzir conhecimento científico tal que os projetos valorizados à luz
de qualquer vs viável possam ser informados, mais ou menos
equitativamente, por conhecimento científico bem estabelecido. Em geral, a ausência de fato da *neutralidade na aplicação* será
testemunho do fato de que F foi buscado amplamente em resposta
ao primeiro impulso que identifiquei acima. O empenho completo em realizar F requer a adoção de várias estratégias. Duvido
que isso possa acontecer sem que se reconheça como legítimo o
papel dos vs em M_1, e sem que sejam proporcionadas às estratégias ligadas aos vs de grupos menos dominantes as condições
materiais e sociais para seu desenvolvimento (cf. cap. 7, 9).

Hugh Lacey

4.1 OS PAPÉIS DOS VALORES EM MOMENTOS DIFERENTES

Antes de concluir, pode ser útil elaborar alguns pontos pertinentes ao papel dos vs em diferentes momentos. Em primeiro lugar, embora OVS, independentemente do vs que se possa considerar, não desempenhe um papel lógico apropriado ao lado dos vc em M_2, ainda assim os vs podem ter vários papéis nesse momento. Eles incluem:

(1) Instituições que manifestam certos vs podem ter valor cognitivo; (contingentemente) elas podem proporcionar as condições necessárias para a aceitação de teorias de acordo com a *imparcialidade*.

(2) Os vs podem ser parte da explicação causal de por que estão disponíveis teorias aceitas para certos domínios de fenômenos, mas não para outros.

(3) O teste adequado de teorias — e particularmente a especificação dos limites dos domínios de fenômenos para os quais elas são corretamente aceitas — pode requerer a comparação crítica com teorias desenvolvidas segundo uma estratégia rival que tem relações de reforço mútuo com um vs particular.

(4) Uma vez que uma teoria pode não ser *neutra na aplicação* ou pode prejudicar os pressupostos de uma perspectiva de valor, o compromisso com os vs (que não são servidos pela aplicação da teoria ou cujos pressupostos são prejudicados) pode fazer com que haja uma elevação nos "padrões" de "medida" do grau de manifestação dos vc.

(5) Sustentar um vs particular pode nos predispor a diagnosticar quando uma teoria está sendo aceita em desacordo com a *imparcialidade*, quando, por exemplo, um OVS está

EXISTE UMA DISTINÇÃO RELEVANTE ENTRE VALORES COGNITIVOS E SOCIAIS?

de fato encobertamente tendo um papel em M_2 juntamente com os vc.[17]

Em segundo lugar, aceitar/rejeitar não é a única posição relevantemente tomada em relação a T na atividade científica. T pode ser provisoriamente considerada, estudada com vistas a seu desenvolvimento ou revisão, submetida a testes, sustentada como mais promissora ou como "salvando os fenômenos" melhor do que as alternativas existentes, usada instrumentalmente em outras investigações etc. Algumas dessas posições devem claramente ser adotadas em estágios iniciais dos processos de pesquisa que produzem uma teoria corretamente aceita. (Algumas teorias nunca são candidatas à aceitação – teorias "ideais", alguns "modelos" matemáticos.) O modelo de atividade científica aqui proposto pode ser elaborado de modo a incluir outros momentos e submomentos em correspondência com essas posições. Em alguns deles vs podem ter papéis apropriados. Tendo uma estratégia sido adotada em M_1, por exemplo, existe um momento em que são escolhidos os problemas específicos para a investigação. Mesmo aqueles que aprovam a *autonomia* (e que não reconhecem a existência da questão da escolha de estratégia) admitem prontamente um papel para vs nesse momento.

Em terceiro lugar, sustentei que a aplicação é um momento importante (M_3) da atividade científica, tanto que o vs servido pela aplicação pode também ter um papel no momento (M_1) em que uma estratégia é adotada. Assim, os valores sociais têm um papel no núcleo da atividade científica, e não vejo boa razão para querer retirar-lhes esse papel. Em M_3, os valores sociais também têm uma variedade de papéis ligados à legitimação das aplicações.

17 Longino (1990, 2002a) mobiliza itens parecidos a alguns dos (1)-(5) a fim de argumentar contra uma distinção relevante entre o cognitivo e o social. Não posso tratar aqui de seus argumentos, mas para isso pode-se ver *SVF*, cap. 9.

A legitimação requer atenção a *NEN* e *NFM*, e espera-se que os cientistas, enquanto cientistas, façam juízos acerca deles (cf. Lacey, 2003b). Esses juízos não são redutíveis aos da aceitação da teoria. Direi que os cientistas *aprovam* (ou *não aprovam*) hipóteses dos tipos *NEN* e *NFM*. Aprovar uma teoria ou hipótese envolve apelo tanto a valores cognitivos como a valores sociais.[18] Aqueles que querem manter os valores sociais fora do núcleo da atividade científica não consideram os juízos de aprovação como juízos propriamente científicos. Essa é uma alegação bastante pouco plausível (cf. Machamer & Douglas, 1999; Douglas, 2000). Os cientistas resolvem (e espera-se que o façam) problemas ligados a *NEN* e *NFM*.

Aprovar T é julgar que T tem valor cognitivo suficiente (ou seja, que é suficientemente alta a probabilidade de que T seja verdadeira ou seja corretamente aceita; ou, de outro modo, que é baixa a possibilidade de que T *seja falsa* ou de que *pesquisas futuras conduzam a sua rejeição*, de modo que as consequências possíveis (consequências negativas sérias das perspectivas de *vs* especificadas) de agir com base em T, se isso acontecesse, não possam ser consideradas boas razões para não se engajar em ações informadas por T. A aprovação de T é uma condição necessária (mas não suficiente) para legitimar sua aplicação. A aceitação implica a aprovação (cf. *SVF*, p. 71-4), mas não podemos razoavelmente esperar a aceitação como uma condição geral da aprovação: *temos* que agir na ausência não apenas da certeza, mas também de conhecimento que satisfaça os altos padrões necessários para a correta aceitação. Isso é particularmente relevante onde questões tais como *NEN* e *NFM* são pertinentes. Quando aprova-

18 A categoria "valor ao qual se recorre no oferecimento de soluções para problemas tratados por cientistas" não proporciona uma base para a distinção entre *vc* e *vs*. Mesmo assim, a distinção entre *vc* e *vs* é importante no contexto de avaliação de *NEN* e *NFM*. Ela é subjacente à questão de como lidar racionalmente com discordâncias acerca da aprovação e ajuda a explicar por que frequentemente isso não acontece (ver referências na nota 10).

mos sem aceitação, os *valores sociais* estão sempre em jogo, seja isso reconhecido conscientemente ou não, e os juízos dos cientistas podem diferir em virtude dos diferentes *vs* que sustentam (cf. Douglas, 2000). A aprovação é um momento importante da atividade científica. Negar aprovação a T, quando outros cientistas a aprovam, traz a obrigação de especificar quais são os testes ulteriores necessários (cf. Lacey 2002b; cap. 3, 9 acima). Se nenhum teste pode ser especificado após o devido lapso de tempo, então T foi testada segundo os padrões mais elevados e rigorosos disponíveis. A ciência não pode fazer mais que isso.

5 Conclusão

Estou de fato interessado em que os produtos teóricos da ciência tenham credenciais cognitivas corretas. Compartilho esse interesse com a concepção tradicional. Mas não desejo manter os valores (não cognitivos) fora da ciência. Os valores já se encontram na ciência. Minhas recomendações apontam no sentido de uma reforma. Quero incluir mais valores – *no lugar apropriado*, e com isso atenuar a influência dos valores que já se encontram na ciência. Sem dúvida, minhas recomendações podem permitir que alguns tipos indesejáveis tentem uma invasão (fingindo serem amigos), mas o modelo de atividade científica que proponho fornece muitos recursos para barrar-lhes a entrada. Esse modelo permite entender certos fenômenos da atividade científica corrente e sugerir recomendações acerca de como melhorá-la. Ele requer a distinção entre os valores cognitivos e os valores sociais, e reflete simultaneamente interesses cognitivos e políticos.

CAPÍTULO 12

A águia e os estorninhos: Galileu e a autonomia da ciência

Coautoria de Pablo Rubén Mariconda

A distinção entre fato e valor emerge pela primeira vez na cultura ocidental por ocasião da intensa polêmica causada pela recepção e defesa da teoria heliocêntrica de Copérnico. Ela comparece explicitamente articulada na polêmica teológico-cosmológica que se seguiu ao anúncio das descobertas telescópicas de Galileu no *Sidereus nuncius* (1610) e que antecedeu a condenação do *De revolutionibus* de Copérnico pela Inquisição romana, proibido pelo decreto da Sagrada Congregação do Índice de 1616.

No devido tempo, a distinção entre fato e valor serviu para embasar a concepção de que *a ciência é livre de valores*, a qual se manifesta em graus variados nas práticas e instituições científicas. O modo de articulação dessa concepção deriva (em parte) da reflexão sobre os modos concretos pelos quais ela se tornou manifesta no decorrer dos séculos. Ela não se manifestou concretamente nas práticas e instituições científicas sem conflito. Interesses e poderes rivais opuseram-se a ela. O modo pelo qual ela se tornou manifesta exibe assim as cicatrizes do conflito; ao mesmo tempo, seu modo de manifestação reflete também um ideal de entendimento científico e suas bases racionais. As articulações da ideia refletem, portanto, as cicatrizes do conflito e o ideal. Retornar às fontes da concepção atual de que *a ciência é livre de valores* pode ajudar-nos a discernir quanto das articulações contemporâneas refletem o ideal racional e quanto elas escondem de compromissos meramente históricos, enganosamente tomados como fazendo parte do ideal racional e que servem tal-

305

vez para disfarçar que as investigações nas quais os cientistas se engajam atualmente podem não se conformar adequadamente ao ideal racional. A ideia de que a ciência é livre de valores (cf. *VAC*; cap. 1 acima) pode ser considerada como um valor das práticas e das instituições científicas com três componentes: *imparcialidade, neutralidade* e *autonomia*. A *imparcialidade* baseia-se na distinção entre os critérios para a avaliação epistêmica de teorias científicas e os valores e crenças sociais, culturais, religiosos, metafísicos e morais. A *neutralidade* afirma primeiro (*neutralidade cognitiva*) que não se podem extrair de teorias científicas conclusões no domínio dos valores; e segundo (*neutralidade aplicada*) que, no contexto de aplicação, uma teoria bem estabelecida serve, em princípio, aos interesses de todas as perspectivas de valores mais ou menos equitativamente. A *autonomia* refere-se à carência (ou ausência) de um papel legítimo para os fatores *de fora* (*externos*) (tal como valores sociais, crenças religiosas e ideológicas, e o "testemunho de autores") para as práticas internas da metodologia científica, não só com relação à escolha de teorias, mas também com relação à determinação das abordagens de pesquisa. A autonomia acarreta, portanto, que as práticas científicas devem ser conduzidas livres de qualquer interferência *de fora* (*externa*) — e, (nas versões contemporâneas) ao mesmo tempo, que elas devem ser patrocinadas com os recursos necessários pelas várias instituições públicas e particulares — tal que os cientistas possam continuar — de qualquer modo que considerem apropriado — em seu objetivo de obter e confirmar o entendimento de fenômenos do mundo, em conformidade com a *imparcialidade* e a *neutralidade*. "De fora" ou "externa" significa "não apropriada, em vista dos objetivos positivos da ciência"; entretanto, tal caracterização permanece uma tautologia vazia enquanto não forem especificadas as influências "apropriadas" sob a forma de princípios. As listas de interferências externas que devem ser evitadas incluem tipi-

A ÁGUIA E OS ESTORNINHOS: GALILEU E A AUTONOMIA DA CIÊNCIA

camente itens tais como as opiniões religiosas, políticas ou ideológicas, populares ou apressadas (*EN*, 5, p. 320);[1] as visões valorativas e seus pressupostos e certas visões metafísicas. Esta lista certamente evoca velhos conflitos. Não se teria talvez deixado de incluir certos itens simplesmente porque eles foram os aliados da ciência em seus conflitos? A metafísica materialista ou as visões matematizadas do mundo apresentam-se como possíveis candidatos, assim como os interesses que são favorecidos pelas aplicações do conhecimento científico.

Essas três componentes da ideia da ciência como livre de valores constituem uma parte fundamental do autoentendimento da tradição da ciência moderna desde o século xvii. Nesta apresentação, focalizaremos principalmente a *autonomia* e especialmente a contribuição de Galileu para a análise desse componente central da concepção seiscentista da ciência. O conflito entre Galileu e a Igreja é bem conhecido como um símbolo dos caminhos trágicos que se podem tomar quando a liberdade de pesquisa científica não é respeitada: erros perpetuam-se, a pesquisa estagna, vidas e carreiras criativas são impedidas, direitos humanos são violados, o progresso do conhecimento é retardado; e, quando se consideram os conflitos famosos mais recentes (por exemplo, o caso Lysenko), pode-se acrescentar: aplicações adequadas são deixadas de lado enquanto alternativas ideologicamente inspiradas adquirem hegemonia, com consequências catastróficas na vida social e política. O símbolo de Galileu no conflito com a Igreja nutriu a ideia de que a ciência é ou deve ser livre de valores, permitindo que essa ideia ganhasse seu lugar como

---

1 Nesta discussão utilizamos principalmente os seguintes trabalhos de Galileu: a carta a Benedetto Castelli de 21 de dezembro de 1613; a carta à grã-duquesa Cristina de Lorena de 1615; *O ensaiador* (1623) e o *Diálogo sobre os dois máximos sistemas do mundo* (1632). Esses textos serão referidos em suas versões originais publicadas por A. Favaro na *Edizione Nazionale delle opere di Galileo Galilei*, usando o expediente de abreviar a referência por *EN*, seguida do volume dessa edição indicado por números arábicos.

Hugh Lacey

uma parte, reiteradamente afirmada e frequentemente reinterpretada, do autoentendimento comum da tradição da ciência moderna. Mas, quando se discute a liberdade da pesquisa científica, Galileu é muito mais do que um símbolo; seus argumentos em favor da *autonomia* da ciência são seminais. Galileu não considerou a *autonomia* da ciência em toda sua generalidade. Sua meta era conseguir que a investigação científica fosse livre da interferência específica da Igreja católica exercida por meio de sua autoridade no ensino, de seu sistema legal de condenações e punições, pela coerção violenta ou pela ameaça de violência e por inúmeras outras formas de tormento.[2] Mais especificamente, Galileu visava que as disciplinas científicas matemáticas se autonomizassem do controle da teologia escolástica e, positivamente, pretendia conquistar para os cientistas o direito de investigar, de fazer novas descobertas com liberdade de interpretação e de avaliação dos resultados, sem estarem obrigados às autoridades religiosas; e o direito de ensinar e defender suas conclusões científicas sem a restrição de ter que esperar pelas interpretações escriturais ou outras doutrinas que caíam sob a autoridade reivindicada pela Igreja. Galileu ressentia-se profundamente com a interferência constante no seu empreendimento científico (tanto das autoridades religiosas como daquelas acadêmicas que, sentindo-se confortáveis em épocas repressivas, preferiam fazer acusações ao invés de engajar-se seriamente em controvérsias científicas), não só porque seus oponentes não admirassem sua notável capacidade e extraordinária contribuição científicas, mas também porque ele os desprezava e ridicularizava enquanto integrantes de escolas que sacrificam a liberdade da pesquisa com a submissão ao princípio de autoridade. É esse

---

2 Galileu desejava também obter liberdade com relação às restrições da estrutura e do currículo universitários dominantes, do sistema científico aristotélico e da autoridade dos textos antigos (cf. Mariconda, 2000).

o sentido da passagem de *O ensaiador* em que Galileu move a seguinte crítica ao padre jesuíta Orazio Grassi, que se disfarçava sob o pseudônimo de Sarsi:

> Talvez acredite Sarsi que bons filósofos se encontrem em quadras inteiras e dentro de cada recinto dos muros? Eu, Senhor Sarsi, acredito que voem como as águias e não como os estorninhos. É bem verdade que aquelas, porque são raras, pouco se veem e menos ainda se ouvem, e estes, que voam em bando, enchendo o céu de estridos e de rumores, aonde quer que pousem, emporcalham o mundo (*EN*, 6, p. 236-7).

Este tipo de retórica era celebrado por seus aliados, mas certamente criou-lhe muitos inimigos. Contudo, essa retórica, cujo principal objetivo é "chamar a atenção", não deve obscurecer o fato de que, para Galileu, a autonomia da ciência fundamentava-se não na autoindulgência, mas em argumentos sustentados. A estratégia de Galileu é, então, a de desenvolver um argumento tão efetivo quanto correto; ou seja, um argumento capaz de persuadir as autoridades religiosas. Qualquer argumento efetivo de que a ciência deve estar livre da interferência da Igreja não poderia permitir que o empreendimento científico estivesse sujeito a restrições por parte de setores opostos à Igreja católica. Galileu é levado, então, a argumentar que a ciência deve estar livre de *todas* as interferências de fora (externas) ao mesmo tempo que se obriga a retratá-la como um "valor universal", um objeto de valor para qualquer ponto de vista moral ou metafísico razoável.

O argumento de Galileu – refinado, generalizado e suplementado – permanece no centro de todas as defesas da *autonomia* da ciência. Para ele, podemos dizer, a autonomia é necessária porque as práticas científicas contribuem para produzir conhecimento do mundo, representado por teorias que manifestam sempre no mais alto grau a *imparcialidade* e a *neutralidade*. Podemos

reconstruir o argumento de Galileu como estando baseado nas
três seguintes suposições:

(1) Os empreendimentos científicos possibilitam descobertas sobre os fenômenos naturais, descobertas que são
feitas pelo uso dos métodos apropriados da ciência, que
estão assentados principalmente em observações dos fenômenos e em inferências corretas envolvendo essas observações. As questões de valores nada têm a ver com a
observação precisa ou a inferência válida. Ou seja, o método da ciência não deve responder cognitivamente às propostas e às críticas de qualquer ponto de vista valorativo
(concernente a valores). Nem a Igreja, nem seus oponentes, nem qualquer ponto de vista baseado em valores têm
autoridade no domínio próprio da ciência.
(2) Os juízos científicos são feitos por "especialistas" –
aquelas águias que voam solitárias –; cientistas com talen-
to intelectual relevante, praticantes do método da ciência
que tenham cultivado as virtudes apropriadas para devo-
tar-se a usá-lo estritamente.
(3) Os juízos científicos bem estabelecidos, isto é, aqueles
obtidos usando os métodos baseados em observações e
inferências corretas que envolvem essas observações, não
podem contradizer nem fornecer evidências em favor de
qualquer assunto no âmbito de competência da autoridade
da Igreja. Podemos generalizar esta suposição: racionalmente, esses juízos não têm nenhuma implicação nos domínios da teologia, da metafísica e dos valores: não fornecem evidências ou argumentos em favor de (ou contra)
qualquer ponto de vista fundamental nesses domínios, seja
os da Igreja, seja os de seus oponentes.

Discutiremos agora, com algum detalhe, cada uma dessas três suposições.[3]

1 A *imparcialidade* DOS JUÍZOS CIENTÍFICOS

Os juízos científicos adequadamente fundamentados derivam de observações (frequentemente auxiliadas pelo uso de instrumentos que "estendem a percepção" ou de aparatos experimentais que impõem uma interpretação teórica) e inferências corretas nas quais essas observações desempenham um papel importante. Embora Galileu procurasse articular essa ideia, não chegaria a adquirir um entendimento coerente da natureza da inferência científica. Ele fala com frequência da ciência natural como envolvendo "experiências sensíveis e demonstrações necessárias", "razões concludentes e demonstrativas" (*EN*, 7, p. 157) e "experiências, longas observações e demonstrações necessárias" (*EN*, 5, p. 330), aceitando aparentemente que a *demonstração*, tal como articulada nos *Segundos analíticos* de Aristóteles e desenvolvida pelos comentadores, é a marca do conhecimento científico apropriado (cf. Wallace, 1992a, 1992b), a qual se caracteriza pela exigência de que, para serem aceitas, as teorias científicas

---

3 Cabe notar, neste ponto, que cada uma das três suposições pode ser vista como respondendo a uma objeção levantada pelos oponentes de Galileu contra a concessão de autonomia aos cientistas e a suas práticas. Contudo, de modo a antecipar objeções ulteriores (que não fazem parte do caso Galileu), seria preciso acrescentar os seguintes itens aos três introduzidos por Galileu: (4) a condução da investigação científica, incluindo a experimental, não envolve conduta não ética da parte do cientista. (Parece razoável supor que Galileu teria reconhecido a autoridade da Igreja no questionamento (e proibição) de condutas não éticas percebidas na ciência); (5) as aplicações práticas das descobertas científicas servem aos interesses da Igreja ou, pelo menos, elas não servem mais completamente aos interesses que competem com aqueles da Igreja; mais geralmente, (em princípio) os interesses de todas as visões valorativas viáveis podem ser igualmente servidos pelas aplicações científicas. (Note-se que (3) não implica (5)).

devem ser *demonstradas* com necessidade e certeza. Essa adesão à concepção apodítica de ciência é, em parte, responsável por não ter Galileu submetido à avaliação empírica o velho princípio platônico do movimento uniforme e circular dos corpos celestes. Por outro lado, poucos argumentos científicos de Galileu podiam satisfazer esse padrão muito exigente e atingir o estatuto de certeza – talvez seu argumento de que os planetas inferiores (Mercúrio e Vênus) circundam o Sol satisfaça esse critério (pelo menos tão bem quanto os melhores argumentos aristotélicos), mas não seus argumentos em favor do sistema copernicano completo (cf. Wallace, 1992a; McMullin, 1978, 1998). Apesar disso, ao apresentar seus argumentos em favor do sistema de Copérnico, Galileu mostra geralmente uma consciência sutil de alguns dos critérios não demonstrativos que devem informar a inferência científica correta. Para ilustrar, citaremos quatro dos critérios que Galileu emprega explicitamente nos seus argumentos.

(i) *Adequação empírica* – ou seja, concordância com os fenômenos, as experiências e os experimentos observados, especialmente com os dados empíricos precisos ou quantitativamente exatos, e poder preditivo com respeito a esses dados ("acuratíssimas observações" (*EN*, 5, p. 313); "longas e acuradas observações" (*EN*, 5, p. 330)). Note-se que Galileu enfatizava que o método científico requer investigações que aumentem o alcance dos dados relevantes e disponíveis (cf. *EN*, 7, p. 299-346); que o recurso a esses dados supera o "testemunho dos escritores" (*EN*, 6, p. 337) e a "autoridade de passagens das Escrituras" (*EN*, 5, p. 316) e torna a opinião do "vulgo" irrelevante.

(ii) *Poder explicativo* – ou seja, a capacidade de explicar os fenômenos, cuja observação serve para a obtenção dos dados empíricos; a capacidade, em suma, de identificar as causas dos fenômenos. Enquanto na tradição aristotélica a análise causal está intimamente ligada com a demonstração, Galileu, em sua prática, contentava-se com explicações que fossem melhores do que as produzidas pelas teorias rivais.[4] Também reconhecia que as explicações causais envolvem relações lógicas entre os dados e as suposições teóricas fundamentais, as quais são mediadas pelas várias "hipóteses auxiliares". Galileu propõe que tais mediações devem sujeitar-se ao seguinte critério:

(iii) *Limitação do uso de "ficções"* – ou seja, de hipóteses *ad hoc* que Galileu chamava "infelicíssimas inópias" (*EN*, 7, p. 345) e "subterfúgios" (*EN*, 7, p. 346) – isto é, minimização do uso de hipóteses introduzidas unicamente para manter a adequação empírica em detrimento do poder explicativo. Referindo-se a um crítico que propunha hipóteses *ad hoc* para opor-se às descobertas telescópicas:

> Parece-me que vejo aquele infeliz agricultor que, depois de ter todas as suas colheitas destruídas pela tempestade, vai com a face abatida e desolada juntando relíquias tão ínfimas, que não são suficientes para nutrir nem mesmo um pintinho por um só dia (*EN*, 7, p. 346).

Ao invés de "ficções", Galileu propunha o uso de hipóteses confirmadas (ainda que em parte) em virtude da existência de analogias experimentais (cf. *EN*, 6, p. 345; 7, p. 447). O exemplo mais claro do uso de analogias experimentais por parte de Galileu pode ser encontrado na teoria das marés da Quarta Jornada do *Diálogo*. A analogia entre a barca carregada de água e a Terra e seus oceanos serve claramente ao propósito de fornecer uma confir-

---

4 Galileu sustenta que Copérnico pode explicar o que Ptolomeu pode apenas descrever; que Copérnico tem poder explicativo assim como adequação empírica, enquanto Ptolomeu tem apenas esta última. Kepler complementa este argumento: Copérnico pode também explicar por que Ptolomeu, embora falso, pode ser empiricamente adequado; ou seja, Copérnico pode explicar que Ptolomeu tem algumas das características presentes em seu sistema (cf. McMullin, 1998). Kepler está introduzindo um critério ulterior: *proporcionar o poder de interpretar outras teorias* (cf. *VAC*, p. 60).

mação empírica parcial da hipótese de que o fluxo e refluxo do mar é primariamente causado pelo movimento do vaso continente (cf. *EN*, 7, p. 450-2; Mariconda, 1999). Assim também, a analogia entre o mecanismo de regulação dos grandes relógios de rodas e o sistema Lua-Terra, no qual a Lua funciona como contrapeso, serve ao propósito de fornecer uma confirmação empírica parcial para a hipótese de que o movimento da Lua em torno da Terra é responsável pelo ciclo mensal das marés (cf. *EN*, 7, p. 474-6; Mariconda, 1999).

(iv) *Simplicidade* – ou seja, preferência por teorias nas quais as partes se encaixam umas com as outras harmoniosamente com um mínimo de suposições ou com suposições mais simples (*EN*, 7, p. 369; Finocchiaro, 1997, p. 327 ss.). Uma parte importante da argumentação de Galileu em favor do sistema copernicano é produzida por uma articulação dos princípios metafísicos da perfeita ordenação e harmonia das partes do universo e da simplicidade da natureza. Por exemplo, na comparação entre o sistema de Copérnico e o sistema de Ptolomeu com vistas a mostrar que o primeiro é mais plausível que o segundo, quando se considera o movimento diurno, Galileu apoia seu argumento na maior simplicidade do primeiro sobre o segundo, porque (1) o número de corpos que se movem é maior no sistema geoestático que no sistema geocinético, ou seja, ao invés de fazer girar todos os corpos do universo, basta fazer girar somente a Terra; (2) o tamanho dos corpos em movimento é maior no primeiro do que no segundo caso, sendo evidente que a esfera das estrelas é incomensuravelmente maior do que a Terra; (3) as velocidades do movimento diurno são imensamente maiores no primeiro do que no segundo caso: fazer girar em 24 horas a imensa circunferência do universo ao invés de girar a pequena circunferência terrestre (cf. *EN*, 7, p. 142-50). Cabe notar que a simplicidade é muitas vezes tomada como um princípio metodológico, isto é, como uma regra ou diretiva segundo a qual se deve preferir as hipóteses ou teorias mais simples, independentemente se a natureza ou os fenômenos estudados podem ser ditos simples. Seu uso apoia-se, nesse caso, em considerações de ordem estética, como a "elegância matemática" da teoria, ou ainda em considerações de ordem epistemológica (psicológica), como a de maior facilidade de entendimento e de operação com uma teoria que utiliza menos hipóteses ou hipóteses matematicamente mais simples. Entretanto, em Galileu, o princípio de simplicidade recebe uma formulação que pode ser chamada de ontológica (metafísica), pois é tomado como um princípio cosmológico geral acerca das operações da própria natureza. A teoria deve ser simples, porque a natureza é simples, isto é, não faz por muitos meios o que pode fazer com poucos (cf. *EN*, 7, p. 143, 149, 423). Estas breves considerações são suficientes para indicar o imbricamento que Galileu opera entre a perspectiva realista ("nós não buscamos aquilo que Deus podia fazer, mas aquilo que ele fez") e a concepção metafísica da simplicidade ("Ele tem sempre, no operar, os modos mais fáceis e simples" ou "Ele gosta da simplicidade e da facilidade"), que preside a ordenação real do mundo, a verdadeira disposição das partes do universo (*EN*, 7, p. 565-6). Por outro lado, uma tal articulação da simplicidade impede evidentemente o uso de hipóteses instrumentalistas, cuja introdução visa apenas à adequação do cálculo às observações sem restrições concernentes à simplicidade da representação obtida por meio dessas hipóteses.

Os quatro critérios de avaliação de teorias científicas que acabamos de apresentar podem ser tomados como valores cognitivos (cf. *VAC*, cap. 3; *SVF*, cap. 3).[5] Eles são distintos dos valores sociais e morais ou das crenças religiosas (cf. *SVF*, cap. 9). Galileu mantinha que uma teoria que satisfaça bem esses critérios (valo-

---

5 Evidentemente, empregamos a terminologia contemporânea para caracterizar os critérios como "valores cognitivos" e para atribuir-lhes os rótulos usados no texto, mas o conteúdo especificado nos quatro critérios decorre dos escritos de Galileu.

res cognitivos) é superior a outra que não os satisfaça. Mantinha que a teoria copernicana era superior neste sentido às rivais daquele tempo e, portanto, devia ser aceita. (De fato, estava enganado a esse respeito; a teoria de Kepler era superior – em parte, como consequência de que Kepler usou argumentos empíricos para refutar o princípio do movimento uniforme e circular dos corpos celestes.) Fica clara agora a razão pela qual Galileu não aceitava uma interpretação instrumentalista ("ficcionalista") da teoria de Copérnico. Embora carecesse de demonstração, segundo ele, a teoria copernicana era claramente superior a suas rivais com respeito à manifestação de todos os valores cognitivos citados acima.[6] Não obstante, Galileu fazia o tipo correto de inferência científica, a saber, o tipo de inferência que produz conclusões abertas à reavaliação à luz de observações adicionais e de novos argumentos baseados em critérios não demonstrativos (valores cognitivos). Deste modo, Galileu antecipou detalhadamente a ideia de *imparcialidade*: aceitam-se as teorias se, e somente se, elas manifestam em alto grau os valores cognitivos e manifestam esses valores em graus mais elevados do que as teorias rivais (cf. *SVF*, cap. 4, 10), ainda que Galileu, diferentemente de Pascal (1998), não distinguisse claramente entre essa aceitação de teorias e as demonstrações e, assim, não reconhecesse claramente que, quando teorias são aceitas com base nesses critérios, elas não foram demonstradas com certeza, mas permanecem (em princípio) abertas a reavaliações ulteriores.

6 Note-se que não é claro que a teoria copernicana tinha um poder explicativo superior ao de suas principais predecessoras, muito embora a maior manifestação por ela revelada dos itens (iii) e (iv) tenha sido vista como sugerindo uma maior manifestação de (ii). O argumento causal (a teoria das marés) de Galileu em favor do duplo movimento da Terra obteve pouco apoio e foi completamente descartado. Os críticos também assinalavam que a teoria de Galileu não manifestava em alto grau outro valor cognitivo importante: (v) *consistência com a melhor teoria física disponível*. Mas é óbvio que Galileu respondia que a teoria física considerada, a saber, a filosofia natural de Aristóteles, não é nem mesmo internamente consistente.

2 O "ethos" CIENTÍFICO
E O CULTIVO DAS "VIRTUDES CIENTÍFICAS"

Para Galileu, os juízos feitos de acordo com a *imparcialidade* proporcionam um conhecimento superior dos fenômenos naturais à luz de critérios que não trazem a marca de compromissos religiosos ou valorativos. Esta é uma suposição essencial para seu argumento em favor da *autonomia* das práticas científicas; autonomia que é necessária para obter e confirmar mais conhecimentos satisfazendo o teste da *imparcialidade*. O argumento pretendia, porém, legitimar a provisão de liberdade para os pesquisadores como o próprio Galileu e Copérnico. Eles merecem a liberdade de falar e ser escutados "por pessoas entendidas e não excessivamente conturbadas pelas próprias paixões e interesses" (*EN*, 5, p. 285), não só em vista do objetivo afirmado de produzir juízos imparciais concernentes ao conhecimento dos fenômenos naturais, mas também porque, com cientistas como eles, pode-se esperar que os farão habitualmente; são "especialistas" (*EN*, 7, p. 314 ss.) bem formados, que cultivam certas virtudes que Finocchiaro (1997, p. 340-1) identificou como as virtudes de "espírito aberto e racional" ("*open mindedness*" e "*rational mindedness*"). A primeira virtude – a de possuir espírito aberto – refere-se à disposição de alcançar suas conclusões desinteressadamente, sem dar preferência às suas próprias contribuições (*EN*, 5, p. 344-5), à luz dos melhores argumentos que levam em consideração toda a evidência relevante disponível; aqueles que têm o espírito aberto tomam o cuidado de conhecer as perspectivas e os argumentos de seus oponentes e de responder, resolutamente, a seus argumentos mais fortes. A segunda virtude, a de possuir espírito racional, refere-se à atitude (e à prática) de aceitar uma teoria só depois da avaliação completa dos argumentos, pró e contra, "copelando-os e pesando-os com a balança do ensaiador" (*EN*, 7, p. 157) para verificar se concordam com a *imparcialidade*.

Hugh Lacey

Galileu sugere que o cultivo dessas virtudes confere uma "vantagem metodológica" (Finocchiaro 1997, p. 339). Essa perspectiva pode ser claramente extraída daquilo que se pode chamar de "argumento da conversão", formulado por Galileu em duas oportunidades: a primeira, no *Acerca da opinião copernicana*, um texto de 1615 que permaneceria inédito; a segunda, no *Diálogo sobre os Dois Máximos Sistemas do Mundo* de 1632 (cf. *EN*, 7, p. 153-8).

Exposto sumariamente o argumento consiste em apontar para uma "assimetria da conversão": todos os defensores de Copérnico foram antes defensores de Aristóteles e Ptolomeu; nenhum defensor de Aristóteles e Ptolomeu foi antes defensor de Copérnico, ou seja, ninguém que se converteu ao copernicanismo retornou depois à posição aristotélico-ptolomaica; logo, as razões em favor de Copérnico são melhores que as razões em favor de Aristóteles e Ptolomeu. Galileu conferia um peso inegável à "assimetria da conversão". Com efeito, em sua primeira versão, ele parece sugerir que o fato de existir tal assimetria proporciona uma base inegável para a aceitação da teoria de Copérnico e os consultores inquisitoriais responsáveis pela censura no processo de 1633 interpretaram a versão do *Diálogo* (embora ela compareça nessa obra no interior de um argumento mais amplo de Sagredo e seja formulada de modo bastante mais hipotético) desse modo, acusando-o de "apresentar como prova de verdade que os ptolomaicos passem aos copernicanos, e não *ao contrário*" (*EN*, 19, p. 327; Finocchiaro, 1989, p. 222; 1997, p. 149).

Ora, o fenômeno da "assimetria da conversão" é racionalmente relevante, embora não seja um fenômeno de fundamental importância. Apesar disso, ele é um fenômeno digno de explicação. Com efeito, ele pode ser explicado *ou* pela superioridade da teoria de Copérnico (a saber, que ela manifesta em maior grau os valores cognitivos com respeito aos dados disponíveis) *ou* por outros fatores (por exemplo, ignorância, oportunismo, autopromoção – ou talvez falta de respeito às autoridades apropriadas,

A ÁGUIA E OS ESTORNINHOS: GALILEU E A AUTONOMIA DA CIÊNCIA

impiedade etc.). Em ambos os casos, o apelo à assimetria da conversão não elimina a necessidade de que Galileu mostre a superioridade racional da teoria de Copérnico. E, de fato, no *Diálogo*, Galileu reconhece claramente isso, pois a assimetria da conversão parece então estar embasada em outra assimetria, a saber, aquela que confere a "vantagem metodológica" aos copernicanos, a qual se articula em torno dos dois seguintes pontos: (a) os copernicanos entendem a teoria aristotélico-ptolomaica e conhecem todas as observações e argumentos que a favorecem; mas não *vice--versa* (com efeito, Salviati apresenta vários fenômenos novos que Simplício toma como fornecendo apoio ulterior a Aristóteles e Ptolomeu, uma vez que eles podem ser prontamente explicados no interior dessa teoria); (b) os copernicanos estão familiarizados com a evidência e os argumentos que contrariam Aristóteles e Ptolomeu, assim como com os argumentos levantados por estes últimos contra sua teoria; mas em ambos os casos os aristotélico--ptolomaicos estão bem menos familiarizados e, em alguns itens, são completamente ignorantes.

Isto posto, são os copernicanos e não os defensores de Aristóteles e Ptolomeu que estão melhor colocados para fazer as avaliações comparativas da evidência e dos argumentos a favor e contra os dois lados. Segundo Galileu, os copernicanos mostram que os argumentos em favor de sua teoria são muito mais convincentes do que aqueles em favor de seus oponentes e que os argumentos contra seus oponentes são devastadores; mas o importante é que os defensores da teoria oposta não estão dispostos numa perspectiva metodológica apropriada para responder ao desafio. Além disso, Galileu sugere claramente que qualquer pessoa que assuma a perspectiva metodológica do copernicanismo (ou seja, familiaridade com os dois lados) chegará ao mesmo juízo (evidentemente, ele sugere que em nenhum caso se chegou seriamente a um juízo contrário) – e é por isso que se chega à assimetria da conversão.

319

Resumindo, na controvérsia sobre a teoria de Copérnico, fica claro que os seguidores deste último, tal como Galileu, tinham conquistado a vantagem metodológica – inicialmente a maioria deles era de seguidores de Aristóteles e Ptolomeu; converteram--se quando foram "movidos pela força das razões" (*EN*, 7, p. 153) – de modo que passaram a ter familiaridade com os dois lados da controvérsia (inclusive com os melhores argumentos contra Copérnico). Em contraste, ninguém – depois de ter vindo a conhecer os detalhes dos argumentos favoráveis a Copérnico – converteu-se ao outro lado. Entre os oponentes de Copérnico, "aqueles que à incredulidade (nas descobertas de Galileu) acrescentavam algum sentimento alterado" (*EN*, 5, p. 310), ao invés das virtudes de espírito aberto e racional, encontramos ignorância (isto é, resistência em apreender os argumentos copernicanos), tendência a recorrer dogmaticamente a autores antigos (cf. *EN*, 6, p. 340-4), oportunismo e servilidade, onde não encontramos "senão sofismas, paralogismos e falácias" (*EN*, 5, p. 285), apelo a "aparências enganadoras, paralogismos e falácias" (*EN*, 5, p. 342), disposição de "abandonar totalmente os sentidos e as razões demonstrativas" (*EN*, 5, p. 313) e imposição de passagens escriturais mal compreendidas (*EN*, 5, p. 309) como ameaças com o propósito de dar por terminada a investigação (*EN*, 5, p. 311). Lembre-se aqui da metáfora da águia e dos estorninhos: "voar como as águias" é uma evidente expressão da independência do juízo científico caracterizada pelas virtudes de "espírito aberto e racional", cuja consequência é que os cientistas não podem pertencer a uma escola ("não são como os estorninhos" que voam em bando), submetendo-se ao princípio de autoridade.

Uma águia, mas não um bando de estorninhos, merece *autonomia*. O argumento em favor da autonomia supõe, portanto, que os cientistas se tenham tornado participantes do "*ethos* da ciência" (cf. Cupani, 1998). A certificação formal (institucional) de competência não é suficiente para legitimar a autonomia, porque os cientistas qualificados podem subordinar os seus juízos a interesses de fora (externos). Ninguém tem condições de saber o que Galileu teria achado dos fatos contemporâneos: de que certos cientistas qualificados participam em pesquisas controladas por autoridades militares ("classified research" – "pesquisa qualificada"); de que certas pesquisas se subordinam a interesses empresariais; e de que, em geral, as instituições da ciência ajustam-se a esses fatos. Poremos de lado a especulação sobre esse assunto. Basta, para nossos propósitos, lembrar que o argumento de Galileu em favor da *autonomia* depende dos cientistas quererem fazer *juízos imparciais* e cultivarem as virtudes geralmente necessárias para assegurar seu sucesso.

3 O ARGUMENTO DOS "DOIS LIVROS"

De acordo com Galileu, apesar das muitas *aparências* em contrário, seria impossível ocorrer um conflito epistêmico *real* entre os resultados científicos bem estabelecidos e as verdades religiosas (inclusive escriturais). A verdade, que é tomada por Galileu como sendo uma só, aponta para uma harmonia mútua, mas não para uma subordinação de um domínio ao outro.

Sempre que um resultado científico e uma passagem das *Escrituras* parecem estar em conflito, essa aparência de conflito pode ser removida por meio de reinterpretações apropriadas: ou o juízo científico foi inadequadamente confirmado ("demonstrado") ou a passagem escritural foi incorretamente interpretada. Até aqui, tanto Galileu quanto Bellarmino concordavam. Mas uma tensão profunda subsistia: Galileu e Bellarmino discordavam acerca de qual das alternativas devia ser aceita na questão do movimento do Sol. Bellarmino identificava "confirmação adequada" com "demonstração" e a teoria copernicana claramente não satisfazia, nem podia satisfazer, esse critério – e tampouco as teorias de

Ptolomeu e Tycho Brahe. Apesar disso, Bellarmino concordava que a interpretação correta da Escritura devia ser consistente com as verdades demonstradas. A unidade da verdade impunha isso — mas a consistência era exigida somente para as verdades demonstradas. Para Bellarmino, se o melhor resultado científico disponível não estava demonstrado — vale dizer, se não demonstrava a impossibilidade da posição contrária — devia ser entendido sob uma interpretação "instrumentalista", a saber, como uma ficção conveniente que permite o cálculo e a predição. Entretanto, as ficções não têm jurisdição quanto à correção da interpretação escritural. Existe um "caminho intermediário" entre a demonstração e a ficção — a saber, o da conclusão "provável", avaliada à luz dos critérios não demonstrativos, discutidos acima — que foi bem desenvolvida por Pascal quinze anos após o julgamento de Galileu. Entretanto, quando consideramos as afirmações de Galileu acerca das "demonstrações" e dos critérios que ele efetivamente costumava empregar em favor da teoria de Copérnico, podemos perceber que ele se debatia para identificar esse caminho intermediário. Apesar disso, Galileu não foi capaz de identificá-lo e Bellarmino nunca considerou seu possível impacto na interpretação escritural.[7]

Em vista disso, Galileu introduziu uma *nova maneira* de explicar por que (supostamente) os resultados científicos não podem contradizer as verdades teológicas. Segundo essa nova maneira, as questões de demonstração e probabilidade tornam-se geralmente irrelevantes, porque o que é agora importante perguntar a respeito de qualquer enunciado — usando sua metáfora sugestiva — é em qual livro está escrito: no *livro da natureza* ou no *livro da revelação*? (cf. Blackwell, 1991, cap. 7). Esses livros, ambos de

7 Estas questões são detalhadamente discutidas por McMullin (1998) e Finocchiaro (1980). Obviamente, toda essa discussão depende dos diferentes sentidos que são atribuídos à noção de "hipótese": ficção ou conjectura provável. Pascal (1998) revela uma excelente apreensão do caráter probabilístico da inferência científica.

autoria divina, são escritos em linguagens diferentes. Usando (em grau significativo) categorias incomensuráveis, os livros servem a fins diferentes e precisam ser "lidos" de maneira diferente; não podem ser traduzidos um ao outro. Portanto, nunca poderiam contradizer-se.

A filosofia está escrita neste grandíssimo livro que continuamente nos está aberto diante dos olhos (eu digo o universo), mas não se pode entender se primeiro não se aprende a entender a língua e conhecer os caracteres, com os quais está escrito. Ele está escrito em língua matemática, e os caracteres são triângulos, círculos e outras figuras geométricas, meios sem os quais é impossível entender humanamente qualquer palavra; sem estes vaga-se em vão por um escuro labirinto (*EN*, 6, p. 232).

A linguagem da ciência – a do livro do "universo" – é matemática, rigorosa e exata. A Bíblia – o livro da revelação – está escrita em linguagem ordinária, aberta ao entendimento comum dos homens (dos leigos), descrevendo aparências e experiências, algumas vezes ambíguas e imprecisas, frequentemente metafóricas. Há duas linguagens; não há dois mundos distintos ou dois domínios distintos de fenômenos: duas linguagens que frequentemente se aplicam aos mesmos fenômenos; mas, quando ambas se aplicam, refletem interesses distintos. Quando as pessoas comuns dizem que o Sol se move pelos céus, descrevem o que observam sem tentar explicá-lo; não se perguntam se, realmente, é o Sol ou a Terra que está em movimento, e independentemente da resposta "correta", o que é visto (percebido) permanece o mesmo. Ambas as linguagens podem ser usadas para descrever "os fatos"; a aceitação científica da teoria copernicana não contradiz o relatório observacional comum de que o Sol se move pelo céu de leste para oeste. A Bíblia emprega a linguagem comum, corriqueira, para relacionar os fenômenos à história sagrada da salvação (por exemplo, na famosa passagem de Josué e a parada do Sol) ou às vidas espirituais dos crentes (por exemplo, em passagens dos Salmos acerca do movimento do Sol pelos céus); e, por isso, não discorre sobre as questões científicas (por exemplo, sobre as explicações de fenômenos comumente observados tal como o movimento do Sol). Assim, não há necessidade alguma pela qual a Igreja tenha que considerar a questão copernicana em deliberações sobre a interpretação da Bíblia. Por outro lado, para Galileu, a atividade científica e suas descobertas, embora não contribuam para iluminar o sentido da história da salvação, não discordam com qualquer verdade relevante para a salvação humana que dependa, assim, da autoridade da Igreja.[8]

O argumento dos "dois livros" pressupõe que os juízos científicos benfeitos concordam com a *imparcialidade*, isto é, que os critérios interpretativos do livro da natureza são distintos daqueles da Bíblia e que os juízos científicos são efetivamente feitos de acordo com os métodos próprios da ciência sem nenhuma restrição de fatores "de fora" ("externos"). O caráter técnico da linguagem da ciência é importante aqui; matemática, exata, abstrata: portanto, (generalizando de tal modo que se aplique mais diretamente ao contexto das teorias científicas contemporâneas), a linguagem é adequada para representar a lei, a estrutura, a interação e o processo subjacentes dos fenômenos naturais. Assim, a linguagem da ciência não contém nem as categorias de valor nem outras categorias implicadas na experiência humana e nas relações sociais. A linguagem exigida pela ciência não pode, portanto, ser empregada normalmente na comunicação comum e carece dos aspectos necessários para o discurso teológico.[9]

---

8 Galileu desenvolve detalhadamente este argumento em suas cartas a Castelli e à grã-duquesa Cristina; ele é estudado e elaborado por Blackwell, 1991.

9 O argumento dos "dois livros" é um argumento tanto filosófico como (em parte) teológico. Ele envolve uma concepção da interpretação das *Escrituras*. Essa concepção exegética, diferentemente dos resultados da ciência galileana, pode conflitar com as concepções acerca

O argumento dos "dois livros" é facilmente generalizado: uma vez que a linguagem da ciência carece das características exigidas por qualquer discurso sobre os valores, *as teorias científicas não podem ter nenhuma implicação lógica no domínio dos valores* – isto é, a ciência é *cognitivamente neutra* no domínio de valores.[10] Assim, o argumento dos *"dois livros"* generaliza-se no argumento dos *"discursos múltiplos"*: o discurso da ciência e os vários discursos dos valores, onde o discurso da ciência é incomensurável com todos aqueles referentes a valores; e assim, as teorias científicas não podem servir de base para favorecer um discurso ao invés de outros. A ciência não pode resolver as grandes controvérsias com respeito aos valores. Segue-se, portanto, que a autonomia pressupõe a *imparcialidade* e a *neutralidade cognitiva* e que, de fato, a atividade científica é conduzida pelos cientistas que cultivaram o *"ethos"* científico. Ao mesmo tempo, o argumento de Galileu em favor da *autonomia* implica o reconhecimento de uma certa autonomia de outros discursos, os discursos de valor e o discurso teológico.[11]

das quais a Igreja reivindica a autoridade – e alguém que adira aos argumentos de Galileu pode ser conduzido a interpretações escriturais que conflitam com as interpretações "autorizadas". Além disso, a concepção de Galileu é compatível com a ideia de que uma descoberta científica pode ser a ocasião para reconhecer a necessidade de reinterpretar uma passagem escritural. (O conflito não é entre o resultado científico e a passagem em si, mas entre o resultado e a interpretação incorreta da passagem). Ela é também compatível com o compromisso com uma concepção teológica que proporciona a ocasião de uma nova avaliação da evidência exigida por um resultado científico. (As generalizações destas considerações para o contexto do argumento dos "discursos múltiplos" são óbvias.)

10 Isto é compatível com a ideia de que a linguagem valorativa ordinária pode ser desdobrada para descrever fatos; na ciência, afastamo-nos dessa linguagem ordinária.

11 No século XVII, o argumento dos "dois livros" não era a única alternativa à posição de Bellarmino. Outros (principalmente protestantes) exploraram as interpretações teológicas e as implicações dos resultados científicos – a ciência e a religião interagiam profundamente; conflitos, por exemplo, acerca da natureza de Deus faziam parte de disputas científicas (por exemplo, a disputa entre Newton e Leibniz sobre o espaço e o tempo). Esta opção tornou-se novamente corrente nas discussões recentes sobre a suposta significação teológica das teorias cosmológicas, embora a corrente principal do pensamento católico tenda a desenvolver o argumento dos "dois livros". Pode-se supor que seu correlato nos "discursos múl-

Hugh Lacey

Independentemente do poder de persuasão dos argumentos dos "dois livros" e dos "discursos múltiplos" para os filósofos e teólogos, eles enfrentam dificuldades. Com efeito, o argumento dos "dois livros" pressupõe:

(a) que os juízos científicos são normalmente feitos de acordo com a *imparcialidade*; e
(b) que a linguagem da ciência é "matemática" ou "técnica" (ou, pelo menos, uma linguagem que não contém categorias valorativas ou outras categorias, cuja aplicação não envolve a abstração da experiência humana e das relações sociais); uma linguagem, em suma, capaz de representar os fenômenos em termos de hipóteses, da lei, da estrutura, da interação e do processo subjacentes.

É a linguagem técnica, não sua concordância com a *imparcialidade*, que assegura serem as teorias científicas *cognitivamente neutras*. Mas a *neutralidade cognitiva* não implica o outro tipo de neutralidade, a *neutralidade aplicada: em princípio, os interesses de todos os pontos de vista de valor razoáveis poderiam ser igualmente satisfeitos por aplicações científicas.* Lacey argumentou (cf. *VAC*, cap. 5; *SVF*, cap. 6, 10) que, na aplicação, as teorias formuladas na linguagem "matemática" ou técnica favorecem especialmente aquelas perspectivas de valor que contêm atitudes especificamente modernas com respeito ao controle dos objetos naturais – ou seja, podem ser mais prontamente aplicadas para servir aos interesses ligados ao controle de objetos naturais, entendendo o controle como um valor não subordinado sistematicamente a outros valores sociais.

tiplos" encontra-se na ética evolucionista: derivar valores a partir de resultados científicos. De qualquer modo, o apelo superior dos "dois livros" sobre a posição de Bellarmino é claro; no mínimo, ele expressa um compromisso que pode manter a paz por um longo período.

326

Tais atitudes com respeito ao controle estão, porém, em tensão (entre outras) com a perspectiva de valor favorecida pela Igreja católica. (Isto é particularmente óbvio hoje em conexão com o desenvolvimento da tecnologia médica.) Mas, sem a *neutralidade aplicada*, o argumento em favor da *autonomia* perde a desejada força universal. Galileu não discutiu esses assuntos ligados à aplicação do conhecimento científico, mas, atualmente, não podemos separar o empreendimento científico de suas aplicações; e já no século XVII, Bacon identificara o papel central das aplicações na prática científica e a sua relação com as atitudes modernas a respeito do controle dos objetos naturais. Assim, na reflexão sobre a autonomia, é preciso salientar não só a ausência de interferências externas, mas também a disponibilidade de recursos materiais e sociais necessários para o engajamento na pesquisa científica. A ausência de *neutralidade aplicada* não fornece razão nem para interferir nos conteúdos dos resultados científicos, nem para impor-lhes restrições; mas aqueles, cujos interesses não fossem bem servidos, poderiam questionar o valor de patrocinar a pesquisa supostamente "autônoma" que efetivamente produz resultados sem manifestar a *neutralidade aplicada*.

Levanta-se desse modo a seguinte questão: por que aceitar que a linguagem da teoria deve ser "matemática" ou "técnica"? Uma resposta possível seria: porque funciona; porque produz resultados! Mas este fato sustenta apenas a *autonomia* limitada àqueles domínios da investigação dentro dos quais poderíamos esperar que a *neutralidade aplicada* se manifestasse. Além disso, não implica que poderíamos obter resultados apenas desse modo. Outra resposta, afirmada frequentemente por toda a tradição da ciência moderna, é que essa linguagem reflete o mundo tal como ele realmente é — a lei, a estrutura, a interação e o processo subjacentes do mundo são completamente matemáticos em todos os detalhes. Trata-se evidentemente de uma resposta metafísica. Galileu aludiu a ela; Descartes desenvolveu-a em detalhe.

Hugh Lacey

Ambos empregaram o artifício do dualismo (mente/corpo) para excluir do âmbito da análise matemática fenômenos humanos importantes. A matéria (a natureza) é matemática; a mente (a natureza humana) não é. Observe-se que esta resposta metafísica não depende da suposição de *imparcialidade* e também que a *imparcialidade* não pressupõe e não implica a aceitação de qualquer perspectiva metafísica.

Os juízos imparciais podem ser feitos de muitas formas, não só no discurso "matemático" – isso é de grande importância nas ciências humanas! Além disso, a tese de que a natureza (abstraída da mente) é de caráter profundamente matemático não representa um resultado científico aceito de acordo com a imparcialidade. Trata-se de uma restrição imposta sobre as teorias permitidas na investigação científica – e é uma restrição de origem metafísica. É certo que existem contradições entre essa metafísica e as pressuposições da teologia católica – note-se: contradição entre a metafísica e a teologia, mas não entre a teologia e os resultados científicos aceitos de acordo com a *imparcialidade*. Além disso, a tese não é absolutamente verdadeira. Cabe lembrar que Galileu mesmo faz Simplício dizer:

> (Essas) sutilezas matemáticas são verdadeiras em abstrato, mas aplicadas à matéria sensível e física não funcionam (...), quando se chega à matéria, as coisas vão em outra direção (*EN*, 7, p. 229).

O questionamento de Simplício expressa uma preocupação séria: o sucesso de Galileu em explicar um âmbito de fenômenos interessantes com um léxico matemático não é suficiente para fundamentar a metafísica.[12] Pode-se sugerir (cf. *SVF*, cap. 6) que

---

12 Isso é ainda mais claro quando a metafísica galileana é utilizada como restrição na investigação da psicologia humana. Para uma crítica detalhada do argumento dos "dois livros" em especial com relação a esse ponto, ver Lacey, 2001b.

a aceitação da concepção da natureza "escrita na linguagem da matemática" está fortemente vinculada a compromissos com formas modernas de valorar o controle da natureza. Se é assim, a aquisição de autonomia com relação à autoridade da Igreja estaria acompanhada por uma nova subordinação da ciência às ideologias e aos poderes modernos.

Visto desse modo, o argumento dos "dois livros" equivale a uma defesa da *autonomia* da ciência com relação à religião, mas não com relação às restrições metafísicas. Sem um argumento convincente pela metafísica, este não é um argumento adequado em favor da liberdade da ciência com relação a todas as interferências de fora (externas) – mesmo que a restrição metafísica seja auto imposta pelos próprios cientistas e não imposta por poderes externos. Os argumentos ulteriores em favor da autonomia da ciência não obtiveram sucesso em superar essa limitação do argumento de Galileu (cf. *VAC*, cap. 10).

Referências bibliográficas

Alcamo, I. E. *DNA technology: the awesome skill*. Dubuque: Brown Publishers, 1996.

Alier, J. M. International biopiracy versus the value of local knowledge. *Capitalism, Nature, Socialism: A Journal of Socialist Ecology*, 11, p. 59-68, 2000.

Altieri, M. A. *Agroecology: the scientific basis of alternative agricultures*. Boulder: Westview, 1987.

_____. *Biodiversity and pest management in agroecosystems*. New York: The Haworth Press, 1994.

_____. *Agroecology: the science of sustainable agriculture*. 2. ed. Boulder: Westview, 1995.

_____. *Agroecologia: a dinâmica produtiva da agricultura sustentável*. Porto Alegre: Editora da UFRGS, 1998.

_____. The ecological role of biodiversity in agroecosystems. *Agriculture, Ecosystems and Environment*, 74, p. 19-31, 1999.

_____. No: poor farmers won't reap the benefits. *Foreign Policy*, 119, p. 123-7, 2000a.

_____. The ecological impacts of transgenic crops on agroecosystem health. *Ecosystem Health*, 6, p. 13-23, 2000b.

_____. *Genetic engineering in agriculture: the myths, environmental risks, and alternatives*. Oakland: Food First, 2001.

Altieri, M. A. & Rosset, P. Ten reasons why biotechnology will not help the developing world. *AgBioForum*, 2, p. 155-62, 1999a.

_____. Strengthening the case for why biotechnology will not help the developing world: a response to McGloughlin. *AgBioForum*, 2, p. 226-36, 1999b.

Altieri, M. A.; Yurjevic, A.; Weid, J. M. V. der & Sanchez, J. Applying agroecology to improve peasant farming systems in Latin America. In: Costanza, R.; Segura, O. & Martinez-Alier, J. (Ed.). *Getting down to earth: practical applications of ecological economics*. Washington: Island Press, 1996.

Alves da Silva, J. M. Os transgênicos e a sociedade rural. *Folha de S. Paulo*, 18 set., 2000, p. A3.

Anderson, E. S. Knowledge, human interests, and objectivity in feminist epistemology. *Philosophical Topics*, 23, p. 27-58, 1995.

_____. Situated knowledge and the interplay of value judgments and evidence in scientific inquiry. In: Gardenfors, P.; Kijania-Placek, K. & Wolenski, J. (Ed.). *In the scope of logic, methodolology and philosophy of science*, Dordrecht: Kluwer, 2002. v. 2.

Andrén, O.; Kirchmann, H. & Pettersson, O. Reaping the benefits of cropping experiments. *Nature*, 399, p. 14, 1999.

Hugh Lacey

Araujo, J. C. de. Produtos transgênicos na agricultura: questões técnicas, ideológicas e políticas. *Cadernos de Ciência & Tecnologia*, 18, p. 117-45, 2001a.

_____. Agricultura, biotecnologia e transgênicos: um panorama de concentração empresarial. *Revista de Conjuntura*, 5, p. 53-62, 2001b.

_____. Transgênicos: um olhar crítico sobre alguns mitos. *Cadernos ASLEGIS*, 6, 21, p. 1-12, 2003.

Baptista, A. M. *O discurso pós-moderno contra a ciência: obscurantismo e irresponsibilidade*. Lisboa: Gradiva, 2002. *(CC)*

Bergelson, J. & Purrington, C. Factors affecting the spread of resistant *Arabidopsis thaliana* populations. In: Letourneau, D. K. & Burrows, B. E. (Ed.). *Genetically modified organisms: assessing environmental and human health effects*. CRC Press, 2000.

Berlan, J.-P. Political economy of agricultural genetics. In: Singh, R. A.; Krimbas, C. B.; Paul, D. B. & Beatty, J. (Ed.). *Thinking about evolution: historical, philosophical and political perspectives*. Cambridge: Cambridge University Press, 2001, 2v.

Blackwell, R. J. *Galileo, Bellarmine, and the Bible*. Notre Dame: University of Notre Dame Press, 1991.

Borlaug, N. E. Ending world hunger: the promise of biotechnology and the threat of antiscience zealotry. *Plant Physiology*, 124, p. 487-90, 2000.

Boucher, D. H. (Ed.). *The paradox of plenty: hunger in a bountiful world*. Oakland: Food First Books, 1999.

Brush, S. B. & Stabinsky, D. *Valuing local knowledge: indigenous people and intellectual property rights*. Washington: Island Press, 1996.

Bunge, M. *Scientific materialism*. Dordrecht: Reidel, 1981.

Cartwright, N. *The dappled world: a study of the boundaries of science*. Cambridge: Cambridge University Press, 1999.

Cayford, J. GMO opposition not based on a mistake. *Nature Biotechnology*, 21, p. 493, 2003.

Cezar, F. G. *Previsões sobre tecnologias: pressupostos epistemológicos na análise de risco da soja transgênica*. Brasília, 2003. Dissertação (Mestrado em Filosofia). Departamento de Filosofia, Universidade de Brasília.

Cezar, F. G. & Abrantes, P. C. Princípio da precaução: considerações epistemológicas sobre o princípio e sua relação com o processo de análise de risco. *Cadernos de Ciência & Tecnologia*, 20, p. 225-62, 2003.

Costa Gomes, J. C. & Rosenstein, S. A geração do conhecimento na transição agroambiental: em defesa da pluralidade epistemológica e metodológica na prática científica. *Cadernos de Ciência e Tecnologia*, 17, p. 29-57, 2000.

Coyne, J. A. Doing acid. *The New York Times Book Review*, Jun. 15, 2003, p. 11-2.

Cupani, A. A propósito do "*ethos*" da ciência. *Episteme*, 3, p. 16-38, 1998.

332

Referências bibliográficas

DOUGLAS, H. Inductive risk and values in science. *Philosophy of Science*, 67, p. 559-79, 2000.

DUPRÉ, J. *The disorder of things*. Cambridge: Harvard University Press, 1993.

____. *Human nature and the limits of science*. Oxford: Clarendon Press, 2001.

ECHEVERRIA, T. M. *Cenários do amanhã: sistemas de produção de soja e os transgênicos*. Campinas, 2001. Tese (Doutorado em Ciências Sociais). Departamento de Filosofia e Ciências Humanas, Unicamp.

FAVARO, A. (Ed.). *Edizione nazionale delle opere di Galileo Galilei*. Firenze: Barbéra Editore, 1928-1938. 19 v. (*EN*)

FEYERABEND, P. K. *Against method*. 3. ed. London: Verso, 1993.

____. *Conquest of abundance: a tale of abstraction versus the richness of being*. Chicago: University of Chicago Press, 1999.

FINOCCHIARO, M. A. *Galileo and the art of reasoning: rhetorical foundations of logic and scientific method*. Dordrecht: Reidel, 1980.

____. *The Galileo affair: a documentary history*. Berkeley: University of California Press, 1989.

____. *Galileo on the world systems*. Berkeley: University of California Press, 1997.

GIERE, R. N. *Science without laws*. Chicago: University of Chicago Press, 1999.

GILES, J. Biosafety trials darken outlook for transgenic crops in Europe. *Nature*, 425, p. 751, 2003.

GUERRA, M. P; NODARI, R.; REIS, M. S. dos & SCHMIDT, W. Agriculture, biodiversity and "appropriate technologies" in Brazil. *Ciência e Cultura*, 50, p. 408--16, 1998a.

GUERRA, M. P; NODARI, R.; REIS, M. S. dos & ORTH, A. I. A diversidade dos recursos genéticos vegetais e a nova pesquisa agrícola. *Ciência Rural*, 28, p. 521-8, 1998b.

HACKING, I. *The social construction of what?* Cambridge: Harvard University Press, 1999.

HO, M.-W. *Genetic engineering: dream or nightmare*. New York: Continuum, 2000a.

____. The "golden rice": an exercise in how not to do science. *Institute of Science in Society*, 2000b. Disponível em: <http://www.i-sis.org/rice.shtml>.

HO, M.-W; RYAN, A. & CUMMINS, J. Cauliflower mosaic viral promotor: a recipe for disaster. *Microbial Ecology in Health and Disease*, 11, p. 194-7, 1999.

HOYNINGEN-HUENE, P. *Reconstructing scientific revolutions: Thomas S. Kuhn's philosophy of science*. Chicago: University of Chicago Press, 1993.

HUMAN Development Report. Making new technologies work for human development. *United Nations Development Programme*, 2001. Disponível em: <http://www.undp.org/hdr2001/>.

KITCHER, P. *The advancement of science: science without legend, objectivity without illusions*. New York: Oxford University Press, 1993.

_____. *The lives to come: the genetic revolution and human possibilities*. New York: A Touchstone Book, 1997.

_____. A plea for science studies. In: KOERTGE, N. (Ed.). *A house built on sand: exposing postmodernist myths about science*. New York: Oxford University Press, 1998.

_____. *Science, truth and democracy*. New York: Oxford University Press, 2001.

KLOPPENBURG, J. R. JR. The plant germplasm controversy. *Bioscience*, 37, p. 190--8, 1987.

_____. *First the seed: the political economy of plant biology 1492-2000*. Cambridge: Cambridge University Press, 1988.

_____. Social theory and the de/reconstruction of agricultural science: local knowledge for an alternative agriculture. *Rural Sociology*, 56, p. 519-48, 1991.

KLOPPENBURG, J. R. & BURROWS, B. Biotechnology to the rescue? Twelve reasons why biotechnology is incompatible with sustainable agriculture. *The Ecologist*, 26, p. 61-7, 1996.

KUHN, T. S. *The copernican revolution*. Cambridge: Harvard University Press, 1956.

_____. *The structure of scientific revolutions*. 2. ed. Chicago: University of Chicago Press, 1970.

LACEY, H. *Valores e atividade científica*. São Paulo: Discurso Editorial/Fapesp, 1998.

_____. *Is science value free? Values and scientific understanding*. London/New York: Routledge, 1999a. (*SVF*)

_____. On cognitive and social values: a reply to my critics. *Science and Education*, 8, p. 89-103, 1999b.

_____. Values and the conduct of science: principles. *Principia*, 3, p. 57-85, 1999c.

_____. Science and values (2). *Manuscrito*, 22, p. 165-203, 1999d.

_____. Formas de agricultura. Resenha de Marcelo Leite, "Os alimentos transgênicos", e de Frei Sérgio Görgen (Org.), "Riscos dos transgênicos". *Jornal de Resenhas*, 9 de dezembro, 2000a.

_____. Entrevista com Hugh Lacey, realizada por José Corrêa Leite e Marcos Barbosa de Oliveira. *Teoria e Debate*, 14, p. 30-6, 2000b.

_____. Incommensurability and "multicultural science". In: HOYNINGEN-HUENE, P. & SANKEY, H. (Ed.). *Incommensurability and related matters*. Dordrecht: Kluwer, 2001a, p. 225-39.

_____. *Psicologia experimental e natureza humana: ensaios de filosofia da psicologia*. Florianópolis: Núcleo de Epistemologia e Lógica, Universidade Federal de Santa Catarina, 2001b.

REFERÊNCIAS BIBLIOGRÁFICAS

LACEY, H. Explanatory critique and emancipatory movements. *Journal of Critical Realism*, 1, p. 7-31, 2002a.

_____. Where values interact with science. In: CLOUGH, S. (Ed.). *Feminism, social justice and analytic philosophy: siblings under the skin*. Aurora: The Davies Group Publishers, 2002b.

_____. Seeds and their socio-cultural nexus. In: HARDING, S. & FIGUEROA, R. (Ed.). *Philosophical explorations of science, technology and diversity*. New York: Routledge, 2003a.

_____. The behavioral scientist *qua* scientist makes value judgments. *Behavior and Philosophy*, 31, p. 209-23, 2003b.

_____. *Values and objectivity in science*. Laham: Lexington Books, 2005.

_____. *A controvérsia sobre os transgênicos: questões científicas e éticas*. Aparecida: Editora Ideias e Letras, 2006a.

_____. Relações entre fatos e valores. *Cadernos de Ciências Humanas*, 9, 2, p. 251--66, 2006b.

_____. O princípio de precaução e a autonomia da ciência. *Scientiae Studia*, 4, 3, p. 373-92, 2006c.

_____. On the aims and responsabilities of science. *Principia*, 11, 1, p. 45-62, 2007a.

_____. Há alternativas ao uso dos transgênicos? *Novos Estudos Cebrap*, 78, p. 31--9, 2007b.

_____. *Valores e atividade científica 1*. São Paulo: Associação Filosófica Scientiae Studia/Editora 34, 2008. *(VAC)*.

_____. Crescimento econômico, meio-ambiente e sustentabilidade social: a responsabilidade dos cientistas e a questão dos transgênicos. In: DUPAS, G. (Ed). *Meio ambiente e crescimento econômico: tensões estruturais*. São Paulo: Editora UNESP, 2008a, p. 91-130.

_____. Aspectos cognitivos e sociais das práticas científicas. *Scientiae Studia*, 6, 1, p. 83-96, 2008b.

_____. Ciência, respeito à natureza e bem-estar humano. *Scientiae Studia*, 6, 3, p. 297-327, 2008c.

_____. Can the threads of fact and value be disentangled? In: MARTINS, R. et al. (Ed.). *Filosofia e história da ciência no cone sul. Seleção de trabalhos do 5º Encontro*. Campinas: AFHIC, 2008d, p. 5-16.

_____. The interplay of scientific activity, worldviews and value outlooks. *Science & Education*, 18, 6-7, p. 839-60, 2009.

LACEY, H. & OLIVEIRA, M. B. de. Prefácio. In: SHIVA, V. *Biopirataria*. Petrópolis: Editora Vozes, 2001.

LACEY, H. & SCHWARTZ, B. The formation and transformation of values. In: O'DONOHUE, W. & KITCHENER, R. (Ed.). *The philosophy of psychology*. London: Sage, 1996.

335

Hugh Lacey

LAPPÉ, M. & BAILEY, B. *Against the grain: biotechnology and the corporate takeover of your food*. Monroe: Common Courage Press, 1998.

LAUDAN, L. *Progress and its problems: towards a theory of scientific growth*. Berkeley: University of California Press, 1977.

_____. *Science and values: the aims of science and their role in scientific debate*. Berkeley: University of California Press, 1984.

LEITE, M. *Os alimentos transgênicos*. São Paulo: PubliFolha, 2000.

LEWONTIN, R. The maturing of capitalist agriculture: farmer as proletarian. *Monthly Review*, 50, 3, p. 72-84, 1998.

_____. Genes in the food! *The New York Review of Books*, 48, 10, p. 81-4, 2001.

LEWONTIN, R. & BERLAN, J.-P. The political economy of agricultural research: the case of hybrid corn. In: CARROLL, C. R.; VANDEMEER, J. H. & ROSSET, P. M. (Ed.). *Agroecology*. New York: McGraw-Hill, 1990.

LONGINO, H. E. *Science as social knowledge*. Princeton: Princeton University Press, 1990.

_____. Scientific controversy and the public face of science. In: GARDENFORS, P.; KIJANIA-PLACEK, K. & WOLENSKI, J. (Ed.). *In the scope of logic, methodolology and philosophy of science*. Dordrecht: Kluwer, 2002a. v. 2.

_____. *The fate of knowledge*. Princeton: Princeton University Press, 2002b.

LOSEY, J. E.; RAYOR, L. S. & CARTER, M. E. Transgenic pollen harms monarch larvae. *Nature*, 399, p. 214, 1999.

MACHADO, A. T. & FERNANDES, M. S. Participatory maize breeding for low nitrogen tolerance. *Eupytica*, 122, p. 567-73, 2001.

MACHAMER, P. & DOUGLAS, H. Cognitive and social values. *Science and Education*, 8, p. 45-54, 1999.

MARGOLIS, J. *Historied thought, constructed world: a conceptual primer for the turn of the millennium*. Berkeley: University of California Press, 1995.

MARICONDA, P. R. Galileu e a teoria das marés. *Cadernos de História e Filosofia da Ciência*, 9, p. 33-71, 1999.

_____. O *Diálogo* de Galileu e a condenação. *Cadernos de História e Filosofia da Ciência*, 10, p. 77-160, 2000.

MARICONDA, P. R. & RAMOS, M. C. Transgênicos e ética: a ameaça à imparcialidade científica. *Scientiae Studia*, 1, 2, p. 245-61, 2003.

MARINHO, C. L. C. *O discurso polissêmico sobre plantas transgênicas no Brasil: estado da arte*. Rio de Janeiro, 2003. Tese (Doutorado em Saúde Pública). Escola Nacional de Saúde Pública do Rio de Janeiro.

McGLOUGHLIN, M. Ten reasons why biotechnology will be important to the developing world. *AgBioForum*, 2, p. 163-74, 2000.

McMULLIN, E. The conception of science in Galileo's works. In: BUTTS, R. E. & PITT, J. C. (Ed.). *New perspectives on Galileo*. Dordrecht: Reidel, 1978.

336

REFERÊNCIAS BIBLIOGRÁFICAS

McMullin, E. Values in science. In: Asquith, P. D. & Nickles, T. (Ed.). *PSA 1982*. East Lansing: Philosophy of Science Association, 1983. v. 2.

_____. Galileo on science and Scripture. In: Machamer, P. (Ed.). *The Cambridge Companion to Galileo*. Cambridge: Cambridge University Press, 1998.

_____. Materialist categories? *Science and Education*, 8, p. 36-41, 1999.

Millstone, E.; Brunner, E. & Mayer, S. Beyond "substantial equivalence". *Nature*, 401, p. 525-6, 1999. Disponível em : <http://www.nature.com/cgi-taf/DynaPage.taf?file=/nature/journal/v401/n6753/full/401525a0_fs.html>.

Nagel, E. *The structure of science*. New York: Harcourt, Brace and World, 1961.

Nascimento, C. A. R. do. *Ciência e fé. Cartas de Galileu sobre a questão religiosa*. São Paulo: Nova Stella/Instituto Cultural Ítalo-Brasileiro, 1988.

National Research Council. *Ecological risks of transgenic crops: the scope and adequacy of regulation*. Washington: National Academy of Sciences, 2002. (*NRC*)

Nodari, R. O. & Guerra, M. P. Biossegurança de plantas transgênicas. In: Görgen, S. A. (Ed.). *Riscos dos transgênicos*. Petrópolis: Vozes, 2000.

_____. Avaliação de riscos ambientais de plantas transgênicas. *Cadernos de Ciência e Tecnologia*, 18, p. 61-116, 2001.

Normile, D. Agrobiotechnology: Asia gets a taste of genetic food fights. *Science*, 289, 5483, p. 1279-81, 2000.

Nuffield Council on Bioethics. *Genetically modified crops: the social and ethical issues*. London: The Nuffield Foundation, 1999.

Oliveira, M. B. de. A epistemologia engajada de Hugh Lacey. In: _____. *Da ciência cognitiva à dialética*. São Paulo: Discurso Editorial, 1999, p. 209-22.

_____. A epistemologia engajada de Hugh Lacey II. *Manuscrito*, 23, p. 185-203, 2000.

_____. A ciência que queremos e a mercantilização da universidade. In: Loureiro, I. & Del-Masso, M. C. (Ed.). *Tempos de greve na universidade pública*. Marília: Unesp Marília Publicações, p. 17-41, 2002a.

_____. Tecnociência, ecologia e capitalismo. In: Loureiro, I.; Leite, J. C. & Cevasco, M. E. (Ed.). *O espírito de Porto Alegre*. São Paulo: Paz e Terra, p. 109--13, 2002b.

_____. Considerações sobre a neutralidade da ciência. *Trans/form/ação*, 26, p. 161-72, 2003.

Pascal, B. Préface sur le traité du vide. In: Guern, M. le (Ed.). *Oeuvres complètes de Pascal*. Paris: Gallimard, 1989, p. 452-8.

Persey, G. J. & Lantin, M. M. *Agricultural biotechnology and the poor*. Washington: CGIAR and US National Academy of Science, 2000. Disponível em: <http://www.cgiar.org/biotech/rep0100/contents.htm>.

Hugh Lacey

POLLACK, A. Report says more farmers don't follow biotech rules. *The New York Times*, Jun. 19, 2003. Disponível em: <http://www.nytimes.com/2003/06/19/business/19SEED.html?scp=2&sq=report says more farmers don't follow biothec rules&st=cse&pagewanted=1>.

POTRYKUS, I. Golden rice and beyond. *Plant Physiology*,125, p. 1157-61, 2001.

POWELL, K. Concerns over refuge size for US EPA-approved *Bt* corn. *Nature Biotechnology*, 21, p. 467-8, 2003.

PRINCE OF WALES. Seeds of disaster. *The Ecologist*, 28, p. 252-3, 1998.

_____. A royal view. *BBC Reith Lectures*, 2000. Publicado em: RUSE, M. & CASTLE, D. (Ed.). *Genetically modified foods: debating biotechnology*. Amhearst: Prometheus Books, 2002.

QUIST, D. & CHAPELA, I. H. Transgenic DNA introgressed into traditional maize landraces in Oaxaca, Mexico. *Nature*, 414, p. 541-3, 2001.

_____. Reply: suspect evidence of transgenic contamination/Maize transgene results are artefacts. *Nature*, 416, p. 602-3, 2002.

RAFFENSPERGER, C. & BARRETT, K. In defense of the precautionary principle. *Nature Biotechnology*, 19, p. 811-2, 2001.

RAUCH, J. Will Frankenfood save the planet? *The Atlantic*, 292, p. 103-8, Oct. 2003.

REGNER, A.C. K. P. Ciência e valores: retomando o fôlego da questão. *Episteme*, 10, p. 125-34, 2000.

RISSLER, J. & MELLON, M. *The ecological risks of engineered crops*. Cambridge: MIT Press, 1996.

ROSSET, P. Genetic engineering of food crops for the Third World: an appropriate response to poverty, hunger and lagging productivity? In: *Proceedings of the International Conference on Sustainable Agriculture in the New Millenium – the Impact of Modern Biotechnology on Developing Countries*. 2001. Disponível em: <http://www.foodfirst.org/progs/global/biotech/belgium-gmo.html>.

RUDNER, R. The scientist *qua* scientist makes value judgments. *Philosophy of Science*, 20, p. 1-6, 1953.

RUSE, M. & CASTLE, D. (Ed.). *Genetically modified foods: debating biotechnology*. Amhearst: Prometheus Books, 2002.

SANKEY, H. *Rationality, relativism and incommensurability*. Aldershot: Ashgate, 1997.

SANTOS, B. de S. *Um discurso sobre as ciências*. Porto: Afrontamento, 1987. (*DC*)

_____. *Introdução a uma ciência pós-moderna*. Porto: Afrontamento, 1989. (*CPM*)

_____. On oppositional postmodernism. In: MUNCK, R. & O'HEARN, D. (Ed.). *Critical development theory: contributions to a new paradigm*. London: Zed Books, 1999.

REFERÊNCIAS BIBLIOGRÁFICAS

SANTOS, B. de S. *Reinventing social emancipation*. 2002. Disponível em: <http://www.ces. fe.uc.pt/emancipa/research/en/texts.html>.

SANTOS, L. G. dos. Predação *high-tech*, biodiversidade e erosão cultural: o caso do Brasil, 2001. Disponível em: <http://www.ces.fe.uc.pt/emancipa/research/en/ft/biosocio.html>.

SANTOS, L. G. dos & MUZIO, G. Collective intellectual rights and control of access to biological resources. In: TILAHUN, S. & EDWARDS, S. (Ed.). *The movement for collective intellectual rights*. Adis Abeba / London: The Gaia Foundation, 1996.

SCHAUZU, M. The concept of substantial equivalence in safety assessment of foods derived from genetically modified organisms. *AgBiotechNet*, 2, 2000. Disponível em: <http://binas.unido.org/binas/reviews/Schauzu.pdf>.

SCRIVEN, M. The exact role of value judgments in science. In: COHEN, R. S. & SCHAFFNER, K. (Ed.). *Proceedings of the 1972 Biennial Meeting of the Philosophy of Science Association*. Dordrecht: Reidel, 1974.

SEARS, M. K.; HELLMICH, R. L.; STANLEY-HORN, D. E.; OBERHAUSER, K. S.; PLEASANTS, J. M.; MATTILA, H. R.; SIEGFRIED, B. D. & DIVELY, G. P. Impact of *Bt* corn pollen on monarch butterfly populations: a risk assessment. *Proceedings of the National Academy of Science*, 98, p. 11937-42, 2001.

SERAGELDIN, I. Biotechnology and food security in the 21st century. *Science*, 285, p. 387-9, 1999.

SHERLOCK, R. & MORREY, J. D. (Ed.). *Critical issues in biotechnology*. Lanham: Rowman & Littlefield, 2002.

SHIVA, V. Reductionist science as epistemological violence. In: NANDY, A. (Ed.). *Science, hegemony and violence*. Nova Delhi: Oxford University Press, 1988.

_____. *Staying alive: women, ecology and development*. London: Zed Books, 1989.

_____. *The violence of the green revolution*. London: Zed, 1991.

_____. *Monocultures of the mind: perspectives on biodiversity and biotechnology*. London: Zed Books, 1993.

_____. *Biopiracy: the plunder of nature and knowledge*. Boston: South End Press, 1997a.

_____. Reply to Norman Borlaug's "Factual errors and misinformation". *The Ecologist*, 27, p. 211-2, 1997b.

_____. *Betting on biodiversity: why genetic engineering will not feed the hungry or save the planet*. Nova Delhi: Research Foundation for Science, Technology and Ecology, 1999.

_____. *Stolen harvest: the hijacking of the global food supply*. Boston: South End Press, 2000a.

Shiva, V. Genetically engineered vitamin A rice: a blind approach to blindness prevention. Disponível em: <http://www.biotech-info.net/blind_rice.html>, 2000b. Publicado em: Ruse, M. & Castle, D. (Ed.). *Genetically modified foods: debating biotechnology*. Amhearst: Prometheus Books, 2002, p. 58-62.

_____. North-south conflicts in intellectual property rights. *Peace Review*, 12, p. 501-8, 2000c.

Shiva, V. & Mies, M. *Ecofeminism*. London: Zed Books, 1993.

Shiva, V. & Moser, I. *Biopolitics: a feminist and ecological reader on biotechnology*. London: Zed Books, 1995.

Shrader-Frechette, K. *Risk analysis and scientific method*. Dordrecht: Reidel, 1985.

Smith, J. E. *Biotechnology*. 3. ed. Cambridge: Cambridge University Press, 1996.

Specter, M. The pharmageddon riddle. *The New Yorker*, Apr. 10, 2000, p. 58-71.

Thompson, P. B. *The spirit of the soil: agriculture and environmental ethics*. London: Routledge, 1995.

_____. *Food biotechnology in ethical perspective*. London: Blackie Academic & Professional, 1997.

_____. The environmental case for crop biotechnology: putting science back into environmental practice. In: Light, A. & De-Shalit, A. (Ed.). *Moral and political reasoning in environmental practice*. Cambridge: MIT Press, 2003a.

_____. Value judgments and risk comparisons: the case of genetically engineered crops. *Plant Physiology*, 132, 1, p. 10-6, 2003b.

Tilahun, S. & Edwards, S. (Ed.). *The movement for collective intellectual rights*. Adis Abeba / London: The Gaia Foundation, 1996.

Tilman, D. The greening of the green revolution. *Nature*, 396, p. 211-2, 1998.

_____. Reply to Andrén et al. *Nature*, 399, p. 14, 1999.

_____. Causes, consequences and ethics of biodiversity. *Nature*, 405, p. 208-11, 2000.

Tilman, D.; Cassman, K. G.; Matson, P. A.; Naylor, A. & Polasky, S. Agricultural sustainability and intensive production practices. *Nature*, 406, p. 719-22, 2002.

Wallace, W. A. *Galileo's logic of discovery and proof: the background, content, and use of his appropriated treatises of Aristotle's "Posterior analytics"*. Dordrecht: Kluwer, 1992a.

_____. *Galileo's logical treatises: a translation, with notes and commentary, of his appropriated latin questions on Aristotle's "Posterior analytics"*. Dordrecht: Kluwer, 1992b.

Weiner, J. Plant population ecology in agriculture. In: Carroll, C. R.; Vandemeer, J. H. & Rosset, P. M. (Ed.). *Agroecology*. New York: McGraw-Hill, 1990.

Wolfe, M. S. Crop strength through diversity. *Nature*, 406, p. 681-2, 2000.

REFERÊNCIAS BIBLIOGRÁFICAS

YE, X.; AL-BABILI, S.; KLÖTI, A; ZHANG, J.; LUCCA, P.; BEYER, P. & POTRYKUS, I. Engineering provitamin A (beta-carotine) biosynthetic pathway into (carotenoid-free) rice endosperm. *Science*, 287, p. 303-5, 2000.

ZHU, Y.; CHEN, H.; FAN, J.; WANG, Y.; LI, Y.; YANG, S.; HU, L.; MEW, T. W.; TENG, P. S.; WANG, Z. & MUNDT, C. C. Genetic diversity and disease control in rice. *Nature*, 406, p. 718-22, 2000.

ÍNDICE DE TERMOS

adequação empírica 18, 35, 63, 71, 108, 279, 280, 313

agroecologia 9, 50-1, 57, 84-6, 89-90, 94-6, 132-3, 136, 142-6, 154-5, 166, 171-3, 180, 185-91, 193, 198, 200-2, 214-5, 218, 229-31, 233-40, 247, 250, 257-9, 261--2, 269, 294, 296, 331

alternativas ao uso de transgênicos 183

arroz dourado 134, 143, 154, 184, 225, 226, 227, 228, 229, 230, 233, 234, 246

autonomia 10, 12, 15-6, 35, 37-8, 40, 43, 45, 49, 54, 56, 97, 103-4, 116, 123, 137, 212, 265, 267-8, 279, 297, 301, 305, 306-9, 311, 317, 320-1, 325, 327, 329, 335

bem-estar humano 9, 11, 30-1, 51, 95, 101-3, 120-2, 126, 239, 335

biodiversidade 26, 82, 89, 110, 112, 120, 133, 136-8, 141-2, 145, 154, 156-7, 161, 164-5, 167, 176, 182, 185, 203, 209, 212-3, 217, 222, 230, 259, 288-9, 339

ciência

ciência aplicada 57, 59, 62, 175

aplicação tecnológica 68, 75, 152

aplicações do conhecimento científico 30, 244, 307

ciência livre de valores 5, 35, 40 45, 56, 105, 268

ciência reducionista 205, 211-5

ciências humanas 123, 328, 333, 335

ciências naturais 122-4, 190

escolha de teorias 41, 48, 52, 306

fim da ciência 269, 274, 282, 296, 298

racionalidade científica 117

conhecimento local 163, 171, 202, 206, 231

conhecimento tradicional 55, 137, 167, 186, 200, 212, 215, 246

controle da natureza 329

desenvolvimento 13, 22, 26, 31, 37, 50, 55, 59, 70, 75-6, 82, 87, 89, 92, 95, 97, 103, 111, 116-7, 120-1, 123, 131, 132, 134-7, 142-3, 145-9, 151-3, 157, 159-70, 173, 176-8, 180, 184-5, 188, 196-7, 199, 201-3, 217-8, 225-8, 230, 233-4, 237, 239-41, 246--7, 252, 258-60, 262, 274, 284, 287, 290, 299, 301, 327

desenvolvimento econômico 137

direitos de propriedade intelectual 87, 136, 162-4, 169-71, 176, 183, 194, 201, 206-7, 209, 212, 224, 227, 260

eficácia 51, 93, 96, 115, 137, 153, 249, 254, 263-4, 291, 293-4

entendimento 17, 23, 35, 39, 45, 50-1, 58, 60-1, 65, 69, 76-7, 85, 98, 104, 107-8, 119, 124-5, 143, 148, 212, 235, 267, 271-2, 276-8, 280-1, 285, 287, 290, 298, 305-6, 311, 315, 323

entendimento científico 35, 61, 65, 107-8, 281, 305

estratégias 20-31, 45-55, 67, 70-2, 75-80, 83-7, 91-3, 97-9, 102, 109-14, 116-20, 122, 124, 126, 134, 141-4, 146, 149, 161, 166-73, 180-1, 185-6, 188, 190-202, 230, 236-8, 246-7, 249, 269, 283-8, 290-4, 296-9 estratégias agroecológicas 23, 28-9, 47, 55, 70, 83-4, 110, 146, 172, 181, 185-6, 188, 190-2, 195-6, 201, 230, 236, 246-7

estratégias materialistas 21-7, 29, 45-50, 52-5, 67, 78, 86, 109, 134, 141-2, 166--70, 172, 180-1, 190-1, 194-6, 198, 200-2, 220, 236, 238, 246-7, 249, 269, 283, 286, 290

multiplicidade de estratégias 49-50, 109, 116, 120, 124, 126, 146, 173, 193, 196-9, 292

"*ethos*" científico 317, 320, 325, 333

ética 106, 139, 145-6, 157, 217-8, 222, 237-8, 294, 311, 326, 336

Fórum Social Mundial 11, 112, 155, 175, 204, 236

historicidade 19, 57-61, 64-5, 75-6

imparcialidade 10, 15-6, 18-9, 22-3, 25, 28, 31, 35, 40-3, 50-1, 53-4, 56, 87, 103-4, 108, 110, 115-6, 123, 125, 194, 265, 267, 268, 296-300, 306, 309, 311, 316-7, 324-6, 328, 336

investigação empírica 17, 22, 36, 46-7, 52, 54, 107, 131, 139, 144-5, 147-9, 169, 172, 185, 190, 198, 206, 213, 228, 234, 239, 243, 245, 247, 259, 264, 275-7, 284, 289, 295

legitimidade 27, 38, 105, 115, 132, 145, 159, 162, 244-5, 249, 252, 296

materialismo 279

metodologia 10, 16, 20, 31, 57-8, 60-2, 66, 97, 104, 267, 297, 306

  pluralismo metodológico 9, 33, 116

  regras metodológicas 8, 279, 282, 297

natureza 11, 36, 39, 42, 47, 58, 72, 87, 103, 110-1, 118, 120, 122, 131, 146, 160, 180, 200, 205, 209, 213, 215, 220, 243, 247, 274, 311, 314-5, 322, 324-5, 328, 329, 334-5

natureza humana 36, 39, 42, 274, 328, 334

neutralidade 9-10, 15-6, 25, 30-1, 35, 37, 40, 42-3, 50, 53-6, 83, 86-7, 92, 103-6, 108, 110, 114-7, 122, 125-7, 176, 183, 223, 226, 268, 285, 288-9, 296, 299, 306, 309, 325-7, 337

  neutralidade aplicada 105-6, 110, 114-7, 126, 306, 326-7

  neutralidade cognitiva 104, 110, 116, 285, 306, 325-6

objetividade 15, 29, 59, 169, 242

poder explicativo 10, 18, 35, 63, 71, 108, 280, 312-3, 316

possibilidades

  possibilidades descontextualizadas 22, 24

  possibilidades materiais 46, 48

princípio de precaução 140, 335

progresso 58-9, 102, 112, 138-9, 148, 178, 220, 289, 307

riscos 12, 38, 85, 88, 93, 95, 131, 135-7, 139-41, 143, 146-7, 149-51, 153-7, 161, 176, 179, 181-2, 189, 199, 209-10, 217, 219, 221-3, 226-7, 229, 235, 238-9, 241-2, 244-5, 247-8, 250-2, 254-7, 259, 261, 264, 295-6, 334, 337

sementes 11, 25-6, 51, 79, 82, 86, 87, 91, 98, 109-11, 114, 117, 123-4, 132, 136-7, 141, 150, 155, 159-73, 181, 184, 186, 194, 204-7, 209-11, 213-5, 221, 224, 226-7, 231, 246, 259-60, 288

ÍNDICE DE TERMOS

sustentabilidade 81, 88, 91, 112, 136-8, 148-51, 154, 169, 185-6, 189-90, 195, 198, 210, 217, 227, 230-1, 234-5, 242, 258-9, 335
tecnociência 11, 133-4, 151, 175, 178, 195, 199-200, 203, 337
tecnologia 13, 27, 38, 61, 86, 89, 106, 113, 115, 140, 152-3, 159, 162, 175, 178, 180, 184, 187, 189, 204, 218, 224-6, 228, 232, 234, 236, 244, 249, 251-2, 254, 257, 259, 263, 327, 332, 337
transgênicos 10-1, 13, 87, 93, 131-2, 134-43, 145-57, 159-73, 175-91, 198-9, 208, 210, 214, 217-29, 231, 233-7, 239-45, 247-8, 250-6, 260-4, 289, 294, 296, 331-7
culturas transgênicas 12, 131, 140, 141, 203, 204, 209, 219, 241, 260
sementes transgênicas 25-6, 82, 98, 136, 141, 159, 207, 210, 288
utilidade 35, 39, 59, 163, 184, 224, 280-1
valores 9-12, 15-6, 18-9, 22-31, 35-42, 44-6, 48-9, 51-6, 63-4, 67-8, 70-2, 75, 78, 81-7, 89-90, 95-9, 101, 103-6, 110-8, 120-1, 123-5, 131, 135, 137-8, 140, 142, 145-8, 154-7, 166, 173, 175, 177-8, 180-1, 187, 189-97, 199-202, 206, 211, 217, 220-1, 225, 234-5, 238-40, 243-7, 257-9, 261-4, 267-72, 274, 276, 278-80, 282-3, 285, 288-93, 299-303, 305-7, 310, 315-6, 318, 325-6, 334-5, 338
juízos de valor 16, 25, 104, 108, 114-5, 155-6, 243, 262-3, 268, 270-1, 273-4, 299
perspectivas de valor 18, 25, 26, 36-7, 39, 42-3, 49-50, 52, 54-5, 57, 80-1, 86, 92, 95, 98-9, 116, 122-3, 137, 178, 181, 184, 218-9, 225, 270, 289, 291-2, 326
valores cognitivos 10, 12, 16, 18, 23-4, 35, 40-1, 44-5, 48-9, 53, 63-4, 67, 70-2, 75, 98, 103, 267-72, 276, 278, 280, 288, 302-3, 315-6, 318
valores da participação popular 192, 247, 259, 261, 264
valores morais 15-6, 41, 44, 52, 81, 103-4, 112, 177, 220, 289
valores sociais 12, 15-6, 18-9, 24-30, 37, 41, 44, 48-9, 52-3, 64, 68, 78, 120, 135, 137-8, 173, 175, 180, 190-4, 197, 221, 245, 264, 267-2, 274, 276, 278-9, 282, 289, 301-3, 306, 315, 326
valorização moderna do controle 26-7, 29, 36-41, 43, 48-9, 51-6, 81, 112, 138-9, 144, 177
virtudes científicas 317

345

Índice de autores

Altieri 52, 55, 84-5, 98, 101-3, 105-6, 109, 111, 142, 144, 167, 185-6, 202, 215, 217, 219, 224, 234, 239-40, 242, 246-7, 269, 279, 287-90, 296, 307, 324, 327, 331

Bacon 113, 220, 238, 280, 327

Feyerabend 102-3, 333

Galileu 12, 66, 193, 305, 307-22, 324-5, 327-9, 336-7

Guerra 13, 145, 176, 182, 187, 222, 247, 333, 337

Hacking 20, 109, 285, 333

Ho 221-2, 227-8, 230, 333

Hoyningen-Huene 71, 333-4

Kitcher 20, 102, 285, 288, 334

Kloppenburg 79, 90-1, 93, 161-2, 168, 186, 207, 231, 334

Kuhn 5, 35, 47, 57, 62, 65-6, 68-73, 75-7, 85, 92-3, 97, 109, 112, 334

Laudan 20, 109, 267, 278-9, 284-5, 336

Lewontin 140, 162, 169, 182, 186, 210, 221-2, 336

Longino 41, 103, 116, 272, 288, 301, 336

Mariconda 12-3, 140, 193, 253, 305, 308, 314, 336

McMullin 312-3, 322, 336-7

Nodari 13, 182, 222, 333, 337

Oliveira 10-2, 175, 194, 197, 200, 203, 209, 213, 223, 334-5, 337

Rudner 263, 338

Santos 11, 101, 116-21, 125-6, 171, 178, 338, 339

Shiva 161, 163, 167-8, 171, 186, 188-9, 194, 200, 203-15, 335, 339-40

Thompson 142, 218, 223-4, 257-9, 261, 264, 340

Este livro foi composto em filosofia
e impresso em papel pólen 80 g/m²
na Edições Loyola
em abril de 2010